MADAME L'AMBASSADEUR

De la même auteure

Goodbye Britannia. Le Royaume-Uni au défi du Brexit, Paris, Stock, 2021.

La Chine en eaux profondes, Paris, Stock, 2017.

Sylvie Bermann

MADAME L'AMBASSADEUR

De Pékin à Moscou, une vie de diplomate

Tallandier

48, rue du Faubourg-Montmartre – 75009 Paris
www.tallandier.com

Avant-propos

Aurais-je été diplomate sans *Le Général Dourakine* de la comtesse de Ségur, née Rostopchine ? Mon premier vrai livre, celui que ma grand-mère Mina, d'origine russe, offrait à tous ses petits-enfants à l'âge de cinq ans et que j'ai toujours, un peu rafistolé avec du scotch jauni, dans ma bibliothèque. C'était mon premier imaginaire. L'évocation d'un ailleurs, celui des grandes plaines enneigées de Russie, suscitant un désir ardent de voyage et de traversée des frontières qui ne m'a pas quittée. Ce général, formidable en pelisse et bottes fourrées sur la couverture de la collection bleuet de Monaco, m'a laissé une forte impression. Plus tard seulement, j'ai appris que malgré sa consonance redoutable en français, Dourakine, en russe, est un diminutif de *durak* qui signifie « petit idiot ». Mais l'imaginaire l'emporte souvent sur le réel. Et les États, je le découvrirai au fil des postes, ont leur propre roman national, qui puise à d'autres sources que des faits historiques bruts.

Avant même de devenir une passion puis une vocation pour « la paix et la guerre entre les nations », titre de l'ouvrage magistral de Raymond Aron, référence obligée des étudiants de Sciences Po de ma génération, mon attirance pour les pays dans lesquels j'ai été affectée a toujours été portée justement par un imaginaire créé par la grâce des grands écrivains. J'ai aimé vivre dans une Russie où planait l'ombre d'*Anna Karénine* et des *Trois Sœurs*. Leningrad, redevenu Saint-Pétersbourg, était inséparable des mânes de Pouchkine, Dostoïevski et Gogol. J'ai ressenti l'histoire tragique de la répression stalinienne et du goulag avec Soljenitsyne, Anna Akhmatova ou Boris Pasternak. J'ai arpenté les rues et les avenues du *Vieux New York* d'Edith Wharton. J'ai embrassé l'histoire et la culture chinoises avec Pearl Buck et les héros et héroïnes du *Rêve dans le pavillon rouge* et perçu la vie du petit peuple de Pékin grâce au *Pousse-pousse* et à *La Maison de thé* de Lao She. La rade et la moiteur de Hong Kong étaient un écho du *Monde de Suzie Wong*. L'Angleterre victorienne survit au Londres moderne grâce à Charles Dickens et Sherlock Holmes dont on peut d'ailleurs visiter, au 221 bis Baker Street, la parfaite reconstitution de l'appartement décrit par Conan Doyle. Hommage de la réalité à la fiction… Je ne peux me promener dans la campagne anglaise sans penser à Jane Austen ou à Agatha Christie.

Mes transhumances diplomatiques, d'un point à l'autre du globe dans un voyage au long cours et dans des univers culturels si riches et si divers, ont allongé le temps et m'ont offert la chance de vivre les sept vies d'un chat. C'est précisément le nombre de villes où j'ai vécu, une ou plusieurs fois, si l'on compte mes affectations à Paris, au Quai d'Orsay.

***

Après une année d'études d'histoire centrée sur la France et l'Europe, en quête d'un ailleurs encore inconnu, j'étais allée à l'Institut des langues et civilisations orientales, d'où j'avais rapporté le livret qui m'était apparu un peu comme la porte du rêve tant il contenait de noms magiques et de savoirs potentiels. J'avais envie de tout apprendre de ces langues et de ces mondes nouveaux, mais surtout, ce petit livre à la couverture beige indiquait que le diplôme des Langues O' autorisait à se présenter au concours d'Orient du Quai d'Orsay pour devenir diplomate. J'ai choisi mon futur métier ce jour-là, sans très bien savoir ce que cela recouvrait. Très vite, j'ai su que c'était ma vocation.

En plus de quarante ans, à cheval sur deux siècles, le monde a changé, et j'ai été un témoin privilégié de l'Histoire. J'ai eu la chance de vivre ce basculement dans des pays qui en ont été les acteurs à des périodes charnières. De la Chine misérable de la fin de la période maoïste à la deuxième puissance mondiale de Xi Jinping, en passant par la période des réformes de Deng Xiaoping ; de la querelle idéologique sino-soviétique, lorsque les Chinois étaient convaincus que la « clique révisionniste de Moscou » allait lancer une guerre nucléaire contre eux, au partenariat renforcé contre les sanctions occidentales entre Moscou et Pékin, dont le rôle et la place dans le monde avaient connu entre-temps une interversion ; de la perestroïka de Mikhaïl Gorbatchev actant la fin de la guerre froide et conduisant à la dissolution de l'Union soviétique à la restauration du rang de la Russie sur la scène internationale de Vladimir Poutine, avant que lui-même ne remette en cause cet acquis par sa guerre d'agression contre l'Ukraine ; de l'hyperpuissance et l'*hubris* américaines dans un éphémère monde unipolaire au piège de Thucydide où l'Amérique, inquiète de la montée de sa rivale chinoise, se lance dans une nouvelle guerre froide multidimensionnelle ; de la victoire de la communauté internationale et du triomphe du multilatéralisme aux Nations unies à sa faillite en Bosnie et au Rwanda ; de la naissance de la politique étrangère et de sécurité commune de l'Union européenne à l'émergence d'une Europe-puissance cherchant sa place entre Pékin et Washington alors que les nations victorieuses de 1945, redoutant la « désoccidentalisation » du monde, s'interrogent sur leur identité et leur place dans l'ordre mondial en devenir. Et au milieu, la première irruption du populisme et la crise des démocraties représentatives, avec le séisme du Brexit qui a conduit le Royaume-Uni sur une voie solitaire.

La Chine fut le fil rouge de ma carrière. Étudiante à la Sorbonne en histoire puis à Sciences Po en relations internationales, je voulais élargir mon monde au-delà de l'Europe et découvrir les antipodes. Ce fut l'Asie, la Chine et le Japon. C'étaient les grandes années du cinéma japonais, Akira Kurosawa et Kenji Mizoguchi. Mais très vite, la Chine m'est apparue comme le cœur de l'Asie ; la langue chinoise, comme le latin et le grec de ce continent. La Chine était doublement mystérieuse et interdite, derrière les portes de la cité pourpre fantasmée par René Leys[1] et protégée par sa grande muraille dissimulant la réalité de la révolution de palais que fut la Révolution culturelle, dont nous ne voyions aux actualités que des Chinois indifférenciés en tenue bleue de chauffe agitant frénétiquement le petit livre rouge devant le Grand Timonier, alors que des thuriféraires occidentaux du régime écrivaient des hagiographies à l'issue de visites Potemkine de trois semaines.

***

1. Victor Segalen, *René Leys*, Georges Crès et Cie, 1922 ; Folio, 2000.

Étudiante à Pékin en 1976-1977, résistant aux injonctions de la direction des études de Sciences Po de finir mon diplôme au lieu d'aller « perdre mon temps dans un pays sans avenir », j'ai eu un avant-goût imprévu de la diplomatie dans cette petite ONU qu'était l'Institut des langues de Pékin, peuplé de dizaines de nationalités originaires de tous les continents.

Après avoir réussi le concours d'Orient en 1979 au Quai d'Orsay, j'ai été immédiatement affectée au consulat général de France à Hong Kong. C'était, avec l'indolente Macao, la dernière grande colonie au monde, le dernier joyau de la couronne britannique au parfum du siècle précédent, d'où les China Watchers, diplomates, agents secrets, jésuites ou tout simplement sinologues s'efforçaient de déchiffrer les mystères de l'immense Chine communiste qui s'entrouvrait après la visite triomphale de Deng Xiaoping aux États-Unis et l'établissement de relations diplomatiques entre les deux pays.

Accomplissant mon rêve en rejoignant l'ambassade de France à Pékin dix-huit mois plus tard, j'ai connu les débuts de la politique de réforme et d'ouverture de Deng Xiaoping, qui allait transformer un pays d'une extrême pauvreté en une grande puissance en l'espace de trente ans. Ce pays était alors considéré comme exotique et lointain, ne faisant pas partie de l'ordre du monde, même s'il venait de retrouver sa place aux Nations unies. Les diplomates qui y étaient affectés étaient des sinisants ou des sinologues passionnés. Ceux désireux de « faire carrière » aspiraient, eux, aux grands postes, aux États-Unis ou en Europe.

Le monde était alors celui de la guerre froide, l'univers de John le Carré, la lutte du camp du bien contre l'empire du mal, ce que l'on appelait dans les chancelleries « l'Est-Ouest », la quintessence de la diplomatie. Et là aussi, affectée en 1986 à l'ambassade de France à Moscou, j'ai connu la fin – du moins, le commencement de la fin – d'un monde, celui du communisme et de l'Empire soviétique. Arrivée trois semaines après la catastrophe nucléaire de Tchernobyl, j'ai suivi au jour le jour le retrait d'Afghanistan, qui apparaissait comme le facteur déclencheur d'une nouvelle approche de politique étrangère. Le monde, fasciné par Gorbatchev et la perestroïka, pensait que c'étaient la modernisation et l'ouverture de la superpuissance qui se jouaient là, avant de s'imaginer, lorsque le colosse aux pieds d'argile s'est effondré, que c'était la « fin de l'Histoire », la victoire de la démocratie et de l'ordre libéral, celle de l'Amérique en réalité, devenue l'hyperpuissance – ainsi que l'a qualifiée Hubert Védrine, alors ministre des Affaires étrangères – dans un monde unipolaire.

Cette hyperpuissance sans limite, la « nation indispensable » devenue gendarme du monde, dominante, je l'ai connue à New York où j'ai vécu presque quatre ans, dans une Amérique sûre d'elle-même pendant les fastes années Clinton. J'avais été affectée en 1992 à la mission permanente de la France auprès des Nations unies après la signature en 1991 des accords de Paris sur le Cambodge, que j'avais contribué à négocier en tant que sous-directeur d'Asie du Sud-Est. J'avais à cette occasion découvert la diplomatie multilatérale. Ce fut particulièrement exaltant car ce fut l'une des rares négociations diplomatiques dans la période contemporaine dont la France détenait les clés en raison de sa relation privilégiée avec le prince Sihanouk.

Au siège des Nations unies à New York, dans la petite salle de consultations attenante à la salle ronde mythique du Conseil de sécurité dominée par l'immense fresque symbolique – qui évoque l'Enfer et le Paradis – de l'artiste norvégien Per Krohg, nous avions le sentiment grisant de faire l'Histoire. Les cinq membres permanents étaient relativement soudés et faisaient encore la loi. En moins de quatre ans, j'ai été témoin de l'âge d'or, l'espoir du « grand rêve bleu » azuré de la couleur du drapeau onusien lorsque, facilitées par une entente nouvelle entre les nations à la fin de la guerre froide, des opérations de maintien de la paix voyaient le jour en un temps record et présageaient la paix perpétuelle de Kant. Mais j'étais encore là quand, peu après, le rêve s'est brisé sur l'échec de la Somalie et les tragédies de la Bosnie et du Rwanda.

Après la diplomatie onusienne, de retour à Paris en 1996, j'ai découvert l'Europe communautaire, la pure et dure, la seule qui valait, alors que l'intergouvernemental essayait parallèlement de se frayer un chemin à ses côtés sur les questions de politique étrangère et de défense communes. Chef du service de la politique étrangère et de sécurité commune (PESC), j'ai pris pendant une dizaine d'années le train des eurocrates. J'ai participé à toutes les conférences intergouvernementales et les Conseils européens d'Amsterdam à Lisbonne en passant par Nice. L'Europe était alors moins impersonnelle et plus diverse puisque, avant que tous les Conseils européens ne se réunissent à Bruxelles à partir de 2000, les présidences tournantes nous faisaient vivre pendant six mois dans des mondes culturels profondément différents.

J'ai rejoint en 2002 à Bruxelles, comme ambassadeur et représentante permanente au COPS, le Comité politique et de sécurité nouvellement créé par le Conseil européen d'Amsterdam, sur le modèle du Conseil de sécurité de l'ONU, et constitué de jeunes ambassadeurs. J'y ai négocié la mise en place de nouvelles structures et lancé les premières opérations de l'Union européenne dans les Balkans et en Afrique. C'était pour la plupart d'entre nous un premier poste d'ambassadeur, et nous étions fervents. La France sans doute plus encore que d'autres car nous venions de lancer à Saint-Malo, avec les Britanniques, les prémices de la défense européenne. Années intenses qui ont coïncidé aussi avec les divisions provoquées par l'intervention américaine en Irak et avec l'élargissement aux dix nouveaux membres de l'est de l'Europe, qui a marqué entre autres la fin de toute ouverture ou stratégie vis-à-vis de la Russie.

Retour à Paris et au multilatéral onusien en 2005 à la tête de la direction des Nations unies et des organisations internationales. La guerre de l'été 2006 au Liban, avec l'évacuation des ressortissants français et étrangers, la négociation de la résolution instaurant la fin de la guerre et le renforcement de la Force intérimaire des Nations unies au Liban (FINUL), fut l'un des temps forts. En parallèle, on renforçait la présence onusienne en République démocratique du Congo et prenait le relais de l'opération européenne au Tchad. Pendant cette même période, signe de l'évolution des esprits, nous avons développé les dispositifs visant à lutter contre les violences faites aux femmes.

Ma nomination comme ambassadeur de France à Pékin en 2011 fut pour moi, qui avais été pionnière en choisissant d'étudier dans une Chine maoïste et coupée du monde à vingt-deux ans, une forme d'accomplissement. Première femme ambassadeur de France dans un pays du P5 (France, Chine, États-Unis, Royaume-Uni, Russie) et « en Chine depuis le XIXe siècle », ainsi que le présentait la presse chinoise, j'ai eu la chance de vivre une période heureuse des relations franco-chinoises, avec la célébration du cinquantième anniversaire des relations diplomatiques. J'ai connu une Chine où il y avait encore, sous réserve de s'abstenir d'une activité politique organisée, une relative liberté de parole. Weibo, le Twitter chinois, était florissant. J'ai rencontré pour la première fois le vice-président Xi Jinping, qui avait exposé à une délégation d'hommes d'affaires français, avec cordialité et un nouveau style, sa vision du rêve chinois d'une Chine puissante lors du centenaire de la fondation de la république de Chine en 2049. La coïncidence entre l'élection de Barack Obama et celle de Xi Jinping, soulignée par Pékin, semblait alors l'amorce d'un G2 et d'un partenariat spécial entre grandes puissances.

Le retour dans la vieille Europe à l'été 2014, avec une nomination à Londres à un poste prestigieux et paisible où les Britanniques m'ont prédit l'ennui après la Chine, m'a au contraire mise aux premières loges d'une révolution, avec la remise en cause concrète de la mondialisation dans le pays qui en était le héraut. C'est le premier vote dominé par la peur de l'immigration, le rejet des élites et l'obsession identitaire d'un pays apparemment fier de son cosmopolitisme dont Londres était alors le symbole triomphant.

Ma dernière affectation a été comme ambassadeur à Moscou en septembre 2017, où la parenthèse londonienne, par contraste, a mis en lumière la prégnance des modes de gouvernance hérités du léninisme dans les deux empires si dissemblables par ailleurs. La Russie, devenue la nouvelle Mecque des pays du Moyen-Orient, renforçait son implication dans les pays de la région où Vladimir Poutine, fort de son succès militaire en Syrie, était devenu le seul acteur parlant à tous. La Russie a commencé à reprendre pied en Afrique en recevant en octobre 2019 quarante-trois chefs d'État à Sotchi, réunis dans un sommet Russie-Afrique inspiré du modèle chinois, lui-même calqué sur les sommets France-Afrique. Ce fut le temps de l'impossible relation avec le président Trump, ligoté par le Congrès, et le procès en illégitimité que lui a valu un vote supposément dû à l'ingérence russe. Ce fut aussi le retour du temps des espions, avec les péripéties autour de la tentative d'assassinat de l'agent double Skripal et de sa fille à Salisbury. J'ai eu le privilège d'assister en août 2019, au fort de Brégançon, à la rencontre entre les présidents Macron et Poutine.

L'Élysée et le Quai d'Orsay m'ont confié, à compter du 1er juillet 2021, une mission diplomatique : la succession de mon collègue Pierre Morel comme médiatrice de l'Organisation pour la sécurité et de la coopération en Europe (OSCE), coordinatrice du groupe de travail politique chargé de la réintégration du Donbass doté d'un statut spécial au sein de l'Ukraine dans le cadre du groupe de contact trilatéral (OSCE, Russie, Ukraine) qui devait mettre en œuvre les accords de Minsk signés en 2015. Mission impossible s'il en était, tant la méfiance entre les parties était grande depuis sept ans. Pendant ces huit mois, j'ai réuni tous les quinze jours, par visioconférence en raison du Covid-19, les Russes, les Ukrainiens et les participants des républiques autoproclamées de Donetsk et Luhansk. La dernière réunion s'est tenue le 8 février 2022. Quelques jours encore avant la reconnaissance par le président Poutine de ces républiques annihilant les accords de Minsk dans une mise en scène dramatique, les représentants ukrainiens, qui ne croyaient absolument pas à une guerre massive tellement cela semblait déraisonnable pour la Russie, me demandaient l'organisation d'un groupe politique extraordinaire pour discuter des avancées possibles.

Pendant toute ma carrière, j'ai été fière de représenter la France, dont la voix porte sur la scène internationale. Fière d'appartenir au corps diplomatique français dont même le Foreign Office, modèle du genre, reconnaissait l'excellence. Cette influence est d'abord due à notre appartenance au club sélect des cinq membres permanents du Conseil de sécurité de l'Organisation des Nations unies qui lui confère un statut – envié – bien au-delà des cercles onusiens. La France le doit au général de Gaulle et à Winston Churchill, qui l'ont fait entrer dans le camp des vainqueurs de la Deuxième Guerre mondiale. Mais elle en assume les responsabilités en prenant l'initiative de résolutions pour mettre fin aux conflits, et a longtemps fourni les contingents les plus nombreux et les plus professionnels du maintien de la paix. Membre fondateur de l'Union européenne, la France y est une grande pourvoyeuse d'idées. Le général de Gaulle voyait bien dans l'Europe un levier d'Archimède pour démultiplier sa puissance. Plus que d'autres pays, la France a une vision conceptuelle et stratégique du monde, ainsi qu'un discours structuré. D'autres peuvent y voir une forme d'arrogance, reproche que j'ai entendu, avec un étonnement et une incompréhension candides, de la part d'une jeune collègue allemande lors de mon tout premier poste, à Hong Kong. J'ai pourtant vite capté ce que cela recouvrait, et les quarante années suivantes m'ont permis de constater, de déplorer et parfois d'essayer de corriger ce comportement ou sa perception. Cette arrogance se traduit d'ailleurs moins par le fait d'avoir des idées sur tout, car elles sont bien souvent attendues, que de ne pas les faire partager avant leur exposé magistral, et surtout de rejeter celles des autres.

***

Pendant toutes ces années de ruptures, le Quai d'Orsay s'est transformé peu à peu. La sociologie a évolué ; les formulaires, aujourd'hui informatisés, ne prévoient plus, comme lorsque je suis entrée en 1979, l'emplacement explicite pour la particule. Les grands dignitaires de la Maison ne s'étonnent plus que les jeunes diplomates aient leur salaire pour seul revenu. Le plafond de verre pour la carrière des femmes a été brisé avec ma nomination à Pékin, la première dans un grand poste, alors que je me souviens encore de l'apostrophe sonore du chef du protocole accueillant en 1979 ma promotion qui comptait trois femmes – « Bonjour, messieurs ! » –, et à la sortie, des vœux de succès tout aussi retentissants – « Eh bien, messieurs, j'espère que votre carrière dans cette maison… ». Par la suite, à une époque où quasiment aucune femme n'était nommée à la tête d'une ambassade, il avait été décidé de féminiser le titre – mais non la fonction –, ce qui m'avait fortement agacée. Lors de ma première affectation, j'ai souhaité être appelée « ambassadeur » et non « ambassadrice » par souci de clarté, pour éviter la confusion avec les épouses qui ont longtemps utilisé cette appellation et les réactions entendues par les collègues de ma génération, du style « Pourquoi ce n'est pas votre mari qui remet la légion d'honneur ? ». J'ai conservé ce titre – conforme, au demeurant, à la position de l'Académie française – pour mes postes suivants, les langues anglaise, chinoise ou russe ne féminisant d'ailleurs pas ces appellations. Les femmes nommées à ces fonctions optent aujourd'hui pour la féminisation du titre, qui finit par s'imposer. Une association, Femmes et Diplomatie, promeut la carrière des femmes. Aujourd'hui, des collègues féminines dirigent ou ont dirigé de grandes ambassades, du G20 à Londres, Rome, Berlin, Ottawa… L'une d'entre nous, Catherine Colonna, a même été nommée ministre des Affaires étrangères.

Le temps de l'information des postes, qui circulait sous forme de dépêches ronéotées dans des valises diplomatiques accompagnées scellées à la cire rouge, est révolu. Le télégramme diplomatique chiffré, qui a perdu son mystère en devenant banalement note diplomatique dont la réception est immédiate, est devenu la norme. On n'entend plus le chuintement des tubes circulant à travers tout le Quai, qui donnait à l'agent un sentiment d'importance en le regardant partir dans le souffle aspirant. L'ambassadeur ne prend plus sa canne et son chapeau pour accomplir une démarche. Dans le monde occidental, les dirigeants et ministres appellent directement et fréquemment leurs homologues, de même que les hauts fonctionnaires. La première fois que j'avais informé mon homologue britannique par téléphone de nos projets concernant la conférence de paix sur le Cambodge, j'ai eu droit à une remontrance de notre ambassade à Londres. Le métier est devenu multidimensionnel, les grandes ambassades sont désormais interministérielles. Le temps est loin où tel ambassadeur ne voulait pas « perdre de temps » avec des « marchands de clous » (les chefs d'entreprise) pour se consacrer à son noble cœur de métier. Aujourd'hui, au-delà du politique, un ambassadeur défend les intérêts économiques, promeut le rayonnement culturel et scientifique, sans ignorer la coopération en matière d'enjeux globaux, comme ceux touchant au dérèglement climatique. La digitalisation en a fait aussi un communiquant sur les réseaux sociaux. En dépit de ces évolutions, un ambassadeur reste la voix et le visage de son pays au quotidien, auprès des autorités du pays d'accréditation, dans les médias et les universités. Il est un observateur et un relais indispensables. Et *in fine*, c'est toujours l'analyse et le jugement de l'ambassadeur qui constituent l'aide la plus précieuse à la décision de ses autorités. La diplomatie est un métier et une vocation, comme l'a rappelé la pétition des agents du ministère en grève le 2 juin 2022 pour protester contre la suppression incompréhensible et blessante du corps diplomatique.

Chapitre premier

ÉTUDIANTE DANS LA CHINE MAOÏSTE

Septembre 1976-octobre 1977

La Chine s'était repliée sur elle-même pendant les premières années de la Révolution culturelle et les échanges linguistiques avaient été interrompus. Depuis 1973, le pays se rouvrait peu à peu et recommençait à accueillir des étudiants étrangers. J'avais posé ma candidature et ai eu la joie d'obtenir une bourse à l'automne 1976. La mort de Mao, le 9 septembre, a retardé de quelques jours le départ de la vingtaine d'étudiants français. Nous sommes tout naturellement allés signer le livre d'or à l'ambassade de Chine.

Jusque-là, je traversais chaque jour Paris, de la rue Saint-Guillaume, où des grappes d'étudiants en loden vert se pressaient à l'entrée de Sciences Po, jusqu'à la porte Dauphine, où l'ancien bâtiment de l'OTAN accueillait l'Université de gestion, avec au beau milieu une petite enclave d'étudiants de langues orientales, en veste Mao, pull marin et sabots suédois. Les cours de chinois étaient bondés en début d'année et certains étudiants restaient debout dans les couloirs, car l'engouement était fort et le chinois n'était alors enseigné que dans trois établissements supérieurs parisiens, Langues O', Jussieu et Vincennes, lequel accueillait les étudiants les plus politisés. La grande force de Langues O', au-delà du nombre inégalé de langues enseignées – une centaine –, réside dans les cours d'histoire, de philosophie et de civilisation. Parfois, le soir, ces cours avaient lieu sur le site historique, un charmant hôtel du XVIIIe siècle au 4, rue de Lille. Nous entrions par la petite cour où Sylvestre de Sacy, le philologue fondateur, tenait dans sa main un livre qui avait été peint en rouge par les étudiants maoïstes en mai 1968.

L'aventure se poursuivait rue Monsieur-le-Prince où était située la petite librairie Samuelian qui, au milieu de livres consacrés à l'Arménie, au Caucase et à l'Asie centrale, vendait des manuels de chinois, pendant de la librairie Le Phénix, dépendant de Pékin, où nous trouvions à souhait tout le matériel de propagande révolutionnaire. L'apprentissage du chinois était une gageure car même nos professeurs nous décourageaient en nous disant que la connaissance de la langue chinoise ne nous permettrait pas de trouver un métier.

J'ai eu aux Langues O' des professeurs érudits et passionnants comme le professeur Huang, jésuite, qui déplorait l'absence de spiritualité des Chinois et commençait son cours sur la pensée et la philosophie chinoises par ces mots : « Les Chinois sont hélas le peuple le moins religieux au monde. » Ou Jacques Pimpaneau, dont le professeur Severus Rogue dans *Harry Potter*, longs cheveux noirs partagés au milieu par une raie comme un page du Moyen Âge, est le portrait craché. Cet homme original, collectionneur de marionnettes, a donné à des générations d'étudiants le goût de la Chine et de la langue chinoise en retranscrivant à notre intention en langue moderne des contes de la Chine ancienne, qu'il nous lisait avec l'intonation traînante d'un titi parisien. Marie-Claire Bergère, grande historienne de la Chine bourgeoise et capitaliste, enseignait l'histoire moderne du pays. Cela tranchait avec l'enseignement de la langue contemporaine calqué sur l'air révolutionnaire du temps, et les textes philosophiques de Mao dont le plus étudié était *De la juste solution des contradictions au sein du peuple* où nous découvrions les notions de la dialectique maoïste.

Un jeune lecteur envoyé – et étroitement surveillé – par Pékin essayait de nous inculquer le parfait *putonghua*, la langue commune de la radio chinoise. Si le diplôme de chinois acquis en trois ans permettait l'apprentissage de milliers de caractères et la lecture de textes politiques stéréotypés, il ne nous garantissait nullement la pratique d'une langue courante. La seule solution était donc un séjour à Pékin.

En raison de l'engorgement d'étudiants privés de Chine par la Révolution culturelle, il était difficile d'obtenir une bourse, et le jeune contractuel de la direction des affaires culturelles qui gérait l'attribution des bourses d'études nous paraissait la personne la plus puissante du ministère des Affaires étrangères. Des « vieux » de près de trente ans étaient cependant prioritaires.

Mais finalement, à l'automne 1976, nous étions une vingtaine d'étudiants français à attendre impatiemment ce départ pour la Chine.

Le jour est enfin arrivé. Le temps de vol était long, *via* la route du sud, avec trois escales, à Dubaï, Karachi et Bangkok, car le survol de la Sibérie était interdit en raison du conflit sino-soviétique persistant.

Un autre monde

Je me souviens de l'arrivée à Pékin dans un petit aéroport de campagne. Épuisés par une nuit blanche, nous nous sommes assis sur l'asphalte pour attendre l'achèvement des formalités face à l'aérodrome surmonté du portrait de Mao barré d'un bandeau noir. Le personnel portait en signe de deuil un brassard de la même couleur. Nous étions dans un autre monde. Un monde ce jour-là silencieux, ce qui n'est pas la caractéristique de l'univers chinois, souvent bruyant. Nous sommes montés dans un bus brinquebalant pour rejoindre l'Institut des langues dans le quartier de Haidian. Tous ceux qui ont voyagé en Chine à cette époque se souviennent de cette petite route de campagne sombre, bordée de peupliers, où de loin en loin, sous le faible halo des réverbères, des Chinois en bleu de chauffe jouaient aux cartes, accroupis, les pieds à plat sur le sol, malgré tout bien en équilibre dans une posture caractéristique de la Chine rurale, en cercle jusqu'au milieu de la route au péril de leur vie. Les voitures étaient alors peu nombreuses ; seuls quelques camions et bus circulaient sans trop respecter un quelconque code de la route. Dans cette société encore très paysanne, personne n'en mesurait le danger, et des enfants couraient parfois au centre de la route, tout joyeux de voir arriver un gros camion à leur rencontre.

L'institut des langues se trouvait à une heure du centre de Pékin à vélo – la mesure de toute chose. Sur le campus : de ternes bâtiments soviétiques gris de quatre étages, les dortoirs des garçons et des filles, le réfectoire, les bâtiments pour les cours, un stade, une piscine et une petite épicerie. Les étudiantes françaises ont écopé des pires chambres, au rez-de-chaussée du bâtiment numéro huit et – facteur aggravant pour moi – au nord, non loin de l'entrée qu'un grand panneau matelassé gris s'efforçait de couper du vent hivernal. Les appartements des professeurs étaient dans une zone éloignée et interdite pour nous. Les dortoirs des étudiants chinois étaient à dessein bien séparés. Ils avaient leur propre cantine où les plats étaient encore plus rudimentaires que les nôtres. Nous les apercevions de loin en loin mais ne les croisions jamais.

Dès l'arrivée, l'administration nous a distribué des tickets de rationnement pour le tissu en coton, les *bupiao*. Tout était encore rationné, mais nous n'avons pas reçu de tickets alimentaires car nous prenions nos repas à l'institut. Nous sommes allés rapidement au petit marché rural voisin de Wudaokou pour acheter des manteaux matelassés, les *dayi* bleu de chauffe ou vert militaire, ou pour faire couper d'autres vêtements par un tailleur. Certains ont acheté aussi des pantalons doublés. Les Chinois portaient encore en dessous d'épais survêtements de couleur qui dépassaient du pantalon. Ils étaient tellement maigres que leur ceinture faisait presque deux fois le tour de la taille.

Autre objet indispensable pour la vie en Chine : la bicyclette. Comme il n'y avait à Wudaokou que des vélos pour hommes trop grands pour moi, avec une barre centrale, nous avons fait une expédition jusque dans un village voisin de Beida, l'université de Pékin. Je n'avais pas enfourché de bicyclette depuis mon enfance, et même s'il est couramment admis que cela ne s'oublie pas, je n'en menais pas large. Dans une petite rue du village bondée de cyclistes qui évoluaient harmonieusement à quelques millimètres les uns des autres, paniquant soudain, je suis tombée sur le côté, faisant ainsi basculer des dizaines de Chinois effarés tant ils ne faisaient qu'un avec leur monture.

Nous avons été ensuite répartis dans des cours en fonction de notre niveau, de huit heures à midi tous les matins. Les après-midi étaient libres, et nous allions en hiver de chambre en chambre boire du thé et manger des petits gâteaux secs achetés au *Xiao maibu*, la petite épicerie réservée aux étudiants étrangers, pour lutter contre le froid. Le résultat a été pour tous une dizaine de kilos supplémentaires difficiles à déceler sous nos amples vêtements chinois.

Les chambres étaient rudimentaires, le sol en ciment, deux petits lits en fer, de chaque côté un petit bureau de bois sur lequel étaient posées une cuvette émaillée blanche décorée d'une pivoine rouge, une bouteille thermos rouge ornée du même motif en blanc. Au-dessus, une petite étagère. Des édredons très douillets remplis de vraies plumes de canard, ornés de grosses fleurs rouges ou bleues, égayaient un peu l'austérité de la pièce. Une armoire au bout du lit. Plus tard, ma coturne chinoise agrémenterait le mur au-dessus de son lit par un poster de Mao sur fond gris édité par centaines de millions après son décès.

Dans ce pays sec et glacial l'hiver, où le vent sableux du désert de Gobi souffle très fort, le chauffage ne fonctionnait pas toute la journée. Les douches collectives étaient prises d'assaut. Nous passions alors en courant devant l'entrée venteuse surveillée par une gardienne. La salle d'eau et les toilettes à droite de l'entrée étaient réduites au minimum : une sorte d'abreuvoir collectif en zinc avec plusieurs robinets d'eau froide et, dans la même pièce, les toilettes avec des portes à mi-hauteur, que de toute façon les Chinoises, dont la pudeur ne résidait pas là, ne fermaient jamais. Ce fut au début le plus dur, mais on s'habitue à tout.

La radio diffusée par haut-parleur nous réveillait dès six heures du matin avec les informations et slogans politiques du moment. Quelques étudiantes ont protesté contre ce réveil agressif et importun et demandé sa suppression. L'administration de l'institut, à notre grande surprise, a accédé à cette requête. Je garde pourtant de cette période le souvenir de ces haut-parleurs crachant en continu des injonctions ou des slogans dans les rues. Les plus matinaux allaient dehors faire du tai-chi-chuan, cette gymnastique infiniment lente visant à maintenir l'harmonie du corps et de l'esprit. Mais notre vie était malgré tout luxueuse en comparaison du sort des étudiants chinois.

Une coturne politisée

Ces étudiants étaient alors des *gong nong bing*. Des étudiants ouvriers-paysans-soldats, les enfants des classes sociales méritantes, les fils de cadres et d'intellectuels étant interdits d'études. N'ayant souvent pas suivi d'études secondaires poussées, ils ne profitaient guère de l'enseignement. Deux mois après notre arrivée, la récompense – qui n'était pas accordée à tous et fondée sur des critères mystérieux – était de pouvoir partager sa chambre avec une *tongxue*, une coturne chinoise. J'ai eu cette chance, même si les discussions n'étaient pas aisées. Ma coturne était très politisée, sans doute dûment chapitrée et mise en garde contre la pollution des idées occidentales. Un jour, elle a feuilleté l'un des rares livres que j'avais pu apporter, *Les Habits Neufs du président Mao* de Simon Leys, dénonçant l'imposture de la Grande Révolution culturelle prolétarienne qui n'était, selon l'auteur, ni grande, ni culturelle, ni prolétarienne, mais une simple révolution de palais qui a permis à Mao, en s'appuyant sur les gardes rouges, de reprendre le pouvoir. Elle a aperçu alors une photo sur laquelle Lin Biao, l'ancien dauphin mort en traître lors d'une fuite en avion en septembre 1971 en Mongolie, figurait au côté du président Mao. D'indignation, elle s'est mise à le rayer rageusement avec un crayon en criant : « C'est un homme mauvais, je ne veux pas le voir ! » Je lui ai arraché le crayon. Selon la bonne pratique orwellienne du « trou de mémoire », les méchants dans le système soviétique copié par la Chine n'avaient même pas droit au masque qui les désigne comme tels dans l'opéra de Pékin. Ils doivent purement et simplement disparaître de l'image – ou mieux, n'avoir jamais existé. Parfois demeurait un objet non effacé sur la photo, comme la chapka de Clementis sur la tête de Gottwald décrite par Milan Kundera dans *Le Livre du rire et de l'oubli*. C'était l'époque de la campagne dite Pilin Pikong, la langue chinoise se prêtant bien aux slogans percutants et imagés, une dénonciation conjointe à travers les siècles de Lin Biao et Confucius, qui visait indirectement le mandarin Zhou Enlai disparu en janvier de cette année-là, suscitant chagrin et hommages de la population en larmes. Deng Xiaoping dira plus tard que sans lui – qui est parvenu à protéger certaines personnes et certains biens –, elle aurait été plus cruelle, mais aussi qu'elle aurait duré moins longtemps.

Ma compagne de chambrée était originaire du Jiangsu, la campagne environnante de Nankin. Son mandarin laissait à désirer. Elle me disait même que ma prononciation était meilleure que la sienne, car les habitants de cette région ne distinguent par les sons *ch* et *s*. Elle se destinait à être pharmacienne aux pieds nus, laquelle, comme les médecins du même nom, recevait une formation accélérée. Elle devait pour cela connaître l'anatomie et lire les notices des rares médicaments occidentaux, qui étaient généralement originaires de France et coexistaient avec ceux, moins onéreux mais inefficaces contre les maladies graves, de la pharmacopée chinoise. Elle devait pouvoir au moins lire la notice. Je doute qu'elle ait appris grand-chose, même si elle répétait pendant des heures à haute voix les noms des organes corporels.

Elle avait tendance à donner des leçons de morale. Son attitude a néanmoins évolué au fil des mois, non sous mon influence occidentale pernicieuse, mais avec les premiers signes de relâchement de la pression politique. Amoureuse, elle est devenue coquette et joyeuse. Je ne pense pas qu'elle ait regretté ses études avortées lorsqu'elle est repartie dans sa province natale à la fin de cette unique année universitaire, rejoignant une nouvelle génération sacrifiée alors que les étudiants fils de cadres, victime des brimades des gardes rouges, se préparaient assidûment à leurs examens très sélectifs de rentrée dans les universités qui ont rouvert leurs portes à la fin de l'été 1977. Cette génération 1977 est celle des cadres, des artistes, des dirigeants de la Chine de Deng et de ses successeurs jusqu'à Xi Jinping.

Une petite ONU

L'institut des langues avait été créé pour accueillir les étudiants étrangers désirant apprendre le *mandarin*, terme élégant et inutilisé en Chine qui parle de langue commune (*putonghua*) ou simplement de langue chinoise.

Ce séjour à l'institut fut pour moi, au-delà de la découverte de la Chine, celle du monde dans sa diversité, en quelque sorte la diplomatie avant la diplomatie. L'établissement était surnommé « la petite ONU ». Il reflétait avant tout la vision du monde de Pékin et l'état de ses relations avec les différents pays. Manquaient les deux superpuissances de la guerre froide. Les étudiants soviétiques étaient rentrés chez eux en 1966, en butte à l'hostilité des gardes rouges. Au titre des activités édifiantes destinées aux étudiants, la direction des études a organisé une visite du métro dans un climat de virulentes diatribes antisoviétiques. Le métro était, selon nos accompagnateurs, un vaste abri antiatomique pour se protéger de la bombe nucléaire que l'Union soviétique allait à coup sûr lancer contre leur pays dans les prochaines années. La rancœur était encore grande contre les ingénieurs soviétiques qui avaient abandonné les chantiers en cours au pire moment de la crise économique en Chine. Les produits soviétiques étaient dénigrés, à l'instar des « montres bravo » ainsi surnommées car elles s'arrêtaient lorsqu'on applaudissait. L'immense ambassade de Russie était paria dans une rue que les Chinois avaient rebaptisée « rue de l'antirévisionnisme », car la direction chinoise du Parti n'admettait pas le rapport secret de Khrouchtchev et la déstalinisation. La moindre accointance avec l'Union soviétique était punie, comme ce fut le cas du père d'une amie, Yan Lan, jugé comme traître et condamné à dix ans de prison pour avoir été l'interprète de Mao dans cette langue ennemie. À l'époque, d'ailleurs, les pays satellites de l'URSS n'étaient pas les bienvenus ; seuls étaient admis les Yougoslaves titistes réfractaires à l'emprise soviétique.

Malgré le voyage spectaculaire de Richard Nixon en février 1972, les échanges avec les Américains n'avaient pas encore été organisés. Seule une jeune Huajiao (Chinoise d'outre-mer) errait parfois dans l'institut, un peu coupée des autres et toujours suivie de son professeur particulier. En ville, les Chinois d'outre-mer, que le régime commençait à cultiver, avaient leurs propres filières et même leur hôtel.

Le monde africain dominait. C'étaient les étudiants qui n'avaient pu obtenir de bourse pour Paris, Londres ou même Moscou. Ils ont atterri sur une planète inconnue. Groupes de longues silhouettes grelottantes, habillées de fins costumes blancs et de pantalons à pattes d'éléphant, avant l'acquisition des chapkas et des manteaux verts de l'armée. Ils étaient là pour plusieurs années d'études d'ingénieur ou de médecin et devaient passer un an à l'institut pour apprendre la langue chinoise. Ils nous ont d'ailleurs stupéfiés et rendus quelque peu jaloux, car ce sont les seuls qui ont réussi très vite à parler mandarin avec des tons parfaits. Les Chinois étaient pourtant racistes. Quand un étudiant camerounais est venu frapper à la porte de notre chambre, ma coturne m'a avoué ne pas avoir ouvert de peur du « singe noir ». Mes remontrances ne l'ont pas ébranlée. Mais la Chine cultivait déjà l'Afrique où elle avait envoyé des centaines de coopérants – des médecins, en particulier. Celui qui nous avait été affecté au dispensaire parlait le français, qu'il avait appris pendant plusieurs années au Mali. L'institut avait plus ou moins réparti les étudiants en cours selon un critère linguistique. Les Italiens, largement francophones, étaient pour la plupart maoïstes. Deux Québécoises ont d'emblée recherché l'amitié des Françaises pour se désolidariser des Canadiens anglophones. C'était l'époque de la loi 101, la charte de la langue française, dans ce pays qu'elles qualifiaient avec amertume de « pays bilingue de langue anglaise ». Elles m'ont fait découvrir les chansons de Pauline Julien, dont celle intitulée « Un Chinois dans ma rue ». Enfin, pour des raisons qui m'échappent, les étudiants japonais, seule nationalité d'ailleurs où les garçons étaient plus nombreux que les filles, avaient été affectés dans nos cours. C'était le mélange impossible de l'huile et de l'eau. Ils étaient ponctuels, disciplinés et respectueux des professeurs, alors que nous étions râleurs et contestataires, remettant en cause les méthodes d'enseignement, ce qui suscitait leur totale incompréhension. Et enfin, il y avait les Coréens du Nord, dans des tenues austères, qui ne se mouvaient qu'en groupe compact. Ils ne se détournaient jamais de leur chemin, quitte à nous bousculer au passage.

À l'école maoïste

L'enseignement se faisait à l'aide de textes du *Quotidien du peuple*. Nous apprenions aussi à chanter « L'Orient rouge » et « Pour naviguer en haute mer, il faut un timonier ». Le système d'enseignement maoïste prévalait encore et les étudiants étrangers étaient également astreints au *kaimen banxue*, l'école à portes ouvertes, le travail manuel à la campagne et en usine pour apprendre auprès des paysans et des ouvriers. C'est ainsi que j'ai repiqué le riz pendant une semaine dans une commune populaire dans la région de Shijiazhuang, capitale officielle de la province du Hebei. Ignorant tout de la présence de parasites, j'ai aimé le contact de la boue chaude sous les pieds. La journée de désherbage a été moins gratifiante car je ne distinguais pas la jeune pousse de riz des mauvaises herbes qu'il fallait arracher. Pour ne pas ruiner la récolte, quelques-uns d'entre nous ont abandonné et sont partis faire un tour dans la campagne. Nous étions dans une région interdite aux étrangers et avons vite été rattrapés et reconduits sur le territoire autorisé de la commune. Nous avons aussi cueilli des pommes et des cacahuètes qui poussaient en grande quantité dans la région de Pékin. Arrivés sur le champ, nous nous sommes étonnés de ne pas voir les arbustes et avons découvert que les cacahuètes poussaient sous la terre et qu'on les arrachait comme des plans de pommes de terre. L'été, il faisait près de quarante degrés. Nous nous levions à l'aube. Nous nous lavions dehors avec un tuyau d'arrosage. Nous cherchions bien sûr à entrer en contact avec les paysans. Leur accent était rugueux et ils avaient autant de mal à nous comprendre. Un jour, un de nos condisciples italiens a suggéré que nous parlions entre nous en chinois pour nous rapprocher d'eux. Un vieux paysan – ou qui nous paraissait tel – nous a écoutés attentivement, apparemment charmé, pour nous demander au bout d'un certain temps : « C'est joli la langue qu'il parle, qu'est-ce que c'est ? » Cela illustre la difficulté pour des palais occidentaux d'acquérir les quatre tons du mandarin. Il y avait aussi la journée des moissons au cours de laquelle, chapeau de paille sur la tête, nous coupions et assemblions en gerbe les tiges du blé. Les paysans se reposaient dans des positions ancestrales, assis les pieds au sol, les genoux écartés. Avant que la terre ne gèle, nous enterrions les choux longs entassés en montagne dans l'institut comme dans les rues de Pékin.

J'ai aussi travaillé pendant une semaine dans une usine de transistors où je faisais de la petite soudure à l'étain à la chaîne. Les ouvrières chinoises, pour qui ce travail était fastidieux, me reprochaient de travailler trop vite. En fait, je comptais les pièces pour passer le temps. Nous déjeunions rapidement, debout, de toute une série de petits pains, de *mantou*, des boules de pain blanc cuites à la vapeur, et des *wowotou*, des boules de maïs granuleux. La Chine du Nord est la Chine du blé et du millet ; la Chine du Sud, celle du riz. Les ouvrières modèles étaient inscrites au tableau avec des médailles rouges.

L'institut organisait tout au long de l'année des visites édifiantes pour nous faire comprendre « à quel point le communisme avait fait le bonheur du peuple ». Les paysans ou ouvriers que nous rencontrions abondaient en récits pathétiques de leur vie dans la Chine ancienne et remerciaient avec effusion le Parti communiste pour leur nouvelle vie radieuse. Nous visitions nombre d'écoles où de jeunes pionniers au foulard rouge apprenaient à devenir des Lei Feng en herbe, la « petite vis du socialisme », ce jeune héros altruiste à l'idéal communiste qui s'est tué à la tâche au service des autres. Étaient organisées des visites d'usines textiles vétustes très bruyantes où les ouvrières travaillaient sans protection dans des ateliers saturés par la poussière de coton. En été, c'étaient les visites de communes agricoles où, écoutant distraitement les récits répétitifs sur les malheurs du passé et les bienfaits de la révolution, nous grignotions des graines de tournesol en buvant un thé vert ordinaire dont nous regardions les feuilles tomber paresseusement au fond de la tasse de porcelaine blanche.

Il y avait aussi au début de l'été le grand voyage de classe pour lequel nous étions invités à choisir entre deux thèmes révolutionnaires, les « deux drapeaux rouges de la révolution » : Daqing, immense champ pétrolifère du nord de la Chine, et Dazhai, avec ses rizières en terrasse patiemment et obstinément creusées dans une montagne aride dont le secrétaire du parti, Chen Yonggui, paysan analphabète au visage buriné et édenté, coiffé d'un foulard blanc noué, a fini par devenir un membre du bureau politique. J'ai choisi la brigade agricole de Dazhai. Nous avons voyagé de nuit en train, puis en autobus. Nous nous sommes arrêtés pour déjeuner dans une commune de peintres paysans qui dessinaient des motifs naïfs alors très en vogue et reproduits sur de grandes affiches. Quelques heures plus tard, trois étudiants japonais et moi-même, pris de nausées, affichions plus de quarante degrés de fièvre, signe d'une sérieuse intoxication alimentaire. Nous ne pouvions monter avec les autres dans les autobus et avons fait le voyage dans une jeep qui sentait l'essence, après avoir reçu chacun une piqûre de pénicilline dans une fesse. En arrivant dans ce haut lieu de la révolution, nous gisions, grelottant et nauséeux, au fond de la jeep, sous une pluie drue. Quelqu'un a enfin retrouvé la clé du dortoir, dont nous ne sommes ressortis qu'à la veille du départ. À l'occasion d'un autre déplacement plus court, nous sommes descendus sous la terre dans une de ces innombrables mines de charbon de la région de Datong dans le Shanxi. Tout voyage individuel était proscrit. J'avais été invitée au Japon avec une amie par un étudiant de notre classe dont le père, auquel il était appelé à succéder, était un grand soyeux de Kyoto qui commerçait avec la Chine. Or, il n'y avait pas d'avion direct depuis Pékin. Il fallait passer par Shanghai. Le train de nuit mettait trente-six heures pour atteindre la ville maudite de la bourgeoisie et du capitalisme triomphant d'où avait émergé la moitié des membres de la bande des Quatre. Cueillies à la sortie, nous avons aussitôt été mises à l'isolement dans un salon avec des petits napperons de dentelle sur les accoudoirs et les têtes des fauteuils pour attendre le moment de prendre l'avion. Après un court séjour à Tokyo, nous avons séjourné pendant une semaine à Kyoto dans une maison japonaise traditionnelle aux parois en papier de riz. La famille nous a reçues avec chaleur. Tous les soirs, la mère nous préparait une cuisine raffinée et délicieuse qu'elle ne partageait cependant pas avec nous, son mari et son fils ; elle se retirait, à reculons et courbée, dans la cuisine. Elle et une de ses amies ont insisté le dernier soir pour que nous revêtions des kimonos, fières de nous voir dans des tenues japonaises. Nous avons attendu le dernier jour pour nous étonner du comportement de la mère de notre camarade de classe. Celui-ci nous a expliqué que nous pouvions partager leur dîner parce que nous étions des étrangères mais qu'il attendait de sa future femme qu'elle respecte la tradition et se conduise comme sa mère. Je ne l'ai malheureusement pas revu et ne sais si ses désirs ont été exaucés.

La direction de l'institut veillait à nous distraire en nous emmenant dans des petits théâtres où les spectacles musicaux suivaient une trame identique. La scène s'assombrissait avec la mort de Mao qui plongeait tout le monde dans la douleur et les larmes, et tout à coup, un soleil resplendissant accueillait ce qui ressemblait à une résurrection christique, avec la figure de Hua Guofeng, auréolé, coiffé et habillé comme le vainqueur charismatique de la Longue Marche. Il sera pourtant un éphémère et pâle secrétaire général de transition du Parti. Les étudiants étaient aussi conviés à une projection hebdomadaire, sur un drap blanc dressé dans un champ, de films révolutionnaires chinois et nord-coréens. Nous venions avec nos petits tabourets pliants, nos manteaux matelassés, et en été, nos bottes de caoutchouc et d'immenses capelines de plastique bleu roi. D'autres soirs, nous organisions nous-mêmes des soirées dansantes sur des rythmes africains diffusés par des radiocassettes dans une chambre vidée de ses meubles, avant qu'un des responsables de l'administration ne vienne nous demander d'y mettre fin et de renvoyer les garçons dans leurs dortoirs. Nous avions le sentiment de commettre une grave transgression alors qu'avant la Révolution culturelle, qui a banni toute distraction et musique occidentale, les jeunes révolutionnaires étaient amateurs des très bourgeoises danses de salon dans les bases rouges de la longue marche à Yan'an.

Fin de la bande des Quatre

Trois semaines après notre arrivée, par un clair matin d'automne, alors que nous nous apprêtions à entrer en classe, le bruit de gongs et de tambours a déchiré l'air. Nous avons questionné nos professeurs sur ce qu'il se passait. Ils nous ont répondu : « Rien. Venez en cours ! » Nous avons évidemment enfourché nos vélos et suivi les camions sur lesquels des dizaines de personnes frappaient ces instruments en cadence. La place Tian'anmen était pleine. Les gens étaient en liesse, soulagés de l'arrestation de la bande des Quatre ainsi surnommée parce que Mao avait mis en garde son épouse Jiang Qing contre les risques d'une telle formation extrémiste. C'était le 6 octobre 1976 et ce fut la fin officielle de la Révolution culturelle. Les livres d'histoire retiennent les dates 1966-1976, même si les dernières années n'avaient rien à voir avec les débuts furieux et meurtriers de ce mouvement. Aux côtés de la veuve abhorrée pour ses outrances et ses vengeances figuraient trois autres personnalités radicales : le canonnier de Mao, qui a lancé la première salve, Yao Wenyuan, Wang Hongwen et Zhang Chunqiao. Les festivités, souvent spontanées, se sont prolongées trois jours durant. Puis une cérémonie officielle a été organisée sur la place Tian'anmen, où nous étions venus dès le petit matin encadrés par notre *danwei*, l'unité de rattachement de notre institut sans qui rien n'était possible : alors que les autres étrangers, diplomates notamment, n'y avaient pas accès. Nous avons écouté enfin le discours du maire de Pékin dénonçant les méfaits de « la clique antiparti de la bande des Quatre ». De ce jour ont fleuri les caricatures de la veuve sous forme de serpent venimeux battu par le singe pèlerin de l'épopée bouddhique *Le Voyage vers l'Ouest*, un des quatre grands classiques de la littérature chinoise, et de ses trois acolytes sur les murs de Pékin et de l'institut. Les paysans et ouvriers auxquels nous rendions visite ajoutaient ce nouveau slogan à leurs partitions habituelles. Mais surtout, une démaoïsation rampante s'est opérée progressivement sans avoir été décrétée, comme en Union soviétique lors de la déstalinisation annoncée par Khrouchtchev. Peu à peu, la peur refluait, ce qui était perceptible chez nos professeurs.

Une réplique du tremblement de terre de Tangshan dans la province du Shandong à l'est de Pékin, qui avait provoqué au printemps précédent près d'un million de morts, nous a rapprochés de nos professeurs. Un jour de novembre, la terre a de nouveau tremblé. Nous étions dans nos chambres du rez-de-chaussée et les murs ondulaient. Nous avons couru dehors en un temps record. Quelques heures plus tard, nous avons transporté nos lits de fer, nos couettes et nos thermos sous des tentes militaires-dortoirs. La température était déjà tombée à cinq en dessous de zéro, et nos professeurs gelés venaient nous donner des cours sous la tente où nous restions bien au chaud sous nos moelleux édredons, buvant le thé de nos thermos. Nous y avons dormi pendant une semaine. Durant les après-midi, nous en avons profité pour aller voir nos professeurs dans leurs appartements, sous prétexte de prendre de leurs nouvelles. Dans cette situation exceptionnelle, l'atmosphère était plus relâchée et les langues se déliaient. Il était question des phénomènes anormaux qui avaient annoncé la perte du mandat du ciel par l'empereur, le moment où le ciel retire son appui au souverain et autorise son renversement et le changement de dynastie. Cette année du dragon de feu avait été riche en signes précurseurs : le décès du Premier ministre bien-aimé Zhou Enlai en janvier, suivi de celui du général Zhu De, fondateur de l'Armée rouge et compagnon de la Longue Marche, le tremblement de terre de Tangshan dont Pékin portait encore les stigmates. De petites maisons en pisé doublaient les habitations et offraient l'intimité aux jeunes couples qui vivaient avec leurs parents dans des pièces surpeuplées. Derniers épisodes : la mort de l'empereur suivie de la chute des derniers maoïstes radicaux avec l'arrestation de sa veuve.

Avant l'installation d'une nouvelle dynastie dirigée par Deng Xiaoping, une personnalité sans relief, Hua Guofeng a assuré un interrègne qui a duré moins de deux ans. Sur les posters, il était habillé et coiffé comme Mao. Sa légitimité fondée sur six caractères, « Avec toi aux affaires, je suis tranquille », qu'aurait prononcés Mao, était ténue. Cette formule a d'ailleurs souvent été tournée en dérision. Comme au temps de la Révolution culturelle, les murs ont commencé à parler. Des Chinois s'agglutinaient devant les caricatures de la malfaisante bande des Quatre et les *dazibao*, ces affiches politique en grands caractères écrites et collées pendant la nuit et découvertes au petit matin. Ils exigeaient le retour de Deng Xiaoping, trois fois exilé par Mao. L'anniversaire de la mort de Zhou Enlai, le 5 janvier, et la célébration du jour des morts, le 4 avril 1977, ont été l'occasion de rendre hommage à l'ancien Premier ministre, en déposant au pied de la colonne des martyrs de la révolution, sur la place Tian'anmen, des portraits et des couronnes de fleurs blanches apportés par des Chinois en longs cortèges.

Mais à l'institut, il restait des maoïstes, principalement chez les étudiants étrangers, en particulier les Italiens.

Le supposé révisionnisme de Hua Guofeng qui remettait en cause la véritable révolution leur était intolérable. Ils ont suggéré un jour d'écrire une lettre pour apporter notre pierre à la construction du mausolée de Mao embaumé à la mode soviétique. Heureusement, notre requête a été rejetée. Ce bâtiment n'a pas la discrétion du mausolée de Lénine, qui se fond dans les murs rouges du Kremlin et constitue au contraire une véritable offense architecturale sur la place de la Paix céleste, face à la Cité interdite. Naturellement, une visite des étudiants y a été organisée dès son ouverture.

Notre frustration permanente était de ne pas pouvoir véritablement partager la vie des Chinois. Nous avions le sentiment de rester en marge, d'autant plus qu'il y avait peu d'étrangers en Chine et, comme les Dupond et Dupont du *Lotus bleu*, de susciter à la fois la curiosité, une sorte de crainte et de déférence qui incitait même les vieilles dames à laisser les rares places assises dans les autobus bondés aux jeunes étudiants que nous étions. Nous n'avions pas le droit de nous mêler au peuple dans les classes dures des trains : nous devions impérativement voyager en classe molle, celles des cadres, dans ce pays prétendument égalitaire.

Pékin

J'ai pourtant eu le privilège d'être invitée à dîner environ une fois par mois par le fils de l'ancien architecte en chef de la capitale, Léon Hua, qui avait étudié en France et travaillé dans l'étude de Le Corbusier où il avait côtoyé un ami de mon père. Il avait le téléphone, ce qui était plutôt rare. Sa femme était une communiste polonaise. Leurs enfants vivaient en France. Ils avaient souffert au plus fort de la Révolution culturelle, qui avait de surcroît été xénophobe. Léon Hua parlait souvent des vexations imposées à sa fille cadette, petite Chinoise aux yeux bleus. Un jour, une amie venue de Paris, qui représentait le comité France-Chine du CNPF (Comité national du patronat français), ancêtre du MEDEF, a proposé de faire inviter un des conseillers de l'ambassade de France qui était enchanté de rencontrer pour la première fois de son séjour un « vrai Chinois ». Le dîner s'est bien passé mais la voiture reconnaissable à son immatriculation diplomatique a refusé de démarrer et a dû rester toute la nuit devant l'immeuble. Léon Hua m'a invitée quelques jours plus tard à une promenade dans les jardins du palais d'été pour me dire, loin d'oreilles indiscrètes, qu'il ne voulait plus recevoir de diplomates car cela risquait de lui causer des ennuis. J'ai continué à le voir régulièrement car les étudiants ne suscitaient pas la même suspicion. C'était pour moi un bol d'air.

La surveillance et la police de la pensée étaient encore prégnantes même si, au fil des mois, la peur s'atténuait. Nos courriers étaient naturellement lus. Les enveloppes étaient ouvertes avec de la vapeur. Elles étaient recollées avec une pâte blanche épaisse étalée avec une petite spatule qui adhérait au papier.

Les après-midi libres, nous découvrions Pékin. Au retour, la statue géante blanche de Mao la main levée nous accueillait à l'entrée de l'institut où nous allions retrouver un peu de chaleur. Nous avons visité plusieurs fois les joyaux de l'architecture chinoise, la parfaite harmonie de la Cité interdite aux multiples toits d'or, la colline de charbon qui la surplombe où l'empereur Chong Zhen de la dynastie des Ming s'est suicidé, le temple du ciel aux tuiles bleues d'où l'empereur célébrait le premier jour des moissons, le palais d'été où l'on dégustait des brochettes d'azeroles, ces petites pommes acides caramélisées dont les touches vermillon coloraient l'hiver pékinois. Le Yuanmingyuan, le palais de la Parfaite clarté, l'ancien palais d'été mis à sac par les troupes franco-britanniques, était proche de l'institut ; nous commettions un sacrilège en pique-niquant en été dans ses paisibles ruines au milieu de la campagne. À chaque lieu correspondait une saison privilégiée. L'automne doré, c'étaient les collines parfumées que nous escaladions en nous arrêtant au milieu des bouddhas. Le ciel était alors d'un bleu limpide malgré le chauffage au charbon. Je n'ai jamais compris pourquoi le beau temps en chinois se traduisait par *lan tian bai Hun* (« ciel bleu, nuages blancs »), alors qu'il y a rarement des nuages dans la Chine septentrionale. L'expédition à la Grande Muraille était plus aventureuse. C'était ardu en hiver. Il fallait prendre un premier bus, avec un changement sur la place des Tours du Tambour et de la Cloche, délabrées et abandonnées, qui pendant des dynasties ont sonné les veilles toutes les deux heures. Nous poursuivions le trajet, frigorifiés, dans des bus dont les fenêtres restaient perpétuellement semi-ouvertes quelle que fût la température. Nous allions nous réchauffer dans une échoppe d'une tour de guet au pied de la muraille, qui vendait des petites galettes de millet aux graines de sésame gardées au chaud sur le poêle antique, avant de nous engager sur le chemin de ronde pentu et glissant en hiver.

Nous allions faire des festins dans les quelques restaurants renommés de Pékin pour goûter la gastronomie de chaque province : la marmite mongole, le canard laqué ou les brochettes de mouton dans des restaurants musulmans. Il y avait même un restaurant végétarien. Dans des salles enfumées, des grandes tablées d'hommes en bleu de chauffe parlaient haut et fort, riaient aux éclats, les crachoirs en émail blanc bien en évidence au pied des tables.

Mais il était surtout agréable de déambuler dans les rues de Pékin, cette ville « pleine de poussière tout au bout de la terre », que chantait le communiste Francis Lemarque en évoquant « mon copain d'Pékin rencontré sur mon chemin ». Le président Mao continuait de veiller à la circulation fluide des vélos et des passants du haut de la porte sud de la Cité interdite, tandis que les figures historiques barbues ou moustachues du communisme, Marx, Engels, Lénine et Staline, étaient accrochées au fronton du palais du Peuple et du musée de la Révolution, constructions de style soviétique qui se faisaient face. Les vieilles dames à la démarche chaloupée sur leurs minuscules pieds bandés promenaient leurs petits-enfants dans des berceaux en bambou ornés d'un petit drapeau rouge. Nous achetions des livres dans la librairie Xinhua. *Le Chant de la jeunesse* était très prisé, non pour l'histoire révolutionnaire édifiante, mais pour ses scènes d'amour. L'addition était établie à une vitesse vertigineuse à l'aide des bouliers. Le Baihuo Dalou, au sud de l'avenue commerçante Wang Fujing, était le temple de la consommation pour des paysans venus en charrette, où ils transportaient sur des remorques surchargées les cent produits annoncés par l'enseigne du magasin : tissus fleuris, toutes sortes d'objets ménagers en bambou, couettes douillettes... Le quartier des antiquaires de Liu Lichang était un de mes lieux favoris de promenade car sous ses voûtes d'arbres centenaires ombragées, on pouvait acquérir dans les échoppes les quatre objets du lettré : la pierre, l'encre, le papier et le pinceau, ainsi que de belles calligraphies. Le lieu était bien entretenu. Ailleurs, les maisons patriciennes des belles *hutong* (« ruelles » en mongol), dans la ville tartare entourant la Cité interdite ou la ville chinoise au sud, étaient complètement délabrées. Elles avaient été si divisées que chaque famille n'occupait qu'une pièce. Des amoncellements de choses diverses jonchaient les cours. Les fils électriques pendaient. Le tout paraissait très insalubre. Les toilettes publiques extérieures étaient malodorantes. Et pourtant, hors des grandes avenues et des bâtiments de style soviétique, Pékin conservait son charme, et le petit peuple décrit par Lao She dans *Quatre générations sous un même toit* vivait beaucoup dans la rue, jouant aux cartes ou aux dames avec les voisins.

Nous étions bien installés dans cette vie réglée et paisible lorsqu'à Pâques, nous sommes allés à Hong Kong. Nous nous sommes retrouvés de nouveau dans un salon privé avec de vastes fauteuils dont le dossier et les accoudoirs étaient revêtus des mêmes napperons de dentelle blanche que dans toute la Chine. Puis nous avons traversé le petit pont dans le *no man's land*. Arrivée à Hong Kong. Le contraste est total : après les maisons grises et les nuits d'un noir d'encre de Pékin, les lumières de la ville, avec un fouillis de pancartes publicitaires multicolores éclairées, surprennent. Le contraste existe aussi entre l'île de Victoria coloniale, anglaise, et Kowloon, cantonaise, où continuaient d'affluer les réfugiés du continent. Venant d'un pays communiste pauvre, nous avions perdu l'habitude de l'abondance. Cela semblait trop et nous ne savions quoi choisir. Pourquoi tant de marques différentes ? Nous avons cependant vite repris nos réflexes d'une société de consommation.

Adieu déchirant de Pékin

Nous avons reçu nos diplômes universitaires à la fin du mois de juin. Les étudiants chinois sont partis. Je n'avais eu droit qu'à un an de suspension d'études. J'ai passé l'été à Pékin et suis partie la mort dans l'âme le plus tard possible, en octobre 1977, pour accomplir la troisième année et obtenir mon diplôme de Sciences Po. J'avais accumulé un certain nombre de livres que j'ai envoyés en France par bateau pour une somme modique. Je me suis rendue en larmes à la poste et ai empaqueté les livres dans un tissu que j'ai cousu. J'ai laissé avec regret mon vélo et ma bouteille thermos rouge ornée d'une grosse pivoine blanche. Je n'avais pas de place non plus dans mes bagages pour ma couette multicolore.

Et puis, avec ce qui restait de ma bourse, j'ai pris le Transsibérien. Je me suis retrouvée en classe dure. J'ai partagé ce compartiment avec trois Vietnamiens du Nord très dogmatiques et peu enclins à la conversation, qui traversaient ce pays ennemi pour faire des études à Moscou. Le chef de wagon, jeune et séduisant intellectuel, maîtrisait parfaitement la langue russe et servait d'interprète. Les étudiants chinois étant affectés à des études en fonction des besoins de l'État, il n'avait pas eu le choix. Or, l'étude du russe dans un tel environnement hostile n'était pas très gratifiante.

Ma dernière image de la Chine est celle de l'automne flamboyant tout au long de la Grande Muraille, les ginkgos biloba, ces arbres aux mille écus d'or pluricentenaires, les érables rouges survolés par des corbeaux noirs sous un ciel d'un bleu intense. Long arrêt à la frontière avec la Mongolie pour changer l'écartement des roues. Puis ce fut la traversée de ce pays jaune, désertique. Entrée dans une Sibérie déjà blanche de neige, les flocons virevoltaient lorsque je traversais les plateformes pour me rendre au restaurant. En une semaine, nous avons changé plusieurs fois de climat ou de saison. Lors des arrêts aux gares, nous pouvions descendre quelques minutes pour nous dégourdir les jambes ou acheter aux paysannes sibériennes en fichu des *pirojkis* chauds, des *pelmeni*, petits raviolis sibériens à la viande, et de la salade de pomme de terre. En allant au restaurant, je passais devant des compartiments russes où des familles se partageaient bruyamment nourriture et vodka. J'ai discuté longuement avec des scientifiques de la ville d'Akademgorodok au sud de Novossibirsk. Je me souviens encore de la magie bleue du Baïkal longé pendant une demi-journée d'Oulan-Oude à Irkoutsk. Le passage de l'Oural a ramené la pluie et la grisaille d'un automne européen.

Le Transsibérien arrive à Moscou, à la gare de Yaroslavl d'architecture néo-russe, sur la place des Trois-Gares qui regroupe aussi celles de Leningrad et de Kazan, d'architecture tatare. Je reprendrai le train le lendemain à la gare de Biélorussie. Le retour à Paris en deux jours fut moins plaisant. J'ai encore en mémoire les contrôles en pleine nuit des policiers de Berlin-Est avec leurs torches et leurs chiens-loups. Je suis arrivée gare de l'Est par un matin pluvieux de presque novembre.

Je savais que je retournerais en Chine, comme tous ceux qui ont vécu dans ce pays fascinant dont la réalité temporaire se fond avec un imaginaire immémorial. L'expérience aura été fondatrice. J'avais eu le temps de réfléchir pendant ce long voyage solitaire. Il n'y avait que trois catégories de résidents étrangers en Chine à cette époque : les étudiants, les experts et les diplomates.

Je serai donc diplomate.

Chapitre 2

CHINA WATCHING DANS UNE COLONIE DE LA COURONNE BRITANNIQUE

Hong Kong – mars 1979-septembre 1980

Le retour à Paris ne fut pas aisé. J'avais le sentiment d'avoir vécu une aventure qui n'intéressait personne. Aucune curiosité. Rue Saint-Guillaume, rien n'avait bougé. La Chine n'existait pas dans l'univers mental des professeurs et des étudiants de Sciences Po. En aurait-il été de même si j'avais étudié pendant un an aux États-Unis ? À moi de me réadapter. J'ai appris par la suite que la plupart des expatriés faisaient la même expérience à leur retour.

Le diplôme de Sciences Po acquis, j'ai passé le concours d'Orient, une des voies principales d'accès au ministère des Affaires étrangères avec l'ENA, qui supposait notamment la connaissance d'une ou deux langues orientales. J'ai failli entrer au Quai d'Orsay sous le nom d'Ingrid Bermann. À la plaisanterie de l'huissier – courante à cette époque où l'actrice suédoise était une des plus grandes stars du cinéma – lorsque je me suis présentée au concours, j'ai eu un moment de panique, pensant que ma meilleure amie, qui avait rempli mon dossier d'inscription alors que j'étais en vacances en Chine, avait par mégarde inscrit son prénom à la place du mien.

Une fois entrée au ministère en février 1979, j'ai littéralement harcelé la direction du personnel pour être affectée à notre ambassade à Pékin. Sans succès. Il n'y avait pas de poste vacant. Ce fut donc Hong Kong en tant que vice-consul, un joli titre durassien dont j'étais fière, et attachée de presse. Depuis des années, le consul général avait réclamé la création d'un poste pour un sinisant afin de se livrer à ce qui était la vocation de la colonie britannique à la porte du continent communiste isolé et mystérieux : le *China Watching*. L'équivalent de la Kremlinologie, mais vu de l'extérieur. Signe du conservatisme du Quai, la direction des ressources humaines avait dû imposer ma nomination au consul général en fin de carrière, pour qui une candidature féminine semblait poser problème. À Hong Kong, vraiment ? Je tombais des nues.

Avant le départ, un stage d'insertion était organisé pour les nouveaux agents. Le plus marquant fut celui d'une journée au SDECE, le Service de documentation extérieur et de contre-espionnage, ancêtre de la DGSE, la Direction générale de la sécurité extérieure, à la caserne Mortier dans le XXe arrondissement. L'Union soviétique, alors dirigée par Brejnev, était le principal ennemi et l'objet de toutes les méfiances. Ma promotion a été mise en garde contre les méthodes d'espionnage du KGB partout dans le monde. Le clou était la présentation de l'ambassade de France à Varsovie, qui avait été truffée de micros. Nous avons appris, à l'aide de démonstrations, que les caméras pouvaient être invisibles, par exemple cachées dans le pistil d'une fleur sur un papier mural ; que le son monté au maximum d'une radio pouvait être entièrement éliminé pour restituer seulement et distinctement une conversation ; qu'il fallait faire attention aux micros directionnels et s'éloigner des fenêtres ; et que le seul lieu sûr pour des échanges confidentiels était dehors, tout en surveillant les alentours… Il nous a été instamment recommandé d'alerter immédiatement notre ambassadeur en cas de « tamponnage », tentative d'approche en vue d'une compromission ou d'un recrutement, afin – le cas échéant – d'être exfiltré. Le service s'est par ailleurs plaint du mépris des diplomates en citant un ambassadeur qui avait grillé un de ses hommes du service en le présentant à ses interlocuteurs étrangers comme la barbouze de l'ambassade.

Le directeur du personnel nous avait enfin expliqué la politique d'affectation : alternance entre un poste difficile, un poste facile et un poste en administration centrale sur une période de dix ans. Je me demandais comment dix ans pouvaient passer aussi vite. Le temps est passé plus vite encore au fur et à mesure que s'allongeait ma notice dans l'annuaire diplomatique.

Le deuxième moment instructif a été le stage d'une semaine au service de presse. J'assistais à la conférence quotidienne du chef de service, Louis Delamare, dans une salle à l'entresol qui porte son nom depuis son assassinat à Beyrouth en 1981 par des milices syriennes. Je me souviens de la journaliste Geneviève Tabouis, nièce du grand diplomate Jules Cambon, dont j'entendais chez ma grand-mère maternelle la voix théâtrale sur Radio Luxembourg dans son émission quotidienne *Les Dernières Nouvelles de demain* qui commençait rituellement par : « Mesdames Messieurs, attendez-vous à savoir. » Presque nonagénaire, cheveux de neige coiffés en rouleaux retenus par un filet, quadruple rangée de perles autour du cou, cette icône du journalisme ne manquait pas une réunion et, entre deux assoupissements, trouvait toujours une question à poser au porte-parole.

Le grand départ

Du long voyage en avion vers Hong Kong, je me souviens d'un sentiment de vide étrange. Contrairement à mon stage d'un an comme étudiante en Chine, je larguais complètement les amarres. Ma vie à Paris était terminée, je partais pour plusieurs années et n'avais pendant ce temps suspendu aucune idée de ce que serait ma vie. Aucun rendez-vous ou réunion inscrit dans un agenda pendant les jours à venir. Littéralement une page blanche.

L'arrivée sur l'aéroport de Kai Tak est vertigineuse. L'avion semble frôler les tours sur lesquelles il est interdit de faire sécher du linge ou de jouer avec des cerfs-volants pour ne pas perturber les pilotes qui recevaient des formations spéciales. Plus tard, je verrais d'en bas les avions paraissant se poser sur les toits des immeubles.

J'ai été hébergée pendant une semaine dans la résidence du consul général juchée à mi-pente sur Old Peak Road. C'était, avec celle du gouverneur, l'une des plus belles maisons coloniales de l'île. Hauts plafonds en bois sombre auxquels étaient suspendues de larges pales prodiguant un peu de fraîcheur dans la touffeur de cet air chaud et humide des tropiques. Terrasse à colonnades blanches, vue sur les lumières de la ville et la baie sublime.

Le consulat général était alors établi au cœur de Central District, l'équivalent de la City de Londres, dans l'immeuble un peu vétuste de la Hang Seng Bank qui donnait tous les matins l'indice de la bourse. Bien que la population de Hong Kong ait été à 98 % chinoise, à Central comme dans d'autres quartiers élégants tel celui d'Happy Valley, elle était blanche, à l'exception des Gurkhas, ces régiments d'élite d'origine népalaise qui assuraient la garde des bâtiments officiels, notamment la résidence du gouverneur, et de quelques Sikhs en turban parmi lesquels de nombreux médecins. L'Empire britannique d'Asie, en somme. Parmi les nombreuses chaînes de télévision, l'une diffusait en continu les films dansants et chantants de Bollywood. Quelques silhouettes solitaires à la peau sombre, à la longue chevelure emmêlée et tout habillées de noir, les Hakkas, des minorités du sud de la Chine, arpentaient la ville. Il y avait aussi une communauté juive significative. J'ai fait la connaissance d'un couple dont le mari, de nationalité israélienne, venait en fait de la communauté de Russes juifs de Harbin en Mandchourie et s'était senti trop attaché à l'Extrême-Orient pour quitter ce continent lorsque tous les étrangers avaient été expulsés de Chine au début des années cinquante.

Le représentant de Sa Majesté dans le port des parfums était tout-puissant. Le gouvernement était entièrement britannique. On lisait tous les matins le *South China Morning Post* en anglais, seule langue officielle jusqu'en 1974. La radio avait l'accent de la BBC. Le bulletin météo annonçait souvent, comme en Angleterre, « *scattered showers* », des pluies éparses, alors que c'étaient plus souvent des pluies de mousson et des typhons parfois dévastateurs. On trouvait dans l'élégant magasin Lane Crawford les mêmes produits que chez Harrod's à Knightsbridge. Les Chinois étaient les chauffeurs de taxi, qui ne comprenaient que le cantonais que je ne parlais pas. Pour l'avoir répétée des centaines de fois, je me souviens encore de mon adresse, Lok sap sei Pokfulam do (66, rue Pokfulam). Dans les échoppes des ruelles en pente entre les tours, des Chinois vendaient tout un bric-à-brac d'objets artisanaux. Il y avait aussi les serpents en cage, et l'on pouvait déguster de délicieuses soupes à base de cet animal comestible très prisé en Chine du Sud et au Vietnam pour son goût et les vertus thérapeutiques et aphrodisiaques – ou supposées telles – de son venin et de son sang.

À l'embarcadère de la presque centenaire compagnie Star Ferry, une noria de bateaux faisait traverser la baie au milieu de sampans et de jonques jusqu'à la péninsule de Kowloon, la terre des neuf dragons. Une ligne de métro sous la mer était en cours de construction. Plus populeuse et commerçante avec ses centaines d'enseignes lumineuses, Kowloon abritait des millions de réfugiés chinois ayant fui les crises économiques, telle la famine du grand bond en avant de 1958, ou les troubles politiques, du mouvement antidroitier de 1957 à la Révolution culturelle de 1966 à 1976. Bravant les requins et la noyade, recherchant une vie meilleure, ils continuaient d'arriver à la nage de la province voisine du Guangdong. Et, en vertu de la règle du *touch base system* qui régit le base-ball, s'ils n'avaient pas été arrêtés durant leur périple, ils étaient autorisés à rester sur le territoire. Ils y trouvaient aisément du travail car le plein-emploi régnait. Durs à la tâche, ils étaient même prêts à accepter un deuxième travail. Il n'y avait évidemment aucune loi sociale, aucun système de chômage ou de retraite. Au-delà s'étendaient les nouveaux territoires acquis par la couronne en 1898 pour quatre-vingt-dix-neuf ans. Et au milieu, un lieu mystérieux, une enclave surnommée la cité interdite de Kowloon, la ville murée ou encore la cité des ténèbres. C'était une portion de territoire oubliée dans les traités. Un *no man's land* de moins de trois hectares, avec la plus forte densité de population au monde (environ 30 000 habitants à l'époque, soit 1,9 million au km²) où la police n'avait pas le droit de pénétrer. Toute une population plus ou moins illégale s'y retrouvait : réfugiés exerçant des métiers sans licence, médecins, dentistes ou arracheurs de dents, faussaires, ateliers textiles où les ouvriers étaient entassés et exploités. C'était surtout le repaire des triades qui supervisaient les trafics de drogue et la prostitution. Les regards étaient hagards et méfiants face à cette jeune *gwaï-lo*[1] que j'étais et dont la présence en ces lieux semblait incongrue. Le ciel était hors de vue. Du linge était suspendu à des bâtons de bambou aux fenêtres des logements. Des grappes de fils électriques emmêlés pendaient dangereusement dans ces venelles humides. Le consul général, préférant attendre dans la voiture à l'entrée, pour donner l'alarme le cas échéant, m'a confiée aux bons soins du guide qui avait été en 1955 celui de Joseph Kessel, lequel a écrit ensuite un livre sur Hong Kong et Macao[2]. C'est sans doute ce qui me fascinait le plus. Ce lieu tout à la fois sordide et mythique qui a inspiré de nombreux films sera démoli et transformé en parc après la signature des accords de rétrocession entre le Royaume-Uni et la Chine.

Après une semaine dans l'impressionnante résidence coloniale, j'ai habité une semaine à Djibatoe tout en haut du rocher, sur le Peak au-dessus des nuages qui dissimulaient presque constamment la ville. Je prenais le petit funiculaire où je croisais le matin des écoliers et écolières en uniforme des collèges anglais. J'ai ensuite atterri dans un meublé dans le quartier de Wanshai plus populaire, celui du monde pittoresque des marins et de Suzie Wong à l'époque où les GI qui opéraient au Vietnam venaient en

1. Signifie « diable étranger », et par extension tout étranger.
2. Joseph Kessel, *Hong Kong et Macao*, Gallimard, 1957 ; Folio, 2011.

permission sur l'île. L'eau suintait, ruisselait même parfois sur les murs de ma chambre, le taux d'humidité pouvant atteindre 99 % au mois de mars. Le soir, je me promenais dans les rues où les Hongkongais assis en rond sur des tabourets en bambous jouaient au mah-jong, jeu interdit en République populaire de Chine, en faisant claquer bruyamment les tuiles. Épluchant les petites annonces du *South China Morning Post*, j'ai recherché un logement définitif. Cette quête d'un appartement a été très révélatrice de l'état d'esprit des Hongkongais. La jeune femme de l'agence m'avait d'abord demandé si je souhaitais un appartement neuf ou ancien. Je m'étais fait préciser la signification du terme *ancien* dans ce lieu où tout me paraissait relativement moderne, même si en raison de la dégradation due au climat, les immeubles portaient rapidement les stigmates du temps. La réponse a fusé : « Quatre ans. » Et de fait, la superficie habitable étant rare à Hong Kong, des bâtiments étaient constamment détruits et remplacés. J'ai fini par trouver un appartement dans un immeuble en fin de construction proche de l'université de Hong Kong, avec une vue panoramique sur la baie magnifique que je ne me suis jamais lassée de regarder la nuit.

Quand j'avais la nostalgie de Pékin, j'allais humer l'odeur caractéristique de la Chine populaire, que j'associe au camphre et à la poussière, au Chinese Emporium qui vendait toutes sortes d'objets artisanaux, comme au Baihuo Dalou, le grand magasin de l'avenue Wang Fujing. La présence de la Chine populaire était discrète. Ni ambassade ni consulat, bien sûr, sur ce territoire que les Chinois considéraient leur, mais un grand pragmatisme. La représentation officielle était assurée par le directeur de l'agence Chine Nouvelle qui organisait chaque année, pour la fête nationale du 1er octobre, une grande réception honorée depuis quelques années par le gouverneur.

La singularité du consulat général tenait à son rattachement administratif de pure forme à la lointaine et indifférente ambassade de France à Londres. Compte tenu de la distance et de la différence des problématiques, c'était de fait un poste indépendant. Quelques membres du personnel étaient encore issus de la FOM, la prestigieuse École française d'outre-mer sise au 2, avenue de l'Observatoire, qui formait les administrateurs des colonies. Un ancien gendarme de la coloniale ne parlant pas l'anglais gérait les affaires consulaires. Et puis il y a toujours en poste quelqu'un qui sait tout, qui parle plusieurs langues, qui peut vous mettre en contact avec n'importe qui dans toutes les couches de la société, qui incarne la mémoire et la continuité du poste. Il y avait une rotation des diplomates, mais cette personne restait. C'est bien souvent celle que l'on appelle la secrétaire sociale de l'ambassadeur, titre qui ne lui fait pas justice. Geneviève Ou était cette personne indispensable au consulat. Un peu bourrue, mais une intelligence faite des trois cultures, voire quatre, puisqu'elle parlait, outre le français et l'anglais, le mandarin aussi bien que le cantonais. De grand cœur, elle avait pris sous son aile la jeune débutante mais amoureuse de la culture chinoise que j'étais. J'ai été heureuse et émue qu'elle soit présente à ma réception de départ au Quai d'Orsay lorsque quelque trente ans plus tard, j'ai été nommée ambassadeur en Chine.

Le travail était décevant, même si le consul général me répétait que je mangeais mon pain blanc avant un poste difficile. En réalité, le *China Watching* qui avait justifié ma nomination touchait à sa fin, avec l'établissement des relations diplomatiques sino-américaines et le transfert des diplomates américains à Pékin. On lisait les précieuses *China News Analysis* fondées sur les écoutes et la lecture minutieuse du père Ladany, jésuite sinologue établi dans l'île de Lantau. Plusieurs revues hebdomadaires d'obédiences différentes, pékinoises ou taïwanaises, publiaient des articles informés sur la Chine populaire. Les espions, nombreux autrefois, avaient dû migrer aussi vers le nord. Il y avait une institution mythique que j'ai rejointe comme attachée de presse et où j'étais censée glaner des renseignements : le Foreign Correspondents Club, où commence par un jour de typhon le premier tome (*The Honorable Schoolboy*) de la trilogie des Smiley de John le Carré. Tous les collègues étrangers n'étaient pas sinologues, loin de là. Je les intéressais car j'avais vécu de l'autre côté du rideau de bambous. Les diplomates confrontaient leurs informations sur la Chine lors de déjeuners hebdomadaires. C'était l'époque de l'arrivée au pouvoir de l'ayatollah Khomeini à Téhéran. La consule générale iranienne nous assurait qu'il n'était pas hostile au travail des femmes, preuve en était qu'elle était encore en poste. Quinze jours après, elle était partie.

Douceur de vivre

Hong Kong était un lieu *sui generis*, carrefour entre l'Est et l'Ouest, point de rencontre entre les communistes et les capitalistes, à la fois expression de la plus grande modernité et conservatoire de la culture chinoise traditionnelle. Tout ce qui avait été banni en Chine continentale était pratiqué ici. Mon voisin, un jeune homme d'affaires qui venait de prendre possession de son appartement neuf, y avait aussitôt installé un petit autel bouddhiste rutilant.

Les architectes hongkongais devaient respecter les règles du feng shui, la géomancie, science des forces invisibles du vent et visibles de l'eau. Les glissements de terrain entraînant la chute d'un immeuble étaient attribués au non-respect de cet art. Les géomanciens étaient grassement rémunérés. Un immeuble a été percé à sa base d'un immense trou pour que le dragon puisse passer pour aller se baigner dans l'eau de la mer. Le principal journal, le très sérieux *South China Morning Post*, en guise de plaisanterie du 1er avril, avait annoncé la création d'un ministère du Feng Shui. Crédule, mon consul général m'avait demandé d'en faire une dépêche, que l'on ronéotait alors encore sur une vieille machine. Toutes les fêtes traditionnelles étaient respectées, celle du double dix, la fête de la mi-automne où l'on offre et mange des gâteaux de lune dans les parcs, celle des courses des bateaux-dragons dans l'archipel, la fête des morts le 4 avril, où les Hongkongais se rendent dans les nouveaux territoires pour balayer les tombes de leurs ancêtres et leur apportent en guise d'offrandes de la monnaie et d'autres objets de papier destinés à leur bien-être. Ils étaient brûlés pour atteindre le défunt au ciel. La colline enfumée sentait fortement l'encens.

Il faisait bon vivre à Hong Kong, dans les dernières années de la colonie, pour la communauté britannique et étrangère. De belles maisons à flanc de colline, les courses de chevaux d'un des plus grands hippodromes du monde, Shatin, les salles de vente aux enchères, les nombreux antiquaires d'Hollywood Road où l'on trouvait beaucoup d'objets probablement acquis à une époque où la Chine n'avait pas les moyens d'en contrôler la sortie, d'immenses galeries commerçantes, des restaurants raffinés de toutes les cuisines de Chine et d'Asie, le marché flottant sur des sampans amarrés les uns aux autres et les cantines plus populaires où l'on servait sur des chariots les meilleurs *dim sum* du sud de la Chine, des hôtels d'un luxe rare en Europe comme le Peninsula de Kowloon qui faisait face au Mandarin à Central. J'allais parfois dans les salons du Mandarin prendre un *high tea* le samedi après-midi.

Le sort de Hong Kong était encore dans les limbes. L'on en parlait, mais comme d'une échéance très lointaine, dans cette ville où l'on vivait l'instant. Le bail emphytéotique de quatre-vingt-dix-neuf ans accordé par la Chine à l'Angleterre pour les nouveaux territoires prenait fin en 1997. Une éternité. Beaucoup se demandaient même si le régime de Pékin ne laisserait pas passer cette date pour conserver ce qui était considéré alors comme la poule aux œufs d'or : l'acquisition de devises et d'un savoir-faire occidental. D'autant que l'île Victoria avait été purement et simplement cédée à l'issue des traités inégaux. On continuait de s'enrichir et d'investir à court terme. Une énergie fabuleuse se dégageait de ce territoire surpeuplé – cinq millions d'habitants à l'époque. Seuls les employés des banques et les administrations respectaient le repos dominical. Les grands tycoons chinois venus de Shanghai en 1949 ont transformé le petit port de pêche administré par les Britanniques en une grande place financière mondiale. Les plus importants, dont Li Kashing, propriétaire d'un conglomérat, était le plus emblématique, commençaient à assurer leurs arrières en établissant des relations avec le régime chinois tout en se satisfaisant de la politique de laisser-faire britannique. Il n'y avait pas de démocratie, mais les Hongkongais ne la revendiquaient pas non plus. Les plus riches avaient un passeport britannique. Ils pensaient que la frontière tendrait à s'effacer. Les journaux évoquaient alors une frontière évanescente (*vanishing border*). La question que l'on se posait était de savoir si Pékin absorberait un jour Hong Kong ou si ce ne serait pas plutôt l'inverse.

Un projet nommé Shen Zhen

Les journaux de la colonie commençaient à mentionner un petit village de la province voisine du Guangdong, dans la rivière des perles, Shum Chum en cantonais, Shen Zhen en mandarin. Deng Xiaoping avait annoncé l'année précédente, lors de son voyage dans le Sud, vouloir transformer en épicentre de la mondialisation cette nouvelle zone économique spéciale et en faire un second Hong Kong. En 1979, la politique de réforme et d'ouverture n'était toutefois pas encore perceptible sur le terrain. J'ai accompagné le consul général qui avait obtenu une invitation des autorités de Shen Zhen. Le trajet était encore compliqué. Il fallait prendre le ferry puis l'omnibus à la gare de Kowloon, et enfin traverser à pied le *no man's land* à Lowu. Nous avons été accueillis en voiture officielle noire par les cadres du village. Pendant que nous buvions du thé vert dans un bâtiment administratif banal, on nous a expliqué dans les détails le projet grandiose. Au dehors, quelques ouvriers nonchalants coiffés d'un léger et peu protecteur chapeau de paille évoluaient lentement autour de deux ou trois échafaudages en bambou. C'était tout. De retour dans la colonie, j'ai rédigé une dépêche rendant compte du projet qui nous avait été présenté et décrivant le chantier. Le consul général a rajouté une conclusion : *Il ne se passera jamais rien là-bas…* Nul n'aurait alors pu imaginer que quelque trente ans plus tard, ce serait une mégapole de treize millions d'habitants, l'usine du monde où convergeraient des paysans en quête d'un emploi dans lesquels ils seraient taillables et corvéables à merci pour leur permettre d'assurer un avenir à leurs enfants.

C'était aussi le temps de l'arrivée des boat people qui fuyaient la dureté du régime et la misère au Vietnam. Le bateau *Île de Lumières* avait croisé au large. Ces réfugiés de la mer étaient regroupés dans des camps des nouveaux territoires avant de rejoindre des pays d'accueil. J'ai participé à la sélection de ceux à qui la France serait en mesure d'offrir l'asile en privilégiant la connaissance de la langue française, qui avait déjà fortement régressé dans ce pays, ou la présence sur notre sol de membres de leur famille.

Macao relevait également de la circonscription du consulat. Un trajet d'une heure en hydroglisseur vous transportait dans un monde languissant avec un mode de vie portugais. On déambulait le long de la Praia Grande, des banians multiséculaires et des ruelles bordées de petites maisons portugaises de couleurs pastel. La seule énergie visible provenait des casinos où des gens modestes – voire pauvres – jouaient frénétiquement. Le propriétaire de ces casinos, le légendaire Stanley Ho, et à travers lui le régime de Pékin en percevaient les bénéfices.

À Hong Kong, on avait l'impression de voir de sa fenêtre la fin des terres. Un monde fini dont on avait parfois envie de s'échapper. La destination la plus fréquente était la Thaïlande. Il y avait une valise diplomatique accompagnée qui partait tous les mois *via* Bangkok pour Paris avec le courrier sensible. Le reste était acheminé chaque semaine par bateau ou par avion. La mythique valise était en fait un grand sac en jute scellé par de la cire rouge. Elle était tellement lourde que les gendarmes m'avaient confectionné une poignée. Une amie encore étudiante s'est arrêtée avec moi à Bangkok sur le chemin du retour à Paris. Nous avons atterri dans un de ces petits hôtels peu onéreux mais mal famés, fréquentés par les touristes un peu hippies et fumeurs de marijuana des années soixante-dix. Quelques cafards et une descente nocturne de police plus tard, laquelle s'est soldée par l'arrestation de consommateurs ou de trafiquants de drogue, m'ont convaincue de migrer sur les bords du fleuve Chao Phraya, à L'Oriental, qui conservait une suite Somerset Maugham en souvenir du séjour de ce dernier au début des années vingt.

En septembre 1980, j'ai appris avec joie ma nomination comme deuxième secrétaire à l'ambassade de France à Pékin. Je quittais un monde finissant, plus proche par certains aspects du XIXe que du XXIe siècle. Hong Kong a souvent été décrit comme « un lieu d'emprunt dans un temps emprunté ». Deux ans plus tard, la Chine aurait fait connaître son intention de récupérer Hong Kong à l'échéance prévue par les traités, et les négociations débuteraient en 1984 entre Deng Xiaoping et Margaret Thatcher.

Dans cette colonie de Sa Majesté, j'aurai découvert une autre facette de l'immense Chine, celle du Sud, plus marchande. Constatant le rôle déterminant des tycoons originaires de Shanghai à la fabuleuse prospérité de Hong Kong, j'avais acquis la certitude que, libérés de la férule communiste, de nouveaux capitalistes mettraient leur énergie et leur talent au service de la croissance chinoise, même si je n'anticipais évidemment pas une telle accélération du temps. Comme je ne traitais pas des questions économiques et commerciales très dynamiques, Hong Kong avait été avant tout un poste d'observation aux portes de la Chine. Mais les portes étaient désormais grandes ouvertes, et j'aspirais à connaître les choses du dedans. J'avais aussi envie de me pencher davantage sur les relations diplomatiques, raison d'être du métier de diplomate.

Chapitre 3

LES RÉFORMES DE DENG XIAOPING EN ROUTE POUR LES TRENTE GLORIEUSES

Pékin – septembre 1980-novembre 1982

C'était l'automne, la plus belle saison à Pékin. J'étais heureuse de revenir dans la capitale du Nord, en ce mois de septembre 1980, et de retrouver ses ciels d'un bleu intense. La visite officielle du président de la République Valéry Giscard d'Estaing se profilait. Elle avait été précédée d'un petit scandale diplomatique : la dépêche AFP annonçant ce déplacement indiquait que le président de la République française se rendrait en Chine et au Tibet. Cela a été rapidement corrigé et, quelques jours après mon arrivée, j'ai eu la fierté d'écouter la « Marseillaise » sur la place Tian'anmen lors de la cérémonie d'accueil officielle.

Comme deuxième secrétaire, je serais en charge de la politique étrangère de la Chine, notamment en Asie. Sous l'autorité de l'ambassadeur, assisté d'un ministre-conseiller, Claude Martin, un véritable amoureux de la Chine, et d'un conseiller politique, la chancellerie diplomatique est composée d'une équipe de diplomates, jeunes secrétaires et conseillers confirmés chargés de suivre des dossiers spécifiques : la politique étrangère, les questions internes, les relations bilatérales… C'est un travail d'analyse, de contacts, y compris avec les homologues des autres ambassades, et d'information du département. Le département des affaires étrangères de la monarchie, créé à la fin du XVIe siècle aux côtés des départements commerciaux et consulaires, est le seul à avoir subsisté sous cette appellation précédée d'un article défini. La correspondance des postes signée commençait ainsi souvent par la formule classique : *J'informe ou j'appelle l'attention du Département.* Nous utilisions couramment ce terme oralement. Le dossier le plus brûlant dans mon domaine était celui du Cambodge, pour lequel un règlement international était recherché après l'intervention vietnamienne de 1979. La Chine qui abritait le prince Sihanouk et soutenait les Khmers rouges jouait un rôle-clé. Je suivrais également les relations avec l'Union soviétique qui amorçaient un lent dégel.

L'ambassade était installée dans une petite maison peu fonctionnelle du quartier de Sanlitun, le village distant de trois *li*[1] du centre de Pékin. C'est là qu'ont été établies les ambassades qui ont reconnu la République populaire de Chine dans les années soixante, notamment les pays africains devenus indépendants. Le charme principal de cette enclave diplomatique résidait dans l'allée dorée des ginkgos jusque tard au mois de novembre. C'était alors une petite ambassade où étaient affectés quelques sinisants. Le poste était marginal, considéré comme difficile en raison des conditions de vie précaires et de l'éloignement. Un seul vol hebdomadaire d'Air France desservait Pékin. De

1. Unité traditionnelle de mesure de distance équivalente à 576 mètres. La Longue Marche est souvent appelée la « marche de dix mille *li* ».

petites pièces avec des salles de bains attenantes avaient été transformées en bureaux. J'avais posé des planches sur la baignoire pour ranger mes documents. Seul le bureau de l'ambassadeur avait l'allure d'un véritable bureau. J'ai connu deux ambassadeurs, tous deux sinisants. Claude Chayet avait été le premier chargé d'affaires au moment de l'ouverture de l'ambassade en 1964, lorsque le général de Gaulle avait décidé « au nom du poids de l'évidence et de la raison » – mais au grand déplaisir de Washington – de reconnaître la République populaire de Chine. Le deuxième, Charles Malo, avait connu des mésaventures lors de la prise du pouvoir par les communistes et avait dû se défendre lui-même dans un procès lorsqu'il était à la tête du consulat général de Tianjin. Il racontait aussi souvent comment, alors qu'il était ambassadeur de France au Cambodge, des dames du palais avaient débarqué un beau jour à l'ambassade de France pour lui poser une série de questions sur son mode de vie et sa famille avant de l'informer que le prince Norodom Sihanouk et la princesse Monique avaient décidé que deux de leurs fils lui seraient confiés pour une période de deux ans. Et le prince de plaisanter des années après sur l'éducation dispensée, l'un des fils étant devenu Khmer rouge. Il est dommage que Charles Malo n'ait pas écrit de mémoires sur sa carrière qui, vue d'aujourd'hui, paraît pittoresque et colorée. L'homme incontournable de l'ambassade qui a vu passer nombre d'ambassadeurs était un interprète dénommé Monsieur Yu, grand et distingué, qui portait avec élégance le costume Mao. Il parlait un français remarquable sans être jamais allé en France et était extrêmement serviable. Les ambassadeurs successifs lui offriront vingt ans plus tard, après sa retraite, son premier voyage dans l'Hexagone.

J'habitais dans ce même quartier de Sanlitun. Ces ghettos diplomatiques ont été inventés par les Soviétiques pour regrouper et contrôler le corps étranger constitué par les diplomates, que l'on n'est pas loin de considérer comme des espions. C'est là qu'avait résidé quelques années auparavant le baron Nothomb, conseiller culturel de Belgique et père d'une petite Amélie, qui décrira plus tard son séjour dans *Le Sabotage amoureux*[2]. Au-delà des murs de l'enclave, c'était plus ou moins la campagne. Tous les matins aux aurores, j'entendais dans un demi-sommeil les claquements rythmés des sabots des ânes tirant des carrioles chargées de fumier.

Changement de cap

Mon retour en Chine a coïncidé avec le procès de la bande des Quatre dont j'avais « vécu » l'arrestation quatre ans plus tôt. Le sort de Chen Boda, secrétaire de Mao, avait été lié. J'ai le souvenir que la télévision fonctionnait pratiquement en boucle. Des Chinois avaient acheté à cette occasion un poste de télévision et les voisins moins fortunés se regroupaient autour des heureux propriétaires. Deng avait voulu en faire un exemple et clore le dossier. Son objectif était de condamner le maoïsme radical, responsable des exactions et des crimes de la Révolution culturelle, sans toutefois désavouer Mao qui en avait été le grand ordonnateur. Car Mao était tout à la fois Lénine, le fondateur du régime qui avait unifié le pays, et Staline, responsable des dérives meurtrières. Des dizaines d'avocats sont intervenus. Des centaines d'interrogatoires ont été retransmis entre novembre 1980 et janvier 1981. Les inculpés ont

2. Amélie Nothomb, *Le Sabotage amoureux*, Albin Michel, 1993 ; Le Livre de Poche, 1996.

suivi des tactiques différentes : l'un est resté muet ; Jiang Qing, la veuve de Mao surnommée « l'impératrice rouge », a vitupéré et contre-accusé. Au final, ils ont tous été condamnés à mort, et les peines commuées en perpétuité. Une fois le procès terminé, la Révolution culturelle soldée, l'héritage de Mao tranché – bon à 70 %, mauvais à 30 %, sur le modèle du jugement de Khrouchtchev sur Staline –, les Chinois se sont désintéressés de la politique et se sont lancés dans une entreprise d'enrichissement individuel et collectif, selon le mot d'ordre de Guizot. Deng Xiaoping a développé l'idée des premiers de cordée et du ruissellement. Et de fait, cela a fonctionné en Chine. Les pauvres se sont aussi enrichis. La période était au pragmatisme et à l'empirisme, concepts traduits en une formule imagée : « Peu importe qu'un chat soit noir ou blanc, pourvu qu'il attrape la souris. » Le « petit timonier » recommandait de « rechercher la vérité dans les faits et de tâtonner en s'appuyant sur les pierres visibles pour traverser la rivière ». Les réformes étaient testées sur une base régionale. Si cela ne marchait pas, on abandonnait et tentait autre chose. Si c'était un succès, il était répliqué à l'échelle de la Chine. Les zones économiques spéciales étaient plus que jamais la recette pour attirer les technologies et capitaux étrangers. Jamais la période n'aura été moins idéologique. Du côté français, en revanche, après l'élection de François Mitterrand en mai 1981, une délégation française interrogée lors d'un dîner à la résidence par des économistes chinois engagés dans un processus de privatisations, sur le sens de la politique de nationalisation en France, a répondu aux Chinois que c'était « pour abattre le grand capital »... Ces derniers en sont restés bouche bée.

On parlait alors de « la Chine de Deng Xiaoping », le dirigeant omnipotent que tout ministre français ou étranger se devait de rencontrer pour que sa visite puisse être considérée comme réussie. Pourtant, il régnait, comme l'impératrice douairière Cixi au XIXe siècle, derrière le rideau, avec pour seule fonction la présidence de la commission militaire centrale du Parti communiste. En 1980, il a promu respectivement comme secrétaire général du Parti communiste et Premier ministre les personnalités les plus libérales qu'aura jamais connues la Chine : Hu Yaobang et Zhao Ziyang, artisans du programme de réformes économiques. Ni l'un ni l'autre ne survivront aux révoltes étudiantes, car Deng Xiaoping n'était pas prêt à aller jusqu'aux réformes politiques.

La physionomie de Pékin changeait lentement. Il y avait à cette époque un double mouvement d'ouverture à l'Occident et de réhabilitation de la culture traditionnelle. Le restaurant du Sichuan, province natale de Deng Xiaoping, alors très à la mode, servait une cuisine épicée dans un ancien palais aux cours multiples. En même temps, Pierre Cardin, qui a organisé le premier défilé de mode avec des mannequins chinois, ouvrait un restaurant Maxim's. Une troupe française a monté en Chinois l'opéra *Carmen* qui a constitué un événement dans ce pays où les musiciens avaient les doigts brisés pendant la Révolution culturelle. À Pékin comme à Moscou, un lot de billets est traditionnellement réservé pour les ouvriers qui ont éclaté de rire quand le rideau s'est ouvert et qu'est apparue la transcription phonétique en caractères chinois de Carmen : *Kamen*, soit « porte de camion ». L'événement a marqué et, des décennies plus tard, l'ouverture de l'opéra de Georges Bizet est toujours le premier bis que jouent les orchestres chinois. Bernardo Bertolucci est venu tourner *Le Dernier Empereur* dans la Cité interdite. C'est le premier film occidental réalisé avec la coopération des autorités chinoises. L'acteur

Ying Ruocheng, anglophone, venait parfois dîner chez le ministre-conseiller de l'ambassade, qui lui a un jour fait remarquer que telle scène n'était pas conforme à la culture destinée aux larges masses (populaires). Il a répondu du tac au tac : « Au diable les larges masses ! » Les temps avaient bien changé... Des temples fermés pendant plus de dix ans rouvraient, comme celui des Lamas, que l'empereur Yong Zheng converti au bouddhisme avait transformé en lamaserie avec des dizaines de statues de Bouddha. Enfin, Confucius, vilipendé pendant la Révolution culturelle, était progressivement réhabilité. Le temple qui lui était consacré a rouvert dans sa ville natale, Qufu, dans le Shandong. Atmosphère mystérieuse de la forêt des stèles, le cimetière des lettrés.

En comparaison avec mon précédent séjour, le climat politique était plus léger, les contrôles sur la population moins pesants. Cela ne signifie pas pour autant que les contacts entre Chinois et étrangers étaient encouragés. Nous essayions néanmoins de développer des relations humaines en dehors des canaux officiels. Les jeunes diplomates français avaient noué des liens avec le groupe des étoiles, Xin Xin. Ces jeunes artistes, souhaitant rompre avec l'académisme socialiste, avaient, une nuit, accroché leurs toiles devant le musée des beaux-arts. La police les a décrochées le lendemain matin, mais le mouvement était lancé. Si Deng Xiaoping en personne avait accordé une autorisation de mariage entre une Française et un Chinois, une autre affaire avait défrayé la chronique : la liaison entre une jeune artiste, Li Shuang, et Emmanuel Bellefroid, attaché à l'ambassade de France. Son cas a été soulevé à chaque occasion officielle et avait même provoqué l'interruption d'une visite de Michel Jobert, alors ministre du Commerce extérieur, en novembre 1981, à l'annonce de son envoi en camp de rééducation. Li Shuang a été libérée en 1984 et j'ai été émue de l'accueillir à Roissy, en tant que responsable du dossier Chine à la direction d'Asie, lorsqu'elle a été autorisée à se rendre en France.

Nous étions donc prudents lorsque nous rencontrions des Chinois. Quelques jeunes sinisants de l'ambassade avaient noué des relations avec un jeune couple qui travaillait en usine. C'étaient en réalité des enfants de cadres sacrifiés et frustrés de ne pas avoir été autorisés à poursuivre des études. Grands et les traits fins, ils avaient une élégance toute mandchoue. Elle s'appelait Weina, les Occidentaux l'avaient surnommée « Vénus ». La date et le lieu des rendez-vous étaient fixés à l'avance pour éviter des oreilles indiscrètes. Nos amis téléphonaient d'une cabine publique dans une rue sombre pour indiquer l'heure. Le soir venu, l'un d'entre nous allait les chercher en voiture. Ils se cachaient sous des couvertures à l'arrière pour franchir l'entrée du ghetto gardée par de jeunes soldats de l'Armée populaire de libération. Les soirées avaient souvent lieu chez moi car, contrairement aux autres immeubles, le mien n'avait pas de dames d'ascenseur, ces fouineuses qui, sur le modèle des babouchkas soviétiques, contrôlaient les allées et venues de tous. Tout s'est bien passé pendant deux ans mais lorsque nos amis ont divorcé, nous les voyions séparément. Un jour, il y a eu un grain de sable dans notre organisation bien huilée : Weina avait croisé un collègue de l'ambassade et l'avait prévenu que la date du rendez-vous était modifiée. Il a oublié de me transmettre cette information. Elle a donc attendu un samedi soir en faisant les cent pas devant l'hôtel international et m'a appelée d'une cabine, s'étonnant que je ne sois pas au rendez-vous. Je m'y suis rendue le plus vite possible. Mais lorsqu'elle est montée dans la voiture et que je m'apprêtais à démarrer, un cycliste m'a barré la route. Au début, je lui ai fait signe de passer et, comprenant que quelque chose n'allait pas, j'ai verrouillé les portières, mais des dizaines de Chinois ont en un clin d'œil surgi des bas-côtés et ont commencé à taper et à secouer la voiture en hurlant. Puis quelqu'un a plaqué une carte de sécurité sur la vitre en exigeant que Weina sorte. Elle m'a demandé de l'attendre, ce que j'ai fait pendant deux heures. La foule était toujours là mais calme. Deux collègues australiens ont prévenu l'ambassade mais ils ont également informé les agences de presse, ce que j'avais expressément demandé de ne pas faire pour ne pas envenimer les choses pour cette amie. Je suis rentrée à l'ambassade la mort dans l'âme, craignant qu'elle soit pénalisée. La presse a commencé à spéculer. Finalement, elle m'a appelée au bout de deux jours pour me dire qu'elle avait été interrogée mais qu'il n'y avait eu aucune répercussion ni avec sa famille ni avec son unité, l'usine dans laquelle elle travaillait. C'était une période de lutte contre la prostitution, impliquant en particulier des étrangers. Les routes n'étaient pas très éclairées la nuit et ils n'ont pas vu que j'étais une femme. Cet incident a été suffisamment traumatisant pour que dans les contacts que j'ai eus par la suite dans des pays où les relations avec les étrangers sont contrôlées, j'aie eu la crainte de mettre des personnes en danger. Le statut diplomatique est protecteur, mais les personnes avec qui nous créons des liens peuvent en subir les conséquences.

Nous recevions souvent la visite d'un chanteur d'opéra de Pékin qui jouait le rôle de femmes, ce qui était la norme dans ce type d'opéra. Shi Pei Pu était cultivé et parlait le français. Quelque temps plus tard, il s'est vu attribuer une bourse pour étudier à Paris. Un an environ après son arrivée, il a été arrêté pour espionnage, accusé d'avoir soudoyé quelques années plus tôt, pour le compte des services secrets chinois, un jeune contractuel qui travaillait au bureau d'ordre de l'ambassade de France à Pékin, et qui était désormais en poste à Oulan-Bator. Ce jeune homme, Bernard Boursicot, l'avait pris pour une femme. Shi Pei Pu avait prétendu ensuite avoir eu un enfant de lui, Shi Dudu. Ce dernier était originaire du Xinjiang, ce qui explique ses traits métis. Bernard Boursicot a fourni aux services chinois des documents d'une importance toute relative, mais c'est l'acte de trahison qui comptait. Cette histoire rocambolesque a fait le tour du monde et a été immortalisée par le film *Mr Butterfly* de David Cronenberg. Ils ont tous les deux été condamnés pour espionnage. J'étais à ce moment-là de retour à l'administration centrale et devais organiser une visite de Michel Rocard. Le cabinet du ministre des Affaires étrangères m'avait demandé si je connaissais Shi Pei Pu et, à ma réponse affirmative, d'un air entendu, si je savais que c'était une femme. J'ai éclaté de rire et leur ai dit que je savais qu'il était homosexuel et jouait des rôles de femmes à l'opéra. Les services de renseignements français en sont venus rapidement à cette même conclusion, mais le mystère a duré quelques jours.

Norodom Sihanouk en sa résidence pékinoise

La situation au Cambodge était tout en haut de la liste des dossiers de politique extérieure. En 1979, le Vietnam avait envahi le Cambodge pour éliminer les Khmers rouges et mettre en place un gouvernement provietnamien dirigé par Hun Sen. La République démocratique du Kampuchéa, incarnant la résistance, avait réussi à la requête de Sihanouk à conserver son siège aux Nations unies. Paradoxalement,

Norodom Sihanouk, accueilli à Pékin qui l'avait extrait de Phnom Penh pour le protéger des Khmers rouges, soutenait ces derniers contre l'occupation vietnamienne. Tous les mois, il nous recevait, son petit caniche blanc à ses côtés, à la grande porte gardée par deux lions de pierre, seul vestige de l'ancienne légation de France au sud de la porte Qianmen. J'accompagnais toujours l'ambassadeur ou le ministre-conseiller. Nous arrivions un peu en avance et attendions tranquillement sous les frondaisons des petites rues sombres de l'ancien quartier des légations. L'objectif était de recueillir les intentions du prince concernant la solution de la crise cambodgienne. Épicurien, il adorait recevoir. Il commentait le menu, qui commençait invariablement par du foie gras et du champagne qu'il faisait venir de chez Fauchon à Paris aux frais du gouvernement chinois. Ces soirées étaient très prisées. Lorsqu'il était fatigué de cette vie mondaine et de la curiosité des journalistes, au grand dam de son entourage qui mourait d'ennui à Pyongyang, il repartait chez son ami Kim Il-sung et dans le calme du royaume ermite, cédant à sa passion pour le cinéma, tournait des bluettes.

Tentations nord-coréennes

Pyongyang, en dépit d'un fossé idéologique de plus en plus perceptible, restait très proche de Pékin qui jouait un rôle de protecteur. Je recevais chaque mois à l'ambassade un volume des œuvres du *juche* et j'ai découvert par une lecture cursive que cette idéologie prétendait incarner le stade suprême du communisme. Le candidat François Mitterrand a transité par Pékin en février 1981, à l'aller et au retour de Corée du Nord. Il semblerait qu'il ait imprudemment promis une reconnaissance en cas de victoire aux élections présidentielles du mois de mai suivant. Lors de la réception organisée en son honneur à la résidence, je lui avais demandé, sur un ton de reproche, ce qu'il était allé faire là-bas. Il m'avait répondu que ce n'était pas pire qu'ici (en Chine). Au lendemain de l'élection du 10 mai, le président Mitterrand a reçu une énorme couronne de fleurs pour lui rappeler sa promesse. Les inquiétudes exprimées par Séoul ainsi que par des patrons d'entreprises françaises ont eu raison de ce projet. Il a alors dépêché un proche, le sénateur Machefer, pour temporiser et expliquer la situation. Par un petit matin neigeux, le ministre-conseiller et moi-même sommes allés l'accueillir à l'aéroport et veiller à son transfert pour Pyongyang. L'ambassadeur de Corée du Nord, que nous ne fréquentions pas en temps normal, nous a conviés à cinq heures du matin à un véritable banquet dans un petit salon de l'aéroport. L'ambassadeur nord-coréen a demandé au sénateur Machefer quel lieu il souhaitait plus particulièrement visiter lors de son séjour. Le sénateur lui a répondu avec révérence : « Le village natal de Kim Il-sung. » Son interlocuteur s'est étonné qu'il ne l'ait pas déjà vu. Et le sénateur de lui répliquer qu'il ne l'avait vu qu'au printemps et en été, mais encore jamais en hiver. Claude Martin s'est étranglé de rire dans sa serviette. Charles-Antoine de Nerciat, correspondant de l'AFP, arborant toujours de hautes bottes de cuir et un foulard – une tenue digne d'un aventurier de l'époque coloniale –, m'avait demandé si cette visite à Pyongyang signifiait une prochaine reconnaissance. J'avais candidement répondu que ce ne serait pas nécessairement le cas. Il avait aussitôt écrit une dépêche indiquant que, de source diplomatique, la France n'allait pas reconnaître la Corée du Nord. C'était quelque peu embarrassant avant la visite de l'envoyé spécial qui y allait pour faire passer la pilule. J'ai appris à être plus prudente dans mes contacts avec les journalistes et à préciser lorsque l'information était en *off*.

L'hostilité vis-à-vis de Moscou perdurait. Les relations avec l'Union soviétique ne se sont véritablement apaisées que vers la fin de mon séjour. Le signal en fut le discours de Bakou en 1982 lorsque, pour la première fois, Leonid Brejnev tint des propos plus conciliants vis-à-vis de la Chine. À l'époque, Pékin marquait un grand intérêt pour l'eurocommunisme, critique de l'URSS, et recevait les dirigeants de ce mouvement, l'Italien Enrico Berlinguer et l'Espagnol Santiago Carrillo. Nous avons aussi accueilli Georges Marchais.

Les relations avec les États-Unis continuaient de se normaliser. La politique étrangère de la Chine abandonnait le dogme de l'idéologie. Elle poursuivait sa politique favorable aux pays du tiers-monde, mais l'évolution interne du régime conduisait Deng Xiaoping, lors de ses voyages, à mettre en garde ces pays contre la paupérisation généralisée (*sic*) résultant de la pratique du communisme. Par ailleurs, Pékin s'écartait de la seule rhétorique propalestinienne et renouait des relations diplomatiques avec Israël, les communautés juives ayant été nombreuses avant la révolution, en particulier à Harbin, dans l'ancienne Mandchourie, et à Shanghai, qui gardaient encore les traces de leur présence, car la Chine avait accueilli les juifs fuyant le nazisme. Israël avait été le premier État à reconnaître la République populaire de Chine. Un diplomate israélien dont la famille était originaire de Harbin préparait l'établissement des relations diplomatiques, qui prendraient encore du temps afin de ne pas affecter les relations avec les pays arabes.

Tour de Chine

Les voyages étaient désormais possibles à travers le pays qui, par sa taille, la diversité de ses climats, reliefs et végétations, de ses dialectes et cuisines, constitue un monde en soi. On ne comprend pas la Chine si on se limite à Pékin et Shanghai. À part un retour une fois par an en France, je prenais mes vacances sur place. Avec des collègues de l'ambassade, j'ai visité la région de Xishuangbanna, dans le Yunnan, à la frontière de la Birmanie, du Laos et du Vietnam, peuplée de nombreuses minorités aux tenues très colorées et couvertes de bijoux. Avec des amis, j'ai entrepris entre l'ancienne capitale impériale des Tang, Chang'an devenue Xi'an, un long voyage en jeep le long des anciennes routes de la soie jusqu'à Ürümqi, capitale du Xinjiang, où l'on vivait malgré le décalage horaire à l'heure de Pékin, en passant par les impressionnantes grottes bouddhiques de Dunhuang et l'oasis de Turfan. La ville de Kashgar était encore fermée aux étrangers. Sur les marchés colorés, les Ouïghours nous regardaient avec curiosité et demandaient d'où l'on venait. J'ai pris le train pour Baotou, la capitale de la Mongolie-Intérieure, et dormi dans la steppe au milieu des petits chevaux, sous une yourte bien douillette où un poêle central maintenait une douce chaleur. Tout était beau, mais tout était extrêmement pauvre et rural. Nous buvions la plupart du temps de l'eau chaude bouillie (*kai shui*) car il n'y avait pas toujours de thé, même le plus ordinaire. Pour économiser l'essence, les chauffeurs des bus coupaient le contact à l'arrêt et descendaient des pentes en roue libre. La seule région fermée était le Tibet, mais j'ai pu y aller avec un collègue du service commercial sous le prétexte de nous assurer du bon fonctionnement d'une mission française de gravitométrie. Nous avons pu ainsi passer une semaine sur place même si nous avons dû annuler la visite à Shigatsé en raison du décès du panchen-lama. Il n'y avait pas de vol direct depuis Pékin et il était nécessaire de faire escale à Chengdu, capitale du Sichuan, province natale de Deng Xiaoping. J'ai un souvenir magique de cette petite ville traditionnelle qui avait conservé l'atmosphère du siècle précédent, avec ses jolies maisons de thé où les vieux messieurs accrochaient les cages en bambou transportant leur oiseau favori.

Nous avons pris le lendemain un petit avion pour Lhassa. Nous avons aussitôt filé dans le quartier du Jokhang et plongé dans un autre univers et un autre siècle. Nous avons regardé déambuler inlassablement autour du temple des hommes au visage et aux cheveux crasseux, faisant tourner leurs moulins à prières. Fascinés, nous y avons passé une bonne partie de la soirée et avons été invités dans les maisons tout autour du Jokhang. Nous montions par des échelles car les animaux étaient au rez-de-chaussée et les humains au premier étage. Ils nous montraient tous avec vénération une photo – théoriquement interdite – du Dalaï-Lama et cherchaient à nous vendre des tankas ou de menus objets à l'odeur caractéristique du beurre de yak qui imprègne tous les temples tibétains. Le lendemain, nous avons visité le majestueux Potala et ses toits d'or. Les moines étaient rares car cette vocation était fortement découragée. Nous avons également assisté à une course traditionnelle de chevaux. Nous avons été témoins de funérailles célestes et observé les évolutions des vautours dans la montagne au-dessus du corps qu'ils s'apprêtaient à dévorer. Nos accompagnateurs chinois réprouvaient toutes ces coutumes d'un peuple qu'ils considéraient comme arriéré et à qui il fallait imposer la modernité. Le dernier jour, nous l'avons passé dans la montagne aux sommets enneigés, pour rencontrer la mission de gravitométrie, respirer un air d'une intense pureté et nous promener dans ces paysages imposants et de toute beauté, en cueillant la fleur de pavot bleue.

Le temps en Chine a passé vite, trop vite. La direction du personnel m'a proposé d'être rédacteur Chine, Hong Kong, Taïwan à la direction d'Asie pour remplacer un conseiller en partance. J'avais souhaité rester jusqu'au grand bal organisé par le prince Sihanouk pour célébrer son soixantième anniversaire, le plus signifiant de la vie en Asie car il conclut un cycle quand les douze animaux du zodiaque et les cinq éléments cosmogoniques (bois, feu, terre, métal, eau) se conjuguent comme au jour de la naissance. Ma nouvelle sous-directrice, à qui j'avais écrit, dans la traditionnelle lettre de présentation, que je souhaitais reporter de quelques jours mon retour en France, a estimé que c'était une attitude de midinette et m'a enjointe de rejoindre le Quai immédiatement.

J'ai une fois de plus quitté la Chine en larmes. En rentrant à Sanlitun après avoir effectué mes dernières courses, j'ai claqué la portière de ma voiture. En faisant ce geste ordinaire, j'ai été submergée par l'idée que même si je revenais, ce serait en visiteuse de passage, et je ne serais plus jamais chez moi. Je connaîtrai cette sensation bien des fois au cours de mes transhumances. Réinstallée à Paris, rue de Babylone, en face de La Pagode, j'ai retrouvé avec nostalgie cette odeur indéfinissable de la Chine en déballant mes cartons et les objets entourés d'une quantité invraisemblable de paille dont j'ai eu du mal à me débarrasser. C'est ainsi que j'ai sorti plusieurs dizaines de très jolis pots de yaourt en porcelaine blanche ornés d'idéogrammes bleus dans lesquels on pouvait boire avec une paille pour se désaltérer dans les rues de Pékin. Ceux-ci auraient dû être rapportés à la consigne du magasin de l'amitié.

J'ai eu ma première affectation au Quai d'Orsay en novembre 1982, quatre ans après ma réussite au concours. La pratique de la DRH a constamment varié. À l'époque, les lauréats étaient envoyés directement en poste. Il est aujourd'hui jugé plus pertinent d'apprendre le métier à Paris afin de comprendre ce que l'on attend de nous. En dehors du travail quotidien, de la préparation de nombreuses notes et dossiers pour le cabinet du ministre, j'accompagnais les ministres lors de leurs visites en Chine. Je me souviens particulièrement de celle de Michel Rocard au moment de l'affaire Shi Pei Pu. J'ai, en sens inverse, préparé les visites en France du Premier ministre Zhao Ziyang en 1983 et du secrétaire général du Parti Hu Yaobang en 1986. C'était l'époque où l'on voulait les éblouir pour leur vendre nos produits et nos technologies. Cela a été le début de notre coopération nucléaire qui a commencé dans le Sud, à Daya Bay. J'ai accompagné Zhao Ziyang et sa délégation en hélicoptères super-puma pour visiter les châteaux de la Loire. La démonstration a été convaincante. Au Quai d'Orsay, tout le monde ne croyait pourtant pas, notamment à la direction économique, à la possibilité d'un développement rapide de la Chine. Ils y voyaient un grand pays *ad vitam æternam* en voie de développement. Je devais aussi écrire des chroniques mensuelles de la vie politique à Taïwan, travail d'autant plus fastidieux que je n'avais pas le droit d'y aller puisque Taipei avait rompu ses relations avec la France lors de l'établissement des relations diplomatiques avec Pékin. Je ne découvrirais Taïwan que des années plus tard. Enfin, je suivais les négociations menées entre Londres et Pékin sur la rétrocession de Hong Kong.

La Chine était ma zone de confort. Il était temps de conclure ce premier cycle chinois et de relever d'autres défis. Ma sous-directrice Olga Morel, née Olga Bazanova ou Bazanoff selon la transcription française, m'avait incitée à m'intéresser à la Russie, le grand voisin, l'autre communisme. Olga était vive, enjouée, talentueuse et très cultivée. Nous avons tissé des relations complices et affectueuses qui ont duré jusqu'à sa mort en 2017. Ayant été en poste à Pékin après des études à Harvard, puis à Moscou, elle souhaitait que je marche dans ses traces. Olga a choisi à un moment de renoncer à sa carrière pour suivre son mari Pierre, mais c'était une des plus brillantes diplomates de sa génération.

Le moment est venu lorsqu'en mai 1986, Jacques Chirac, Premier ministre de cohabitation, a décidé de nommer comme ministre des Affaires étrangères Jean-Bernard Raimond, ambassadeur à Moscou, à l'époque où tous les regards se tournaient vers le nouveau secrétaire général réformateur du Parti communiste de l'Union soviétique, Mikhaïl Gorbatchev. Deux membres de l'ambassade sont revenus à cette occasion à l'administration centrale et des places se sont libérées. Olga Morel a soutenu ma candidature auprès du nouveau ministre qui m'a reçue brièvement. J'ai dans la foulée été nommée premier secrétaire à l'ambassade de France à Moscou.

Chapitre 4

L'UNION SOVIÉTIQUE AU TEMPS DE LA GLASNOST ET DE LA PERESTROÏKA

Mai 1986-mai 1989

À mon atterrissage à l'aéroport de Cheremetievo en mai 1986, c'est un monde gris qui m'attendait, un monde sans couleurs malgré le printemps. Les membres de la police de l'air relevant du KGB nous toisaient, visages fermés, du haut de leurs guérites. Longue traversée d'une ville morne. Les rues, les immeubles étaient ternes, ternes aussi les vêtements, la carnation des visages de toute une population qui se nourrissait de choux et de pommes de terre, une alimentation dépourvue de vitamines. Il n'y avait pas de lumières dans la ville où personne ne déambulait jamais. Il n'y avait ni cafés, ni restaurants, ni boutiques. Nulle part ailleurs l'expression « métro, boulot, dodo » n'était plus appropriée.

La comparaison avec la Chine s'est aussitôt imposée à moi. Je pensais avant de venir qu'entre le communisme chinois et le communisme soviétique, il y avait une simple différence de degré ; c'était en réalité une différence de nature. Sans doute était-ce lié au fait que la Chine était déjà entrée depuis 1978 dans la politique de réforme et d'ouverture, peut-être encore peu visible dans la rue mais qui imprégnait déjà les mentalités. Les Chinois échappant au carcan communiste étaient plus entreprenants. Ils prenaient des risques. Ils étaient aussi plus joyeux et enclins à jouir, *hic et nunc*, des nourritures terrestres. Très loin de l'âme russe torturée et du tempérament parfois velléitaire fortement teinté d'« oblomovisme » qui avait survécu de l'époque tsariste jusqu'aux temps communistes. Les Soviétiques continuaient de rêver comme les trois sœurs de Tchekhov, qui voyaient dans le départ pour Moscou le bonheur ultime en se disant que dans deux cents ans, les gens vivraient plus heureux et s'interrogeraient sur leur vie provinciale dépourvue de stimulations et de joie, mais sans pour autant agir pour changer le cours de leur destin.

En outre, à Pékin, l'Europe, et la France notamment depuis l'établissement des relations diplomatiques en 1964, était regardée avec sympathie parce que perçues comme une alliance de revers contre l'ennemi principal, qu'il fût alternativement américain ou soviétique. À Moscou, en revanche, la conception restait celle de la forteresse assiégée, du « eux et nous ». Nous étions perçus comme l'Occident honni, alliés inconditionnel des États-Unis, ne serait-ce que *via* l'OTAN, l'alliance constituée contre le pacte de Varsovie et qui identifiait l'Union soviétique comme la menace principale. La perception a certes évolué peu à peu avec Mikhaïl Gorbatchev, qui a annoncé aux côtés de George Bush en décembre 1989 à Malte la fin de la guerre froide. Le KGB, cette police politique, restait cependant toute-puissante, héritage de la période tsariste depuis la redoutable Opritchnina d'Ivan le Terrible en passant par l'Okhrana puis ses avatars des débuts des Soviets :

la Tcheka, la Guépéou – bien connue des lecteurs de *Tintin au pays des Soviets* – et le NKVD.

Vue de Moscou, pour les Soviétiques comme pour les diplomates et les correspondants de presse étrangers, la Chine était encore lointaine, exotique et insignifiante. C'était alors le règne de « l'Est-Ouest », le summum de la diplomatie, qui déterminait la face du monde. C'était encore le temps de la guerre froide, de la « guerre des étoiles », la rivalité idéologique et militaire entre les deux superpuissances, leurs guerres par procuration dans les pays qu'on appelait alors le tiers-monde. Nous étions tous rompus au déchiffrement des arcanes du pouvoir, cette observation minutieuse et obsessionnelle des places des dignitaires dans les tribunes du mausolée de Lénine sur la place Rouge lors des défilés grandioses, avec force déploiement de drapeaux rouges marqués du marteau et de la faucille, commémorant les grandes fêtes du régime, de la révolution d'Octobre – célébrée le 7 novembre – au 1er mai, fête des travailleurs. Nous étions les derniers *aficionados* d'une discipline aujourd'hui disparue : la Kremlinologie.

Succédant en 1985 à des gérontocrates malades qui s'éteignaient les uns après les autres à un rythme accéléré, Mikhaïl Gorbatchev était au pouvoir depuis à peine un an. Mais déjà, il avait attiré l'attention et la sympathie de l'Occident. L'homme à la tache lie de vin était charismatique et avait un véritable talent oratoire. Il souhaitait réformer le système, le moderniser pour sortir de la stagnation (*zastoi*) qui avait caractérisé le régime depuis le long règne de Brejnev. Cela passait par la perestroïka (reconstruction), la glasnost (transparence) et une nouvelle pensée (*novoe michlienie*), ces leitmotivs égrenés à longueur de discours. Une réforme structurelle très complexe en raison de la mentalité des Soviétiques et sans doute d'une inversion des priorités. Là aussi, la comparaison avec la Chine s'imposait. Deng Xiaoping avait accordé la priorité aux réformes économiques pour développer et stabiliser le pays. Et alors que les Chinois ont saisi toutes les opportunités d'entreprendre et de gagner plus d'argent en « se jetant à la mer », les Russes, plus fatalistes, plus résignés, ne se départaient pas de leurs vieilles habitudes.

In fine, la réforme politique a pris le pas sur les réformes économiques, provoquant une fuite en avant, d'autant que si les intellectuels et les libéraux entretenaient un espoir insensé et se disaient fiers de ce couple moderne et apprécié en Occident, le peuple n'aimait pas ce secrétaire général du Parti, trop occidentalisé, et son épouse Raïssa, trop mince et élégante alors que les Russes vivaient dans le dénuement et la médiocrité. Raïssa Maximovna était jugée beaucoup trop influente aussi dans un pays où le rôle des femmes était au foyer. La Gorbymania qui régnait en Occident, dont Margaret Thatcher fut l'une des tenantes les plus enthousiastes depuis le voyage de Gorbatchev à Londres en 1984 comme secrétaire du parti de Stavropol – « un homme avec qui on peut faire affaire » –, était loin d'être partagée en Union soviétique. Ni par le peuple ni par les apparatchiks du Parti, qui redoutaient de perdre leur statut et leurs privilèges. Les dirigeants occidentaux qui s'étaient entichés de Gorbatchev ne percevaient pas du tout ce décalage, et les chancelleries diplomatiques occidentales avaient du mal à faire entendre ce message dans leurs capitales. Un directeur du Quai d'Orsay avait même réagi à un télégramme diplomatique du poste faisant état des réticences des Soviétiques en décrétant que le problème était que l'ambassade ne pensait pas comme le ministre… Comme si notre rôle n'était pas d'analyser et d'informer.

Les premiers pas

Les timides réformes visant à introduire des éléments d'une économie de marché ont mis du temps à s'imposer, même dans les esprits. L'exemple des premiers restaurants coopératifs est révélateur. Il y avait alors en tout et pour tout quatre ou cinq restaurants à Moscou : le très officiel et compassé Pragua, dans l'hôtel du même nom, et celui de l'hôtel Ukraine. De grandes pièces vides et à l'éclairage sinistre, aux tables très espacées. Si vous étiez parvenus à réserver une table avec un délai de vingt-quatre ou quarante-huit heures, une serveuse peu accorte vous apportait de mauvaise grâce une carte avec une liste interminable de plats. Inutile d'essayer de les commander. En fait, seul le « poulet à la Kiev » était généralement disponible – une cuisse de ce volatile avec du beurre fondu inséré sous la peau qui à tous les coups vous explosait à la figure lorsque vous piquiez votre fourchette. En revanche, le caviar noir, pour ceux qui pouvaient se l'offrir, était alors à volonté, et se mangeait avec des blinis et de la smetana, une crème aigre-douce, sinon à la louche, du moins avec une grande cuillère en argent, et l'on pouvait en acheter par boîtes de six cents grammes, ces inoubliables boîtes bleues sur lesquelles figurait un esturgeon, fermées hermétiquement par un très large caoutchouc rouge. J'ai fait part de ces souvenirs trente ans plus tard à une de nos hôtes à Astrakhan, capitale mondiale du caviar, à l'embouchure de la mer Caspienne, et alors que la surpêche avait épuisé les réserves et conduit à des restrictions drastiques. Elle m'a raconté que lorsqu'elle était petite dans ces mêmes années, sa mère l'admonestait ainsi : « Finis ton caviar si tu veux ton dessert ! »

J'allais souvent dans un restaurant géorgien doté du sens de l'hospitalité méridional en face du monastère de Novodievitchi, dans le cimetière duquel sont enterrés les gloires de la Russie et les héros de l'Union soviétique. J'étais fascinée de voir inscrits sur les tombes les noms des écrivains, de Tchekhov à Maïakovski, et des artistes, d'Eisenstein à Chostakovitch. Boris Eltsine y a trouvé aujourd'hui sa place, avec une pierre tombale représentant le drapeau déployé de la Russie dont il fut le premier président. Lorsque, dans le cadre de la perestroïka, des restaurants coopératifs, privés ou semi-privés, ont ouvert, les propriétaires ou gérants ont aussitôt commandé la pancarte usuelle à mettre sur la porte : *Miest niet* (Il n'y a pas de place), destinée à dissuader la clientèle potentielle… La plaisanterie qui avait cours dans le système communiste de l'époque était : « Vous faites semblant de nous payer, on fait semblant de travailler. » Le fait que ce système coopératif, prélude à une forme de privatisation, pouvait offrir de nouvelles perspectives ne leur venait même pas à l'esprit. Incidemment, les babas, ces vieilles femmes acariâtres, vêtues de tenues informes et de couleur indéfinissable, sont sans doute la meilleure incarnation de cette époque. Elles contrôlaient les entrées des immeubles, les ascenseurs, vous surveillaient en permanence.

Des magasins vides

C'était une période de pénurie : de tout, de nourriture d'abord. Des boulangeries lugubres vendaient un pain rassis. Quelques boîtes de conserve peu engageantes étaient espacées sur les étagères poussiéreuses des magasins mal nommés « Gastronomes ». L'on trouvait du *tvorog*, un fromage blanc granuleux. Les femmes avaient toujours sur elles un sac en plastique, un *avoska* (« au cas où »), gardé précieusement en cas d'arrivages aléatoires de fruits ou légumes. Elles se mettaient alors dans la queue pour découvrir parfois au bout de deux heures que les légumes frais convoités n'étaient que des oignons. Il y avait pléthore de plaisanteries sur le sujet, telle celle du vieil homme qui demande à plusieurs reprises avec insistance des oranges dans un magasin et se voit répondre autant de fois qu'il n'y en a pas. À son départ, un vendeur excédé dit à son collègue : « Il est gâteux, ce vieux. » L'autre lui répond : « Peut-être, mais quelle mémoire ! » Il y avait aussi les inévitables blagues juives dans ce pays où l'antisémitisme était encore bien présent. Dans une longue queue qui attend l'arrivée de *kielbasa*, ces saucisses très prisées des Soviétiques, un vendeur annonce au bout de deux heures qu'il n'y en aura pas assez pour tout le monde et intime aux juifs l'ordre de partir. Les heures passent. C'est le tour d'autres nationalités ou corps de métier de devoir se retirer, et à la fin, il n'y a rien à vendre à personne. Commentaire dans la file d'attente et conclusion de l'histoire : « Toujours privilégiés, ces juifs ! »

Les produits frais, yaourts et citrons, arrivaient tous les jeudis par le « train de Stockman », ce grand magasin d'Helsinki que les enfants de diplomates, au grand agacement de nos collègues finlandais, pensaient être la capitale de la Finlande. Il y avait à l'ambassade un commissariat où nous achetions tous les produits importés de France qui se conservaient, biscuits, chocolat mais aussi savon, dentifrice et lessive. Un jour où j'avais un rendez-vous au MID[1], le ministère des Affaires étrangères, j'étais arri-

1. *Ministierstvà Innostranikh Diel.*

vée un peu en retard et dans la précipitation, j'avais laissé sur le siège arrière de ma voiture des paquets contenant de manière bien visible des grandes boîtes de lessive. Je me remémore encore mon sentiment de culpabilité durant tout l'entretien. Je me disais que les passants penseraient que c'était de la provocation d'exhiber ce privilège. J'avais été gênée de même un jour ou j'allais passer un week-end chez des amis russes car des Français de passage également invités avaient demandé au couple qui nous recevait de leur donner un tube de dentifrice – ils avaient oublié d'en apporter. Nos hôtes le leur ont cédé de bonne grâce, mais ils n'en avaient pas d'autre et il était difficile d'en trouver. À l'époque, c'était terrible d'entendre beaucoup de jeunes femmes nous confier qu'elles ne voulaient pas d'enfant de peur de ne pouvoir se procurer du lait.

J'ai découvert un peu plus tard les « *beriozka* », ces magasins qui portent le nom d'un des deux arbres emblématiques de la Russie : le bouleau élégant, féminin, et le pin altier et solide, plutôt masculin selon les dires d'un Russe normalement macho qui a du mal à accepter un symbole féminin. C'était là que les membres de la nomenklatura soviétique et les étrangers pouvaient se procurer des denrées importées, au moyen de devises, inaccessibles au commun des mortels. Mais mon plus grand plaisir était les courses dominicales dans les marchés kolkhoziens, plus onéreux mais plus colorés et mieux approvisionnés et achalandés. J'ai le souvenir du parfum entêtant des lilas violets au printemps, des fruits et des légumes, et surtout des grandes jarres de fromage blanc frais et du miel en rayon que Mstislav Rostropovich en exil avait voulu rapporter d'un de ses voyages car c'était sa madeleine à lui, mais il s'était heurté à l'interdiction des douaniers à la frontière. Je pensais dans ce marché kolkhozien à ce que signifiait l'exil, le départ définitif, la rupture complète avec ses racines, avec une culture dont faisait partie le goût inimitable des aliments, que l'on ne retrouverait jamais ailleurs. J'ai souvent pensé à mes arrière-grands-parents qui ont quitté la Russie dans la première décennie du siècle précédent, celles des pogroms à Kiev. Les paysans du marché venaient des riches terres noires du tchernoziom, le grenier à blé de la Russie, d'Ukraine ou de Biélorussie, mais… c'était à proximité de Tchernobyl, dont la catastrophe était survenue quelques semaines plus tôt, le 26 avril 1986. Beaucoup de produits, et en particulier la viande, étaient irradiés au césium 137. Le service commercial de l'ambassade était chargé d'en collecter un certain nombre et de réaliser des tests avec des compteurs Geiger. J'avais justement découvert ces marchés en accompagnant une amie qui travaillait dans ce service. Le tout était envoyé ensuite au laboratoire du professeur Pellerin, celui-là même qui aurait assuré que le nuage irradié avait suivi le tracé de la frontière française sans pénétrer notre espace aérien. Les Russes nous mettaient en garde contre la « mafia caucasienne » originaire de la Géorgie, l'Azerbaïdjan et l'Arménie, accusée de faire des trafics dans ces marchés.

Le terrible accident de la centrale de Tchernobyl, l'explosion d'un réacteur sur lequel les ingénieurs avaient fait des tests imprudents, ne paraissait pas troubler outre mesure la population de Moscou. Les étrangers semblaient les seuls à contrôler les produits en provenance de cette zone. Le secret demeurait sur le sort des liquidateurs irradiés. Les premiers pilotes d'hélicoptère qui ont versé du sable sur le réacteur en feu et ont construit le sarcophage sans aucune protection ont très vite été atteints de cancers et de leucémies. Abandonnés à leur sort, certains habitaient dans des cabanes le long de la route de l'aéroport. Personne ne leur rendait visite. J'ai vu de loin ces fantômes blancs qui portaient des sortes de scaphandres. Quelque trente ans plus tard, lors d'une visite d'ambassadeurs européens dans une université de Carélie, une jeune étudiante nous a demandé ce que nous pensions de la série sur Tchernobyl qui a eu une grande audience en Russie. Notre collègue letton a répondu qu'il faisait alors son service militaire et que la terreur des conscrits était de devoir servir à Tchernobyl ou en Afghanistan. Dans son ouvrage *La Supplication. Tchernobyl, chronique du monde après l'apocalypse*, le prix Nobel de littérature Svetlana Alexievitch a porté témoignage du traumatisme profond. La série américaine s'est d'ailleurs inspirée de son récit hanté. Tchernobyl avait été en tout cas le révélateur des déplorables méthodes soviétiques du mensonge et du secret. La nécessaire correction de ces travers avait conduit à la politique de glasnost (transparence). J'ai vu non sans émotion plus de trente ans plus tard, au cimetière de Novodievitchi, la stèle dédiée aux liquidateurs sacrifiés.

Une vie culturelle intense

Contrairement à ce qui s'est passé en Chine, où toute expression culturelle avait été bannie pendant les dix années de la prétendue « grande révolution culturelle prolétarienne », la vie intellectuelle et culturelle russe avait survécu. La censure s'était relâchée et de nombreux ouvrages littéraires interdits, les plus emblématiques étant *Les Enfants de l'Arbat* d'Anatoli Rybakov, sur les camps staliniens, et *Le Docteur Jivago* de Boris Pasternak, auparavant lus en samizdat[2], avaient été republiés pendant les années Gorbatchev. Les Soviétiques lisaient tout le temps et partout, dans le métro notamment – des livres, des journaux et des revues comme *Ogoniok* (La petite flamme). Les concerts et les théâtres étaient très courus. Certes, plusieurs artistes s'étaient exilés avec l'ouverture des frontières, mais le Bolchoï, où un contingent de places était réservé pour les ouvriers, restait un lieu magique. Au conservatoire Tchaïkovski, les meilleurs artistes se produisaient ; Richter était là un soir et les spectateurs, pleins de ferveur malgré leur pauvreté, ne manquaient pas d'offrir aux interprètes trois œillets rouges qui souvent piquaient du nez. Le théâtre juif venait de rouvrir ses portes et le théâtre de la Taganka, fondé par Iouri Lioubimov, incarnait l'avant-garde. Le théâtre moderne Sovremennik accueillait des pièces contemporaines, et j'y ai vu arriver un soir Boris Eltsine, candidat de Moscou au Congrès des députés du peuple du soviet suprême, et son épouse. Les acteurs se sont immédiatement interrompus pour l'inviter à monter sur scène, où il a tenu de bonne grâce un petit discours improvisé. Il a été ovationné. Sa popularité était à son zénith. À Leningrad, le Kirov, où avaient dansé Noureev et Barychnikov réfugiés en Occident, restait iconique, et un petit café Pouchkine où l'on récitait ses poèmes fleurait bon l'ancienne Russie qui revenait ainsi à la vie. Le barde d'origine géorgienne Boulat Okoudjava interprétait, en s'accompagnant à la guitare, ses chansons mélancoliques et contestataires, « Le soldat de papier » ou « L'Arbat », relégué dans de miteux centres culturels de la banlieue moscovite où j'étais allée le voir. L'on écoutait encore le sulfureux Vladimir Vyssotski déchirer les nuits de ses cris

2. Circulation clandestine d'écrits jugés dissidents.

rauques ou le rockeur disruptif Viktor Tsoï. C'était aussi, comme partout dans le monde, les années disco, et Alla Pougatcheva faisait danser les jeunes Soviétiques sur l'air d'« Un million de roses écarlates ».

Les hivers russes

C'était bien avant le réchauffement climatique, et il y avait encore de véritables hivers russes. C'était l'identité de la Russie et ma saison préférée. Il y avait de la neige, beaucoup de neige, elle envahissait les rues parfois de la mi-octobre jusqu'au 1er mai, où l'été s'installait alors en un clin d'œil. Pendant cette longue période hivernale, au petit matin Moscou s'éveillait au bruit de la glace raclée énergiquement sur les pare-brise. La température était en moyenne de – 25 °C, le thermomètre pouvait descendre à – 35 °C à Moscou même ou à Leningrad, ville sortie des marécages, où la Neva était toujours gelée et le temps plus glacial qu'à Moscou en raison du vent. Aujourd'hui, c'est à peine s'il fait ce temps en Sibérie.

Le maître du pont

Il y avait peu d'automobiles, les Zil ou les Volga et Tchaïka noires des officielles, celles du corps diplomatique et quelques taxis qu'il fallait réserver plusieurs heures à l'avance. Les robustes Niva blanches, hautes sur pattes, ne tenaient pas très bien la route, les petites Jigouli ou Moskvitch se trouvaient souvent en panne au milieu de la rue. J'ai réussi à en emboutir une parce que dans l'atmosphère neigeuse, je n'avais pas vu qu'elle était à l'arrêt. J'ai également eu un sérieux accident un jour de mars, en route pour l'ambassade d'Inde afin de recueillir des informations sur la récente visite d'un haut dirigeant militaire indien, le partenaire privilégié de l'Union soviétique face au Pakistan ami de la Chine. Une abondante neige floconneuse s'est mise soudain à tomber. J'ai perdu le contrôle de la voiture sur le pont de la Iaouza, affluent de la Moskova. J'ai cassé la rambarde et ma voiture, dont l'avant était bien enfoncé, avait une roue dans le vide. J'étais un peu sonnée car n'ayant pas mis (pour la dernière fois de ma vie !) la ceinture de sécurité qui n'était pas obligatoire, je m'étais cogné la tête sur le pare-brise et un léger filet de sang coulait. Je suis restée un moment jusqu'à ce qu'arrive un Azéri qui m'a proposé d'attendre dans sa Jigouli enfumée, ces petites voitures destinées au peuple. Pendant tout le temps que j'ai patienté, il a pu fumer un paquet entier de cigarettes malodorantes, puis me proposer, comme les taxis étaient rares, de venir me chercher tous les matins pour m'accompagner au bureau, puis finalement, comme ce serait plus pratique, de m'épouser… Sur ces entrefaites est arrivé un homme grand et fort élégant, vêtu d'un long manteau, qui paraissait incongru à l'arrière de cette voiture sale et enfumée. Il m'a posé une série de questions auxquelles j'ai répondu machinalement jusqu'à ce que je reprenne mes esprits et lui demande qui il était. Sa réponse tranchant avec le répertoire des expressions soviétiques – « Le maître du pont (хозяин моста), celui que vous venez de casser et dont vous devrez payer la réparation » – m'a aussitôt transportée dans l'univers mystérieux du *Maître et Marguerite* de Boulgakov où pouvait apparaître le diable Woland.

Traversée de la Berezina, sur la route des invasions

Sans voiture et en l'absence de transports en commun pratiques à l'exception du métro, dont les stations, véritables œuvres d'art politico-religieuses en mosaïque, sont éloignées les unes des autres, quand le printemps est arrivé, j'ai décidé de retourner en France pour acheter une voiture et la rapporter. J'ai donc pris la route seule en m'arrêtant chez des amis à l'ambassade de Berlin-Est et à Varsovie. J'ai roulé mille kilomètres par jour sur une route où il était impossible de se perdre car elle allait tout droit de Paris à Moscou. C'était la route naturelle des invasions. Elle arrivait même directement chez moi sur l'avenue Koutouzov, du nom du général vainqueur de Napoléon. Il n'y avait que d'énormes camions au passage des frontières et les douaniers exprimaient leur surprise de voir une jeune femme seule dans une petite voiture. Je pensais faire des provisions à Berlin-Ouest, mais cela aurait supposé un détour de quatre-vingts kilomètres le long du mur puisque sans plaque diplomatique, je ne pouvais passer par Checkpoint Charlie. J'ai donc pillé la cave et le réfrigérateur de mes amis en poste à Berlin-Est pour emporter des produits frais à Moscou. Après avoir filé sur l'autostrade allemande, j'ai dû ralentir à la rencontre des ânes et des carrioles sur les petites routes polonaises. Je suis enfin arrivée à la frontière, à Brest-Litovsk, où j'ai cherché en vain le bureau d'assurance, l'Ingosstrakh, car les compagnies d'assurance occidentales ne pouvaient assurer les voitures que jusqu'à la frontière de l'Union soviétique. Redoutant la conduite de nuit, je suis allée directement à Minsk. Le lendemain, j'ai traversé avec fascination la Berezina et roulé pendant des heures sur une autoroute pavée de larges dalles, empruntée par quelques camions, au milieu des forêts, en écoutant des airs d'opéra russes et italiens. J'ai passé une dernière nuit à Smolensk où j'ai visité la cathédrale. J'écoutais la chanson de Boulat Okoudjava « La route de Smolensk » – « des forêts, des forêts, des forêts… ». Après être passée devant le monument marquant la limite de l'invasion nazie, je suis arrivée tranquillement l'après-midi chez moi au 14 de l'avenue Koutouzov, un petit ghetto diplomatique constitué de trois immeubles construits par des prisonniers allemands.

Ghettos diplomatiques sur l'avenue Koutouzov

J'avais en effet refusé de loger dans l'immeuble des Français au bout de la rue de l'ambassade car je voulais réellement habiter Moscou, même si nous n'avions le droit de vivre que dans ces fameux ghettos diplomatiques imposés par les régimes communistes pour séparer les diplomates des habitants de la ville. Ces appartements étaient grands et relativement hauts de plafond, mais l'entrée et les escaliers étaient miteux, et surtout, les marches s'effritaient en raison de la corruption et des vols de matériaux de construction. L'ascenseur était peu fiable. Mon voisin britannique du deuxième étage m'avait dit un jour qu'il se réjouissait d'aller au Bolchoï. Le lendemain, lorsque je lui ai demandé s'il avait aimé la représentation, il m'a répondu avoir passé toute la durée du premier acte dans cet ascenseur coincé entre deux étages… Chaque année, l'eau chaude était coupée pendant un mois en été pour permettre de nettoyer les tuyaux. Nous allions prendre des douches chez les uns ou chez les autres. Nous plaisantions alors en parodiant la célèbre phrase de Lénine sur le communisme : « les Soviets plus l'électricité », en ajoutant « moins la plomberie ». Le dernier étage situé juste au-dessus du mien était appelé pudiquement « étage technique » ; nous ne savions pas de quelle technique il s'agissait, mais cela comprenait sûrement l'installation des micros. J'hésitais parfois à inviter des Soviétiques chez moi car j'étais restée marquée par mon expérience en Chine.

La route des Zil

Le matin, pour aller à l'ambassade, un système de circulation très particulier obligeait à remonter plus d'un kilomètre le long de l'avenue et à attendre pour faire un *rozvorot* (« demi-tour »), parfois longtemps, que le convoi de Gorbatchev pour le Kremlin soit passé. Venant des résidences privées et protégées de hauts murs de la Roubliovka à l'ouest de Moscou, il empruntait à vive allure ce qui avait été surnommé la « route des Zil », du nom de cette limousine soviétique inspirée des belles américaines. Pendant très longtemps, j'ai compris « route des îles », une consonance poétique très durassienne qui évoquait le film *Le Vice-Consul*. J'ai pris le risque, un jour où l'attente était particulièrement longue, de passer outre. J'ai été poursuivie par la police toutes sirènes hurlantes et me suis bien gardée de récidiver.

Je suivais ensuite le même chemin que le secrétaire général du PCUS, descendant l'avenue Koutouzov, passant en face de l'hôtel Ukraine, une des sept sœurs soviétiques. Après avoir franchi la Moskova et roulé sur l'avenue Kalinine, bordée d'immeubles modernes dénués de charme et qualifiée de « Champs-Élysées moscovites », j'arrivais au carrefour surplombant les jardins d'Alexandre et les murs et tours surmontés de l'étoile rouge en rubis du Kremlin.

La magie opérait toujours. J'étais bien à Moscou. Chez moi. Puis le majestueux Kameni Most, le pont de pierre dont la rambarde est ornée des symboles de la faucille et du marteau, et enfin l'arôme de chocolat flottant dans l'air en provenance de l'usine Octobre rouge sur l'île du même nom. Ces effluves mettaient l'eau à la bouche, mais les chocolats soviétiques étaient en réalité extrêmement friables et avaient un peu la consistance et le goût de la poussière.

Omniprésence du KGB, essence du système

Arrivée à l'ambassade, je m'engouffrais dans le sas de sécurité, prenais à l'arrachée les trois journaux quotidiens posés sur la rampe en haut des marches : la *Pravda*, les *Izvestia* et la *Krasnaia Zvezda* – l'étoile rouge, le journal de l'armée, qu'il fallait impérativement avoir lus pour la réunion quotidienne en chambre sourde autour de l'ambassadeur. Toutes les grandes ambassades en pays sensible sont équipées de ces cages de Faraday à l'abri des grandes oreilles du KGB et autres services de renseignement. Peu après la construction de la nouvelle ambassade de France, d'inspiration très soviétique avec du marbre rouge d'Arménie et dans un style qui rappelait le tombeau de Lénine, est apparu opportunément tout à côté un nouveau bâtiment : le ministère de l'Intérieur ! Nos fenêtres en forme de meurtrières obliques avaient été obturées par du papier calque que j'ai arraché, estimant que le désordre des papiers sur mon bureau constituait une protection suffisante contre la curiosité des services. C'était tellement sombre, en automne et en hiver, la nuit tombait à 14 heures. Il n'y avait aucune lumière dans la grande rue Dimitrov, ainsi nommée en hommage au révolutionnaire bulgare, où était située notre ambassade. Je me souviens, en regardant un jour par la fenêtre, avoir eu cette envie irrésistible de retrouver les lumières de la ville dans la métropole la plus antinomique : New York.

C'était une époque où les diplomates écrivaient encore à la main les télégrammes diplomatiques que les secrétaires tapaient ensuite avant chiffrement. En 1989, l'ambassade a été dotée d'une gigantesque machine chiffrante installée dans une pièce aveugle où la secrétaire se cloîtrait pour taper directement nos textes.

Le KGB était omniprésent. Il suivait les faits et gestes de chacun. Les internalistes, les spécialistes de la politique intérieure dans les chancelleries diplomatiques, qui entretenaient des liens avec des dissidents ou des personnalités critiques du régime, étaient – tout comme les journalistes – les cibles de manœuvres de harcèlement, mesquines mais signées : pneus crevés en hiver, petits vols d'objets favoris sans valeur marchande. Juste pour dire « Nous sommes là, nous sommes passés et nous pouvons revenir quand bon nous semblera ». Tous les moyens étaient bons, et tout le monde se souvient de l'ambassade américaine en construction qui a été truffée de micros. Les contrôles d'entrée étaient toujours tatillons pour les diplomates des pays alliés, mais toutes les nuits, les services de renseignement soviétiques se baladaient librement sur le chantier de la nouvelle ambassade grâce à l'assistance des ravissantes petites amies soviétiques des marines américains. En attendant le dépoussiérage (enlèvement des micros installés dans les soubassements et les murs), les nouveaux locaux ont été utilisés pour des cours d'aérobic où j'allais régulièrement ! Et comme les fils étaient insérés dans les structures, il a fallu tout détruire et reconstruire.

Il n'était pas rare que des membres d'ambassades occidentales doivent être exfiltrés en urgence, pris dans des affaires où ils avaient succombé aux charmes de chanteurs, danseurs ou danseuses du Bolchoï stipendiés par le KGB pour obtenir des documents et surtout compromettre des agents. Le KGB avait alors une prédilection pour les chantages aux affaires de mœurs (adultères, homosexualité cachée de personnes mariées...) passées de mode aujourd'hui avec l'évolution de la société. Un ambassadeur de France en avait été victime bien avant, même si le général de Gaulle, lors de sa visite officielle en visite en 1966, avait minimisé l'affaire, se bornant à lui dire malicieusement : « Alors Dejean, on couche ? » Le jeu pour nous consistait à identifier les membres du KGB, chez nos interlocuteurs soviétiques ou parmi les membres du personnel de l'ambassade qui devaient faire rapport sur nos faits et gestes. Nous soupçonnions toujours les plus sympathiques, les plus amicaux et les plus confiants car ils n'étaient pas effrayés par la grande maison. Ils étaient donc plus libres de parole et pouvaient jouer aux libéraux.

C'était encore le temps du manège des expulsions réciproques. En 1987, après le départ exigé de Soviétiques de l'ambassade russe à Paris, accusés d'espionnage dans le dossier de la fusée Ariane, Moscou a pris une mesure de rétorsion. J'étais de permanence un samedi et ai attendu toute la journée au bureau l'appel du MID, qui nous avait fait savoir qu'il aurait lieu dans la journée et que l'ambassadeur ne devait pas s'éloigner. Les heures ont tourné, la journée a passé et l'ambassadeur s'apprêtait à partir quand le MID a appelé peu avant 21 heures pour demander qu'il vienne immédiatement. Nous sommes arrivés de nuit pour franchir les immenses doubles portes de fer, ouvertes en quinconce pour lutter contre le froid et dissuader les intrusions, de cette imposante tour stalinienne. Nous avons été conduits dans le bureau du premier vice-ministre des Affaires étrangères, Iouli Vorontsov, qui a lu l'avis d'expulsion de plusieurs collaborateurs accusés, selon la formule consacrée, « d'activités contraires à leur statut diplomatique » ; sous huit jours – pour quatre d'entre eux – et sous deux mois, à moins que nous ne revenions sur nos décisions d'expulsion pour les autres dont le membre d'un couple, ce qui contraignait également son conjoint au départ. Selon une pratique bien établie, les Soviétiques prennent des mesures de rétorsion en miroir, en tout cas sur le nombre et les fonctions officielles. La différence est que nous expulsions de vrais espions dont ils truffaient les ambassades, alors qu'ils expulsaient des vrais diplomates, ce qu'ils savaient parfaitement. L'ambassadeur a demandé ce qui était reproché à ses collaborateurs. La réponse rituelle a été que les intéressés savaient parfaitement eux-mêmes de quoi ils étaient coupables. L'ambassadeur a protesté. Fin de l'entretien. Il était 21 h 30, le journal télévisé *Vremia* venait de se terminer et, contrairement aux usages, les listes d'expulsés avaient été diffusées à la télévision au moment même de la convocation. Il est évident que le MID n'était que le messager de quelque chose qui lui échappait totalement. La décision appartenait au KGB. Je n'aurais pas imaginé revivre cela trente ans plus tard en tant qu'ambassadeur en Russie. J'ai alors dû cette nuit-là appeler mes collègues en rentrant tard à l'ambassade. C'était un drame pour ceux qui étaient spécialistes de l'Union soviétique, s'étaient forgé une solide compétence, y avaient dédié leur carrière et étaient désormais *persona non grata*. Une amie, Anita Davidenkoff, attachée culturelle, docteur en littérature russe, à mille lieues de toutes ces histoires, est tombée des nues en apprenant son expulsion. Elle en a cherché des raisons objectives qui, naturellement, n'existaient pas.

Retrait d'Afghanistan

L'URSS de la perestroïka s'inspirait des méthodes de communication de la Maison-Blanche. Les diplomates et journalistes se pressaient en salle de presse aux conférences, à l'américaine, de Guennadi Guerassimov, séduisant porte-parole du MID, le verbe haut, aussi bon orateur que Gorbatchev et amateur de bons mots.

À l'ambassade, j'étais en charge des dossiers de politique extérieure. Le retrait de l'Armée rouge d'Afghanistan était la grande affaire du moment. L'intervention de décembre 1979, argument pris de l'appel à l'aide du dirigeant communiste Amin, en se fondant sur le traité d'amitié conclu en 1978, avait été décidée par Brejnev sans saisine du Politburo. Une telle décision n'avait pas fait l'unanimité, en particulier dans le haut-commandement militaire, en raison des doutes sur la politique menée par les communistes dans ce pays, mais avait été finalement décidée au nom du « devoir de solidarité socialiste ». C'était alors dans l'esprit de Brejnev une simple opération de police, comme à Budapest où à Prague. Mais les Soviétiques sont restés et se sont enlisés. J'ai lu plus tard que Gorbatchev avait décidé dès le début de son mandat le retrait des troupes. Or, à mon arrivée en mai 1986, des interrogations subsistaient concernant les intentions réelles de Moscou. Le nombre de cercueils de zinc augmentait. Les mères de soldats protestaient et écrivaient leur colère au Politburo. Le conflit avait fait officiellement quinze mille morts ; des recherches effectuées ultérieurement feront état de vingt-six mille morts. Des syndromes post-traumatiques ont détruit ces soldats de retour à la vie civile. Le contingent avait atteint plus de cent mille hommes. Tous les jours, la *Pravda* et *L'Étoile rouge*, le quotidien de l'armée, rendaient compte des attaques terroristes des moudjahidines qu'ils appelaient les « Doushman », les bandits. Ces guérilleros, ancêtres des talibans, étaient armés par les Américains de missiles Stinger, entraînés par la CIA à frapper les avions de l'Armée rouge et à défaire une armée régulière puissante qui a ainsi perdu le contrôle du ciel. Les Soviétiques ne souhaitaient plus être engagés dans les combats et ont formé une armée afghane, mais des dizaines de milliers d'hommes désertaient chaque année. Ce premier djihad international a été rejoint par une alliance islamique composée de plusieurs pays arabes dirigés par l'Arabie Saoudite. Les Américains n'avaient pas fait la fine bouche et avaient financé et armé ces soi-disant combattants de la liberté, ces romantiques moudjahidines, et de préférence, les plus extrémistes, comme Hekmatyar. Ignorant tout du pays, ils avaient donné carte blanche à la toute-puissante ISI, l'agence des services de renseignement pakistanais érigée en intermédiaire avec les moudjahidines. Washington avait alors pour objectif obsessionnel d'abattre le communisme et l'Union soviétique, « l'empire du mal », l'ennemi unique sur lequel il fallait concentrer toutes ses forces, sans imaginer bien sûr que les Américains deviendraient un jour la cible de leurs alliés islamistes du moment et que leur départ en août 2021 du pays qualifié de « tombeau des empires » serait moins bien préparé et moins digne que celui des Soviétiques en février 1989, lorsque le général Boris Gromov, chef de la quarantième armée, est le dernier soldat soviétique à franchir à pied, derrière ses soldats, le « pont de l'amitié » sur l'Amou-Daria, la frontière avec l'Ouzbékistan. Les Américains n'imaginaient pas non plus que leur protégé, le président Ashraf Ghani, tiendrait trois heures, alors que l'homme mis en place par les Soviétiques, Mohammad Najibullah, resterait au pouvoir pendant trois ans, même s'il a fini par être pendu dans des conditions particulièrement atroces. C'était en outre après la disparition de l'Union soviétique, sa protectrice. Le retrait en bon ordre de l'Armée rouge a néanmoins été perçu, avec le recul, comme un augure de la chute de l'Empire soviétique. Il est piquant que ce même général Gromov ait été consulté par le Pentagone avant l'intervention en Afghanistan à la suite de l'attentat contre les tours jumelles.

Iouli Vorontsov, le puissant vice-Premier ministre des Affaires étrangères, avait été nommé six mois avant le départ des troupes ambassadeur à Kaboul, sorte de proconsul d'Afghanistan pour présider aux derniers temps de l'occupation soviétique. Il résidait alternativement à Kaboul et à Moscou où il avait conservé ses fonctions. Recevant le directeur d'Asie et d'autres visiteurs français, parmi lesquels Jean-François Deniau, venant exiger le retrait des troupes soviétiques, il mettait ainsi en garde : « Vous voulez qu'on parte, on va partir, mais vous allez peut-être nous regretter car les moudjahidines sont des fous furieux ! » Quelques années plus tard, lorsque j'étais en poste à la mission permanente de la France auprès des Nations unies, le même Iouli Vorontsov, alors représentant permanent de Russie, qui appuyait généralement les positions américaines au Conseil de sécurité où, les yeux à demi fermés, il affectait généralement une écoute flottante, a relevé la tête et réagi à un rapport du représentant du secrétaire général sur la situation catastrophique du pays au début des années quatre-vingt-dix. Sortant ostensiblement de sa léthargie et non sans une certaine *Schadenfreude*[3], il a déploré cette situation en rappelant que du temps de la présence soviétique, il y avait des routes, de l'électricité et des écoles où les petites filles pouvaient étudier…

Réconciliation avec le monde

La relation avec les États-Unis s'améliorait peu à peu et c'était le temps des grandes initiatives de désarmement. Les rencontres d'Helsinki et de Genève fixaient les règles de la maîtrise des armements et resteraient des marqueurs dans l'Histoire.

L'Allemagne était le partenaire principal en Europe. La relation entre Kohl et Gorbatchev, tendue au départ, était devenue particulièrement étroite. La situation à Berlin-Est était scrutée au jour le jour mais Gorbatchev considérait qu'Honecker allait contre la marche de l'Histoire. Un article de la *Pravda*, « Moscou ne croit pas aux larmes », par allusion au célèbre film de Vladimir Menchov, donnait à entendre que Moscou n'interviendrait pas. L'ambassadeur d'Allemagne à Moscou m'a dit en 2019 qu'ils étaient malgré tout terrorisés à Bonn par le risque d'une intervention brutale comme à Prague en 1968. Les Allemands de la Volga invités par la Grande Catherine au XVIIIe siècle, pour mettre en valeur les terres, exilés ensuite par Staline en Sibérie par crainte d'une alliance avec les nazis, ont commencé à prendre le chemin de l'Allemagne. Je me souviens de ces Allemands aux cheveux couleur paille et à la peau diaphane, parlant un allemand suranné, qui occupaient la majorité des places dans un vol entre Moscou et Francfort.

3. « Joie mauvaise ».

Comme les frontières s'ouvraient, beaucoup de juifs – ou prétendus tels – ont profité de l'occasion pour quitter le pays pour Israël, *via* Vienne. Il n'y avait pas de relations diplomatiques entre les deux pays dans la mesure où Moscou soutenait par principe la cause palestinienne. Je rencontrais souvent un diplomate israélien, dont la famille était originaire de Russie. Envoyé en précurseur en vue de l'ouverture d'une ambassade de plein titre, il avait un bureau au sein de l'ambassade des Pays-Bas qui représentait les intérêts d'Israël. De nos jours, l'ambassade d'Israël est l'une des mieux informées alors que plus d'un million de Russes sont désormais citoyens de ce pays.

La France était, du fait de l'héritage gaullien, un pays apprécié pour son indépendance vis-à-vis de Washington. Le souvenir des actes héroïques de l'escadron Normandie-Niémen, où pilotes français et mécaniciens soviétiques ont combattu côte à côte les nazis, est cultivé jusqu'à ce jour. La visite du général de Gaulle en 1944 puis son long périple de dix jours en 1966 étaient toujours dans les esprits. Mitterrand y a effectué en 1988 une visite accompagné de six ministres et s'est rendu au centre de lancement de Baïkonour où une coopération spatiale de long terme avait été engagée. Les visites officielles obéissaient à un protocole solennel, avec l'accueil en rang sur le tarmac de tous les membres de la chancellerie diplomatique. Nous avons attendu un peu de temps car la passerelle n'arrivait pas à la hauteur du Concorde. Je n'ai guère d'autres souvenirs de cette visite, les dossiers sont cloisonnés et, hormis le responsable des relations bilatérales, un jeune diplomate voit peu de chose d'une visite présidentielle.

Lorsqu'un dignitaire soviétique rentrait de France, la tradition diplomatique – qui s'est éteinte avec la multiplication des visites de dirigeants – demeurait de venir l'accueillir à l'aéroport officiel de Vnoukovo. L'ambassadeur était accompagné de toute la chancellerie diplomatique. Je me souviens de la poignée de mains d'Andreï Gromyko, alors président du Præsidium du Soviet suprême et vice-président du gouvernement, qui, me voyant un carnet à la main, m'a demandé avec son fameux sourire de travers si je prenais des notes. Tous mes collègues sont venus s'enquérir de ce que m'avait dit Gromyko, cette icône légendaire de la diplomatie soviétique pendant vingt-huit ans.

L'heure était aussi à la normalisation avec la Chine, vingt ans après la rupture sino-soviétique. Celle-ci, minutieusement préparée, devait être consacrée par la visite officielle de Mikhaïl Gorbatchev en mai 1989 à Pékin. Or, l'impensable s'est produit : l'occupation de la place Tian'anmen par les étudiants, qui a contraint la direction chinoise à organiser la cérémonie protocolaire d'accueil en catimini à l'aéroport. Les étudiants russes, fiers de cette visite et qui espéraient rencontrer leur dirigeant, ont été frustrés. Mais surtout, l'appel des étudiants chinois à Gorbatchev, consacré héraut de la démocratie, a marqué les esprits et humilié les dirigeants chinois. C'est sans doute l'une des raisons pour lesquelles Gorbatchev est honni par les autorités du Parti communiste chinois. Il est surtout devenu le contre-exemple absolu : la fuite en avant de réformes politiques et en matière de droits de l'homme, qui ont abouti à une perte de contrôle du Parti et à sa disparition ultérieure en même temps qu'à l'implosion du pays, qui a finalement été amputé de la moitié de sa population et de son territoire, perdant ainsi son statut de superpuissance.

Dans l'immensité et la diversité de l'empire

Nous étions à la chancellerie diplomatique, mais aussi au service commercial et culturel, une équipe de jeunes célibataires enthousiastes et avides de découvrir ce pays. Pendant que l'agent de permanence, d'astreinte le week-end, découpait à la règle et triait les dépêches de l'agence Tass et de l'AFP arrivées ronéotées sur d'énormes rouleaux, classait les télégrammes diplomatiques, épluchait les journaux et traitait tous les dossiers du week-end – parfois nombreux car Gorbatchev avait bien repéré l'importance de la presse du week-end aux États-Unis et aimait les annonces-surprises –, les autres diplomates parcouraient le pays. Les Français étaient les plus aventureux, ce qui suscitait parfois la jalousie ou les critiques des Américains et des Britanniques, plus encadrés dans leurs déplacements.

De nombreuses villes qui accueillaient des industries d'armement étaient alors fermées aux étrangers, comme Gorki (autrefois Nijni-Novgorod), Sverdlovsk (l'ancienne Ekaterinbourg), la capitale de l'Oural où avait été assassinée sauvagement la famille impériale, Vladivostok et bien d'autres encore.

Les diplomates étrangers devaient déposer une demande d'autorisation auprès de l'UPDK, le bureau des services chargé de la gestion des relations avec les ambassades. Deux jeunes contractuelles de l'ambassade transmettaient chaque semaine nos demandes. L'absence de réponse avant 18 heures le vendredi valait autorisation, mais il arrivait, de manière aléatoire et sans justification, que le déplacement soit interdit. Juste pour rappeler que nous dépendions du bon vouloir du KGB. L'UPDK joignait alors à six heures moins cinq leurs correspondantes à l'ambassade pour signifier l'interdiction, en précisant que ce n'était pas la peine d'appeler pour contester car c'était l'heure de la fermeture ! C'est ainsi que je n'ai jamais pu visiter Bakou en Azerbaïdjan ou Osh au Kirghizistan.

J'avais commencé par les merveilleuses villes de l'Anneau d'Or, les anciennes principautés russes aux bulbes dorés autour de Moscou, Vladimir et Souzdal, la Laure de Zagorsk à quelques kilomètres de Moscou où de vieilles babouchkas, la tête couverte de châles, semblaient les dernières représentantes d'un monde en voie de disparition, alors que se visitait le musée de l'Athéisme dans l'ancienne église de Kazan à Saint-Pétersbourg. La liturgie de Pâques était la plus impressionnante et la plus émouvante. Nous y passions une partie de la nuit debout à respirer le parfum grisant de l'encens et à écouter les chants d'une beauté profonde et divine. Je n'imaginais évidemment pas retrouver, plus de trente ans plus tard, les mêmes vieilles femmes dans toutes les églises de Russie. J'ai voyagé souvent dans la Flèche rouge, le mythique train de nuit pour Leningrad, où l'eau bouillante du samovar était constamment renouvelée dans les compartiments. La levée des ponts lors des nuits blanches reste un souvenir inoubliable, de même que les « morses » qui creusent des trous pour se tremper dans la Neva gelée devant la forteresse Pierre-et-Paul au cœur de l'hiver. L'Anneau d'Argent, la vieille Russie dans les principautés blanches, aux dizaines d'églises de Pskov et Novgorod, racontait la naissance de la dynastie des Riourikides puis celle des Romanov et l'histoire fabuleuse de ce pays.

J'ai visité aussi les villes d'Ukraine, la magnifique et méridionale Kiev dont les habitants se disaient alors fiers d'être le berceau de la Russie, et la « mère des villes russes », Odessa, charmante mais très délabrée, où nous visualisions tous le berceau dévaler le fameux escalier – plus petit – du film d'Eisenstein, puis Lvov, l'ancienne Lemberg.

La Crimée est d'une beauté méditerranéenne, un petit paradis où le palais Livadia, qui a accueilli la conférence de Yalta, conserve la trace de l'histoire et de la géographie dessinées avant la fin de la guerre. Il est gardé par des lions couchés dont une miniature en plâtre orne toujours une étagère de ma bibliothèque. Les essences multiples des plantes restent imprimées dans ma mémoire, de même que la dernière demeure russe de Tchekhov et son jardin avec un bouquet de trois bouleaux au milieu des fleurs tropicales pour lui rappeler la Russie du Nord. Et enfin, la fameuse fontaine de la ville tatare de Bakhtchissaraï.

Pour rester dans la partie occidentale, j'ai visité les pays baltes à la culture si différente : un dimanche des rameaux à Vilnius et Kaunas dans la Lituanie, première à manifester son désir d'indépendance, Riga à l'architecture Art nouveau et l'Estonie, si proche culturellement de la Finlande.

Nous avons fait une incursion curieusement autorisée à Mourmansk, la plus grande ville au-delà du cercle polaire, port où stationnait la flotte des sous-marins, mais nos suiveurs délibérément repérables nous ont demandé de manière un peu menaçante de retirer la pellicule de nos appareils photo.

J'ai visité les républiques du Caucase, la route militaire de Géorgie, et contemplé le mont Ararat de l'autre côté de la frontière. Les Arméniens faisaient assaut d'amabilité envers nous parce que nous étions français. Mais avant même la décomposition de l'Union soviétique dès février 1988, nous avons été surpris par l'effroyable pogrom des Arméniens à Sumgait par les Azerbaïdjanais au tout début de la guerre dans la région contestée du Haut-Karabakh, enclave peuplée d'Arméniens sur le territoire de l'Azerbaïdjan. Prélude à tous les conflits post-soviétiques, où les haines ont été soudainement libérées dans ces régions au sang chaud, où ont été entremêlées les minorités à cause de Staline. Je me souviens aussi d'un superbe voyage à la forteresse de Derbent au Daghestan, où les tensions et la prégnance de l'islam étaient fortes.

En franchissant l'Oural, j'ai découvert la magie du Baïkal, Irkoutsk, le « Paris de l'Orient » où les femmes des décembristes[4] dont une Française, Pauline, avaient suivi leurs maris. Nous avions aussi choisi un voyage de l'extrême en Yakoutie, le lieu le plus froid, pendant les journées les plus froides en théorie, car c'était le dernier week-end de février. J'avais toutefois été déçue par le « redoux » car au lieu des – 50 °C espérés, le thermomètre n'était pas tombé en dessous de – 42 °C. Les voitures, dotées de doubles vitrages constamment givrés, étaient branchées en permanence. Le lait était livré chaque matin en cubes glacés. Dans un marché de fourrures en plein air, j'ai acheté des chapkas en vison et en renard argenté qui ont été dévorées par les mites parisiennes. À l'époque, il était indiqué qu'en dessous de – 40 °C, les matières synthétiques ne prémunissaient pas du froid. Seules les matières naturelles, notamment la fourrure, protégeaient des températures extrêmes.

J'avais acquis un piano quart de queue d'un collègue qui avait dû rentrer précipitamment en France. J'avais trouvé une professeure du conservatoire. Je ne suis pas certaine d'avoir fait beaucoup de progrès mais c'était agréable de parler normalement avec quelqu'un dans un régime aussi surveillé. Elle m'avait conseillé, pour ce voyage en Sibérie,

---

4. Organisateurs de l'insurrection du 14 décembre 1825 visant à obtenir une constitution du nouveau tsar Nicolas Ier qui, en représailles, les a exilés en Sibérie.

de mettre plusieurs couches de vêtements, d'acheter un châle si aérien, si doux et si chaud en laine de chèvre de montagne d'Orenbourg pour le mettre autour du visage, car seuls les yeux ne gèlent pas. Elle m'avait aussi recommandé de protéger la peau du visage contre le froid agressif par de la graisse d'oie que l'on pouvait se procurer au marché. J'ai suivi ses conseils mais je lui ai fait remarquer que l'odeur était forte et déplaisante. Elle m'avait donc suggéré d'y ajouter une gousse de vanille. Or, nous étions deux filles et deux garçons ; nous-mêmes en avions mis de façon discrète, mais les garçons s'en étaient tartiné le visage, qui brillait. La forte odeur qui se dégageait a suscité nos moqueries. Ils n'en ont pas remis le lendemain et le nez de l'un a commencé à geler au risque de se nécroser. Je n'oublierai pas la promenade magique sur la Lena gelée après une nuit blanche dans l'avion, l'exaltation et la beauté de cet air pur et scintillant comme des étoiles posées sur les branches des arbres. La vodka et quelques carrés de chocolat ont aidé à supporter ce gel et le décalage horaire.

Notre exploration revêtait un caractère systématique. Nous avons découvert les républiques musulmanes d'Asie centrale, en Ouzbékistan, les grands caravansérails de tuiles vernissées de Samarcande, Khiva, Boukhara et Tachkent, qui avait été détruite par un tremblement de terre ; au Kazakhstan, Alma-Ata et le point de passage terrestre avec la Chine, qui venait d'ouvrir mais que nous n'avons pu franchir faute de visa spécifique ; au Turkménistan, à la frontière iranienne ; au Tadjikistan, fortement islamisé malgré la soviétisation. Au marché, les visages étaient tendus, et l'attitude et le regard porté sur l'étranger, méfiants, voire agressifs. J'ai cependant le souvenir d'une maison de thé dans la montagne où un poète tadjik fumait un narguilé et récitait des vers en parsi. Je n'ai malheureusement pu aller en Afghanistan, alors que le service de presse de l'armée soviétique organisait parfois des voyages pour les journalistes depuis Moscou. J'ai dû me contenter de le contempler depuis la passe de Khyber à la frontière avec le Pakistan, accompagnée d'un militaire pakistanais armé d'une kalachnikov. Je me suis arrêtée au point frontière de Torkham où drogues et kalachnikovs se vendaient en abondance sur le marché de plein air. Je me souviens des discours fondamentalistes de Zia-ul-Haq, qui avait basculé totalement dans la charia. Les meurtres confessionnels entre sunnites et chiites commençaient dans les zones tribales où ne pénétrait pas la police pakistanaise. J'étais avec une amie du service de presse. Nous avons signé une décharge à l'entrée et nous sommes retrouvées bien seules sur ces routes et dans ces refuges.

Quelque trente-cinq ans plus tard, à la veille de reprendre le chemin de Moscou comme ambassadeur, la direction d'Europe continentale du Quai d'Orsay avait organisé une réunion des ambassadeurs de la région. En les entendant se présenter et énumérer les capitales où ils (ou elles) représentaient la France, la pensée m'est venue dans un flash que c'étaient les lieux où je passais alors mes week-ends… Pas étonnant que les Russes de cette génération aient la nostalgie de l'Union soviétique, regrettant l'érection de frontières alors qu'ils circulaient librement auparavant.

Aux marches des empires, entre Russie et Chine, la Mongolie

L'ambassadeur était accrédité également en Mongolie-Extérieure, qui était alors dans l'orbite de Moscou. Étant chargée des relations avec l'Asie, j'avais le privilège de l'accompagner dans ce voyage annuel. Les autorités mongoles nous avaient fait la bonne manière de nous attribuer les chambres du grand hôtel du centre-ville, qui avaient abrité l'ambassade de France du temps où elle était permanente. En réalité, l'ambassade fut intermittente, ouverte et fermée plusieurs fois. Elle a même souvent changé d'« obédience », rattachée tantôt à Pékin, où l'ambassadeur en titre venait passer les mois d'hiver, tantôt à Moscou, reflet du destin de ce pays enclavé entre deux empires gigantesques. L'architecture d'Oulan-Bator, autrefois ville aux mille temples qui avaient presque tous été détruits, à l'exception d'un temple témoin devenu musée, était très soviétique, khrouchtchévienne même, avec ses barres de HLM, à l'exception d'un quartier de yourtes un peu excentré et surnommé « quartier aux voleurs ». L'ambassadeur m'avait demandé de le remplacer à un congrès international de mongolisants. Après ce colloque, les rares spécialistes de la culture et de la langue mongoles avaient été invités dans la steppe de Karakorum, lieu mythique de la naissance de Gengis Khan. Les petits Yak-40 atterrissaient sans problème n'importe où au milieu de la steppe. Au décollage, pourtant, nous avions l'étrange impression d'être assis dans un hammam envahi par la vapeur d'eau. La steppe était magnifique. D'immenses jarres de *koumis*, le lait de jument fermenté utilisé pour des cures contre la tuberculeuse du temps d'Anton Tchekhov, avaient été déposées depuis le matin à l'air libre et au soleil dans la steppe. C'est là que j'ai attrapé l'hépatite virale qui m'a clouée au lit un mois plus tard et dont j'ai ressenti les brefs effets avant-coureurs le lendemain au retour à Oulan-Bator. Nous avons aussi assisté à des courses de chevaux et avons participé à des agapes où l'œil et la queue du mouton constituaient les mets de choix offerts aux visiteurs. À l'exception des laits fermentés, l'alimentation était entièrement carnée. Si les joues des Mongols étaient rougies et desséchées par le soleil, en revanche ces populations qui ne mangeaient pas de sucre affichaient des sourires d'une étincelante blancheur. Il n'y avait pas non plus de fruits ou de légumes. Le dîner chez l'ambassadeur du Royaume-Uni fut mémorable à cet égard car nous avons dégusté les légumes de son potager. Mon ambassadeur s'est répandu en remerciements et compliments. Son homologue lui a répondu que c'était bien la première fois qu'un Français complimentait un Anglais pour sa cuisine… Il nous a montré son précieux herbier de la flore de la steppe. Je saisissais généralement l'occasion de ce déplacement lointain pour retourner sur mes terres chinoises en Transmongolien et débarquais au petit matin à la gare populeuse de Xidan. Je me souviens de longues discussions dans ce train avec les courriers diplomatiques de Sa gracieuse Majesté, d'une élégance quelque peu surannée, porteurs de ces valises rouges frappées du *ER* royal. « Elizabeth Regina ».

Pendant ce temps-là à Moscou

Vers la fin de mon séjour, à Moscou même, la vie était devenue plus détendue, plus plaisante. Une rue s'animait, prenait des couleurs et donnait un avant-goût de ce que pourrait être une ville normale, où l'on aurait plaisir à simplement déambuler. La rue de l'Arbat, l'un des quartiers historiques de Moscou, devenue la première rue piétonne, a ainsi vu éclore les premiers kiosques et magasins privés en 1988.

L'annonce de la libération surprise d'Andreï Sakharov, prix Nobel de la paix en 1986, suivie par celle d'autres prisonniers politiques, a été le coup d'envoi de la glasnost et la confirmation de la sincérité de Gorbatchev. L'épisode de l'installation nocturne d'un téléphone en urgence par des employés du téléphone réveillés par le KGB, afin que Sakharov puisse recevoir un appel de Gorbatchev lui annonçant sa libération dans son appartement de Gorki, ville fermée où il était en résidence surveillée depuis six ans avec son épouse, Elena Bonner, est resté dans les annales. J'aurai l'occasion quelques décennies plus tard de visiter cette résidence de la banlieue de Nijni-Novgorod qui a retrouvé son nom historique, de découvrir ce petit appartement soviétique des années quatre-vingt et de penser à ce moment-clé de l'histoire de l'URSS en voyant ce fameux téléphone. Jouissant d'un immense respect et contestataire dans l'âme, Sakharov s'est opposé à Gorbatchev au congrès des députés du peuple en réclamant l'abrogation du système de parti unique. Mikhaïl Gorbatchev ressent jusqu'à ce jour un sentiment d'amertume face à ce qu'il considère comme une manifestation d'ingratitude de la part de celui qu'il a pris l'initiative de libérer. C'est un des sujets revenus régulièrement dans les conversations que j'ai eues avec lui.

Nous pouvions rencontrer plus librement des Soviétiques. Nous les invitions à Serebryany Bor (« Le bois d'argent ») où chaque grande ambassade disposait de sa datcha, mode de vie tellement russe que les diplomates soviétiques en avaient en France et dans la plupart des pays. Nous organisions des soirées dansantes après une journée de ski de fond dans la forêt au bord du lac. La vodka coulait à flots, mais la propension immémoriale des Russes à boire pour se soûler et finir ivres morts – le docteur Anton Tchekhov allait régulièrement ramasser ses frères dans les caniveaux – se terminait souvent par des bagarres violentes avec des tessons de bouteille. C'est le moment où je remontais dans ma chambre.

Gorbatchev, rare Russe qui ne buvait pas, a jugé indispensable de lutter contre ce fléau, qui tuait les hommes avant l'âge et engendrait des populations dégénérées comme j'en ai rencontré dans les environs de Moscou. Il a prohibé les ventes d'alcool en proclamant ce qui a été surnommé la « loi sèche ». Cela a été jugé comme une erreur politique fatale parce que la vodka avait pour vertu d'apaiser les frustrations, particulièrement nombreuses à cette époque. Un ami russe m'a rappelé que Nicolas II avait commis pendant la Première Guerre mondiale la même erreur, qui avait altéré l'ardeur au combat de ses soldats. Je me souviens de la stupeur à la chancellerie diplomatique, et dans tout Moscou, lorsque nous avons appris en juin 1986, par une dépêche d'agence, l'atterrissage insolite en plein milieu de la place Rouge, au cœur du pouvoir, d'un petit Cessna piloté par un jeune Allemand qui avait échappé aux radars. Il a été révélé plus tard que les responsables de la surveillance aérienne étaient ivres morts ce jour-là. Le 1er janvier était un jour particulièrement incertain ; les avions décollaient systématiquement avec plusieurs heures de retard car les pilotes cuvaient leur vodka. La « loi sèche » n'a pourtant pas mis fin à l'alcoolisme. Loin de là. Les Russes s'ingéniaient à fabriquer eux-mêmes un horrible « samogon » dans leur baignoire avec de l'huile de moteur. Nombreux sont ceux qui en sont morts.

L'hiver 1988-1989, une amie avait loué dans des conditions quelque peu floues une petite datcha – le terme d'*isba* serait plus approprié – à quelques kilomètres de Moscou, dans le village de Peredelkino. Le vendredi soir, à l'instar de nombreux Moscovites, nous prenions l'Elektrichka, ce petit train de banlieue, ou parfois ma voiture que je garais devant la datcha-musée de Boris Pasternak pour que la plaque diplomatique ne dénonce pas notre présence dans l'isba. Avec le sentiment grisant de la transgression, en tentant de dissimuler au mieux nos visages avec chapkas et châles, nous marchions une vingtaine de minutes dans la nuit et le froid mordant entre deux murailles de neige pour rejoindre notre isba surchauffée, comme toujours en Russie. Même par une nuit où le thermomètre descendait à – 35 °C, il fallait laisser ouverte la *fortotchka*, ce vasistas commun à toutes les habitations, maisons ou appartements russes. Les toilettes, une cabane en bois, étaient au fond du jardin, mais j'aimais me lever le matin pour aller, dans un silence absolu et un froid tonique, puiser l'eau du puits pour préparer le thé brûlant du petit déjeuner. Après une journée de ski de fond, nous allions nous régénérer dans des *bania*, bains russes entre sauna – pour la bonne odeur boisée – et hammam – pour la vapeur d'eau –, où l'on faisait circuler le sang avec une brassée de branches de bouleau. J'avais le sentiment de vivre à la fois dans l'enchantement d'un conte russe immémorial et dans ce qui était la vie des Soviétiques d'alors, ce qui manque trop souvent aux nomades de luxe que sont les diplomates, généralement condamnés à l'entre-soi, en particulier dans les pays communistes où les contacts avec la population étaient sinon prohibés, du moins découragés.

L'été, les propriétaires retrouvaient le chemin de leur bien-aimée datcha pour cultiver leur potager, récolter des légumes, cueillir des fruits et des baies, préparer les conserves et les confitures pour l'hiver à Moscou. Ils y restaient jusqu'au temps de la cueillette des champignons, au début de l'automne.

Les jeunes diplomates que nous étions louaient alors le bateau *Maxime Gorki* où flottait le drapeau rouge orné de la faucille et du marteau, qui glissait lentement sur la Moskova pendant les nuits blanches de Moscou. Si celles-ci étaient un peu plus courtes que celles de Saint-Pétersbourg, la lumière n'en était pas moins belle et la promenade magique. C'est en juin également que des peupliers femelles, plantés malgré les objurgations des botanistes, tombe la « neige de Staline » dont les flocons blancs recouvrent les trottoirs.

J'ai quitté Moscou en mai 1989 au moment de l'émergence politique de Boris Eltsine. Ce colosse sibérien hors norme de l'Oural, rustre, radical et prêt à la provocation ou la confrontation, était à l'exact opposé de l'urbain et raffiné Mikhaïl Gorbatchev. Les deux hommes, qui en sont venus plus tard à une véritable guerre des chefs, s'opposaient en tout. Alors que Mikhaïl Sergueïevitch était un réformateur, Boris Nikolaïevitch était un révolutionnaire, prêt à renverser les tables. Il accusait Gorbatchev d'être trop timoré. Il admonestait les communistes en herbe du Konsomol à qui il reprochait d'avoir pour seule ambition de devenir des apparatchiks. Il les accusait d'être incapables de penser par eux-mêmes. Une caricature d'un journal – j'ai oublié lequel – les montrait face à lui, revêtus de manteaux et de chapeaux trop grands qui leur tombaient sur les yeux. Eltsine leur disait que lorsqu'ils avaient l'occasion de s'exprimer, aucun mot, et *a fortiori* aucune pensée, hormis « bonjour » et « au revoir », ne leur appartenait. Il était alors extrêmement populaire, comme son accueil dans un théâtre – raconté plus haut – le montrait. J'en ai été témoin une fois, mais je sais que cela était fréquent lors de ses déplacements dans Moscou. Pour les Soviétiques jamais sortis de leur pays, il était l'un d'eux ; pas Gorbatchev. Ma femme de ménage, que j'avais trouvée par des relations alors que la précédente émargeait à l'officine du bureau des services contrôlé par la grande maison, s'était prise d'affection pour moi. Elle m'avait demandé ce que je pensais d'Eltsine en me disant que pour la première fois un homme politique leur donnait l'espoir d'un avenir meilleur. Elle et son mari allaient voter pour lui aux premières élections libres.

Plongée dans mes racines

Ces trois années furent passionnantes, à titre personnel comme professionnel. Cela a été l'occasion de penser à mes origines, du côté de ma famille paternelle. J'ai découvert à quel point ma grand-mère, Mina, était russe, bien qu'ayant quitté sa patrie à l'âge de huit ans. À Paris, elle se levait aux aurores pour vendre des fourrures sur les marchés tandis que mon grand-père conduisait des limousines de maître. Parfaits clichés des émigrés russes à Paris. J'ai rencontré un jour, lors de la très élégante exposition Frieze de Londres, un galeriste qui m'a dit se souvenir de ma grand-mère dont son père était le fournisseur de fourrures. Un samovar d'argent trônait sur le buffet de la salle à manger remplie d'objets de cristal. Le seul mot de russe qu'elle utilisait avec ses petits-enfants, comme si c'était un mot français, était la *tchainik* (чаиник, « bouilloire » ou « théière »), mais surtout, jamais elle n'a bu son thé, qu'elle aimait très fort, dans une tasse. Comme elle semblait ne pas avoir de verres ordinaires, elle le servait de façon insolite dans des verres à pied en cristal, accompagné de confiture de fraise dans une soucoupe. Elle avait aussi une voix bien timbrée – ces voix russes qui s'imposent dans l'espace, faites pour la déclamation théâtrale. Ses enfants la décrivaient comme le personnage de Lioubov, la mère dans *La Cerisaie*, grande dame ruinée mais munificente. Mon grand regret est qu'elle soit morte quelques mois seulement avant mon départ pour Moscou et que je n'aie pu parler avec elle de la Russie, évoquer sa vie d'avant, à Kiev, dont elle gardait le souvenir des jardins et des fleurs. Mais c'était un temps où, déterminés à s'intégrer, les émigrés parlaient peu du pays d'avant l'exil. Je n'ai vu son lieu de naissance que lorsque j'ai dû appeler le SAMU, parce qu'elle a eu un infarctus lorsque j'étais chez elle et que j'ai dû chercher son livret de famille. Mon arrière-grand-mère, Zelda, arrivée à vingt-sept ans à Paris avec sa fille Mina pour retrouver un mari venu faire des études de médecine, lequel avait trouvé l'amour dans les bras d'une élégante Parisienne, était retournée voir le pays de son enfance, à quatre-vingt-deux ans, en deux-chevaux avec son fils, le frère de ma grand-mère, jusqu'à Saint-Pétersbourg où elle gardait aussi de la famille. Je n'avais pas demandé leurs coordonnées car je pensais que les contacter risquait de les mettre en difficulté. Dommage. Je le regrette aujourd'hui.

Pour une diplomate, c'était un moment exaltant, où le monde bouleversé par la révolution d'octobre 1917 était en bout de course. Le mur de Berlin tomberait quelques mois plus tard, sans réaction de Moscou. On avait bien le sentiment de vivre une période historique. Ce n'était pas encore la fin de l'Union soviétique, mais clairement le début de la fin. Le colosse aux pieds d'argile allait s'écrouler sous le poids de ses propres déficiences plus que sous les coups de boutoir de l'Occident. C'était déjà aussi le commencement d'une ère nouvelle. La Russie éternelle réapparaissait sous l'Union soviétique septuagénaire. Pour les intellectuels et les libéraux, c'est là que tout a commencé avec enchantement, et le nom de Gorbatchev reste attaché à la liberté. Alors que je disais un jour à New York à un ex-Soviétique devenu fonctionnaire des Nations unies que j'avais vécu à Moscou au temps de la perestroïka, il avait réagi en disant que j'avais de la chance car c'était la période la plus intéressante. C'était en tout cas l'époque des grandes espérances, où les Soviétiques, du moins l'intelligentsia, refaisaient le monde dans leur cuisine, le point focal où l'on débattait du destin de la Russie jusqu'au cœur de la nuit. Svetlana Alexievitch évoque cette « civilisation des cuisines ». C'est là qu'un soir, autour d'une tasse de thé noir et très amer particulièrement prisé des Russes, j'ai entendu prononcer cette phrase prémonitoire, mais qui avait alors suscité le scepticisme des autres invités : « Finalement, le communisme aura peut-être été l'aventure du XXe siècle. » Tous s'attendaient à un monde meilleur. La réalité n'a bien sûr pas été à la hauteur de leurs espoirs fous et Mikhaïl Gorbatchev, qui avait été adulé en Occident, est honni dans son pays. Je rencontrerai avec fascination et compassion, trente-cinq ans plus tard, ce vieux monsieur, isolé et amer, un peu sourd mais chaleureux et aimant la France.

Chapitre 5

LA FRANCE AU CŒUR D'UNE NÉGOCIATION DIPLOMATIQUE

La Conférence de paix sur le Cambodge (1989-1991)

De retour en mai 1989 au Quai d'Orsay comme sous-directeur d'Asie du Sud-Est à la direction d'Asie, je devais gérer les relations avec les six pays de l'ASEAN, l'Association des nations du Sud-Est asiatique : Brunei, l'Indonésie, la Malaisie, les Philippines, Singapour et la Thaïlande, auxquels s'ajoutaient la Birmanie, le Cambodge, le Laos et le Vietnam qui rejoindraient l'organisation des années plus tard, une fois le problème cambodgien résolu. Au-delà des relations bilatérales qui m'ont valu de nombreux voyages dans ces très beaux pays d'une grande richesse culturelle, c'est la conférence de Paris sur le Cambodge entre 1989 et 1991 qui a occupé les trois quarts de mon temps.

Le directeur d'Asie, Claude Martin, qui avait été le numéro deux de l'ambassade de France en Chine du temps où je m'y trouvais, avait conçu un projet de paix au Cambodge autour du prince Sihanouk avec qui il avait noué à Pékin une relation de confiance. Il a dû batailler pour l'imposer aux autorités parisiennes tant Norodom

Sihanouk, qui adorait pourtant la France, agaçait par son côté histrionique.

Le premier acte de mes nouvelles fonctions s'est déroulé à Moscou. J'ai été autorisée à cette occasion à prendre contact avec l'ambassadeur du Cambodge, alors que nous ne reconnaissions pas ce régime résultant de l'invasion vietnamienne qui avait renversé en janvier 1979 le terrible régime du Kampuchéa démocratique dirigé par Pol Pot, lequel occupait toujours le siège du Cambodge à l'ONU. Hor Namhong, ancien étudiant en droit à Paris, était courtois, intelligent et expérimenté. Il serait le chef de la délégation de Hun Sen à la conférence de paix au Cambodge, et plus tard ministre des Affaires étrangères et vice-Premier ministre. De cette première rencontre dans un cadre différent, j'avais conservé de bonnes relations avec lui.

La situation paraissait propice à une telle initiative. Les quatre factions cambodgiennes avaient chacune un membre du Conseil de sécurité pour parrain. Les Khmers rouges étaient soutenus par Pékin ; Hun Sen, mis en place par les Vietnamiens, par Moscou et la faction nationaliste de Son Sann, un ancien Premier ministre conservateur de Lon Nol par Washington. Surtout, l'homme-clé de ce processus, le seul incontestable pour toutes les parties, le prince Sihanouk, avait l'appui de la France. Il fallait voir Khieu Samphân tout sourire et l'ensemble de la délégation khmère rouge s'incliner respectueusement devant Monseigneur, les mains jointes, en recourant au langage de cour. Grâce à Mikhaïl Gorbatchev qui œuvrait à la fin de la guerre froide et au rapprochement avec la Chine, le climat entre Moscou, Pékin et Washington s'était amélioré.

Des visites de la ministre déléguée aux Affaires étrangères, Edwige Avice, que j'accompagnais, avaient été organisées dans les capitales de l'ASEAN fortement réticentes à une implication jugée néocoloniale de la France, alors que l'ASEAN, soudée sur le plan économique, avait fait de la question du Cambodge son fonds de commerce sur le plan politique. L'Indonésie en particulier entendait jouer un rôle de médiateur et avait déjà organisé avec les factions cambodgiennes des réunions à Jakarta. Il était donc impératif d'associer un pays de la région à la gouvernance pour renforcer l'acceptabilité du rôle de la France, et il était logique dans ces conditions de confier au charismatique et dynamique ministre indonésien Ali Alatas la vice-présidence de la conférence. Il avait été invité à Paris, mais le retard – dépassant la bienséance – de Roland Dumas, alors que le ministre indonésien, vexé, et nous-mêmes, embarrassés, regardions l'horloge dorée de son bureau égrener les minutes, a conduit le ministre à lui confier d'emblée la coprésidence. C'était peut-être plus contraignant pour la France, mais cela permettrait de partager le risque politique.

Des réunions non conclusives avaient eu lieu auparavant entre les factions à La Celle-Saint-Cloud. La question épineuse de la plaque a finalement été réglée par la confection d'une immense pancarte sur laquelle les lettres *C A M B O D G E*, démesurément étirées, occupaient tout un pan de la table devant les quatre délégations.

Le jour J, le 30 juillet 1989, dix-neuf États et organisations sont présents à l'ouverture au centre de conférences Kléber, qui appartenait alors au ministère des Affaires étrangères. Roland Dumas a reçu auparavant ses principaux homologues. Je me souviens principalement de ses entretiens avec James Baker, le secrétaire d'État américain, très factuel et direct mais moyennement intéressé par le sujet ; Qian Qichen, le ministre des Affaires étrangères chinois, très aimable ; et Edouard Chevardnadze, aux cheveux de neige et dont le regard bleu pervenche était perçant et le sourire lumineux. Le ministre de Mikhaïl Gorbatchev semblait fasciner notre ministre qui parlait un peu le russe. Tous, en tout cas, assuraient la France de leur entière coopération. De fait, notre pays était au cœur du jeu diplomatique en disposant de toutes les cartes, ce qui est très rare.

Les délégations dirigées par leur directeur d'Asie étaient hautes en couleur. Elles étaient en tout cas ravies de passer le mois d'août à Paris. La délégation soviétique était conduite par Igor Rogatchev, un sinologue lui-même fils de diplomate ayant servi à Pékin, assisté du truculent et chaleureux Myakotnikh, mon homologue. La délégation américaine était dirigée par le spécialiste de la Chine Richard Solomon, secondé par un personnage pittoresque, psychanalyste, auteur de scénarios et de romans policiers : Piscienik, mon interlocuteur. Dès qu'ils rencontraient une délégation, les Américains lui posaient la même question – « *What is your bottom line ?* » (Quelle est votre exigence minimale ?) –, comme si la réponse pouvait être précise avant même les débuts de la négociation. La délégation chinoise, plus classique, était composée de Wang Hua, avec qui j'entretenais de bonnes relations, et d'une jeune diplomate douée, Fu Ying, que j'ai retrouvée des années plus tard comme directrice d'Europe au ministère des Affaires étrangères à Pékin. Une délégation importante des Nations unies était présente : le secrétaire général, le Péruvien Pérez de Cuéllar ; son représentant spécial pour le Cambodge, Rafeeuddin Ahmed, pakistanais ; son adjoint tunisien, Hédi Annabi, retrouvé quelques années plus tard à New York ; et Vieira de Mello, diplomate brésilien plurilingue, talentueux et séduisant, toujours un sourire éclatant aux lèvres. Beaucoup lui prédisaient un destin de secrétaire général des Nations unies. Il est mort tragiquement dans l'attentat terroriste qui a visé les locaux de l'ONU à Bagdad en août 2003. Le numéro deux à la mission à New York, Pierre Brochand, futur directeur de la DGSE, qui affichait constamment un sourire narquois, apportait une expertise onusienne dont aucun d'entre nous ne disposait. Jean Gazarian, vétéran des Nations unies rompu aux pratiques new-yorkaises, publiait tous les matins un petit journal sur les réunions des commissions. Une délégation de l'ASEAN s'est particulièrement distinguée : la délégation singapourienne avec Kishore Mahbubani et Tommy Koh, toujours pleine de ressources et d'idées et à la recherche de compromis alors qu'elle était farouchement anticommuniste et hostile au régime de Phnom Penh.

Quatre commissions avaient été mises en place : contrôle du cessez-le-feu, garanties à la paix et à la neutralité, réfugiés et reconstruction, réconciliation nationale. En réalité, malgré des négociations intenses pendant ces quatre semaines estivales, le ton s'est durci peu à peu. Un jour, Norodom Sihanouk, dans une de ses sorties qui lui étaient assez coutumières, a évoqué la cruauté des Khmers, en ne s'excluant d'ailleurs pas lui-même, et accusé directement Hor Namhong d'avoir dirigé un camp de concentration khmer rouge. Ce dernier a porté plainte devant un tribunal français. Il devenait évident qu'il serait impossible de conclure à la fin du mois. Nous étions tous déçus. D'autres, réticents au départ, en particulier à l'Élysée, n'avaient jamais cru dans cet exercice, considérant qu'il n'était pas moral de discuter avec les Khmers rouges et qu'il valait mieux reconnaître purement et simplement le régime pro-vietnamien de Hun Sen.

La solution qui s'est imposée a été, plutôt qu'un simple constat d'échec, celle d'une suspension des travaux de la conférence, qui pourrait être réunie à tout moment lorsque les circonstances le permettraient. Claude Martin l'avait anticipé et avait modifié la signification du sigle CPC. Initialement nommée « Conférence de paix au Cambodge », elle était devenue « Conférence de Paris sur le Cambodge », gage que l'acte final aurait bien lieu quoi qu'il arrive dans la capitale française.

Il a été décidé de reprendre le processus de négociations dans le format des cinq membres permanents du Conseil de sécurité (Chine, États-Unis, France, Royaume-Uni, Union soviétique). A commencé ainsi une période d'itinérance qui nous a menés chaque mois, le directeur d'Asie, moi-même et un rédacteur, de New York à Jakarta en passant par Pékin et Hanoï. Je me souviens, vers la fin du processus, d'une réunion de trois jours élargie aux factions cambodgiennes dans la ville balnéaire thaïlandaise de Pattaya, dans une de ces grandes salles asiatiques ultraclimatisées dont les fenêtres donnant sur la mer étaient occultées par des rideaux beiges. À ce moment-là, Jean-David Levitte avait remplacé Claude Martin à la tête de la direction d'Asie. Les contacts commençaient en bilatéral très tôt le matin et se poursuivaient tard dans la nuit par un patient travail d'explication aux journalistes. Nous n'avons vu ni le ciel ni la mer avant de reprendre l'avion pour Bangkok.

Une réunion des Cinq à New York en janvier 1990 avait permis de rédiger l'accord-cadre. Je présidais la négociation qui avait lieu au niveau des sous-directeurs. Il était prévu de remettre un texte entre crochets indiquant les points de désaccord à nos grands chefs qui arrivaient le lendemain. Contre toute attente, nous avons pu conclure le jour même. La plus grande difficulté avait été de condamner, à la demande de la délégation soviétique, les actions des Khmers rouges. Plusieurs fois, j'ai dû demander à mon collègue chinois, qui faisait mine de quitter la table, de se rasseoir. Nous avons finalement abouti à une formule édulcorée et codée sur les « politiques et pratiques du passé ». Mais là n'était pas l'essentiel : l'ébauche du règlement de la crise, qui prévoyait une mise sous tutelle provisoire du Cambodge par l'ONU, était validée. J'avais découvert la griserie de la négociation de textes. Comme aux échecs, il fallait toujours avoir un coup d'avance, réserver une position sur un point puis y revenir quand, plus loin, quelque chose de similaire serait accepté. Un principe de base dans la négociation internationale est que rien n'est agréé tant que tout n'est pas agréé. La courtoisie et la capacité à se mettre à la place de l'autre pour comprendre ce qui est acceptable pour lui sont un élément-clé de la réussite.

L'accord des Cinq n'était pas tout ; il fallait obtenir celui des différentes factions cambodgiennes à cette construction originale qualifiée de « monstre » par la direction juridique du Quai d'Orsay. La tutelle de l'ONU signifiait pour la faction au pouvoir d'accepter une mise à l'écart temporaire en siégeant collectivement dans un Conseil national suprême purement formel présidé par le prince Sihanouk. Cela a pris quelques mois. Il y a eu une ultime réunion des factions à Paris à l'automne 1991. Le coprésident indonésien Ali Alatas a été très convaincant, et la plaidoirie du grand avocat d'assises qu'était Roland Dumas a fait le reste. Il était une fois de plus arrivé en retard, avec désinvolture, sans avoir pris connaissance du dossier, mais il a compris en un clin d'œil la situation et les arguments qui pouvaient faire mouche.

L'instauration d'une tutelle qui aurait pu paraître anachronique n'a choqué personne. Ce qui était également étonnant était l'extrême confiance de Norodom Sihanouk comme des Khmers rouges dans les Nations unies et ses Casques bleus, qu'ils étaient tous pressés de voir déployer sur le terrain sans être conscients des délais de mise en route.

Dilemme sur le traitement à réserver aux Khmers rouges

La question des Khmers rouges a été au cœur du sujet. Fallait-il accepter de négocier avec ceux qui avaient torturé et assassiné dans des conditions épouvantables près de deux millions de personnes ? Une partie de la famille de Sihanouk lui-même, dont sa deuxième femme et plusieurs de ses enfants et neveux, a été exterminée. J'avais vu lors d'une mission à Phnom Penh, dans la prison transformée en musée de Tuol Sleng, la montagne de crânes et les portraits des victimes : anciens fonctionnaires, intellectuels désignés parfois par le simple port de lunettes, moines bouddhistes, Vietnamiens, jusqu'aux cadres khmers rouges victimes de purges internes, comme finissent toutes les révolutions dont les dirigeants deviennent paranoïaques. Le problème était que sans leur présence, la Chine n'aurait jamais accepté une négociation, et sans la Chine, aucun accord de paix n'était possible. En outre, ils étaient encore reconnus à l'ONU. La question de la mise en place d'un tribunal international a été posée, mais vous ne pouvez pas demander des concessions à une partie que vous envoyez aussitôt se faire condamner à perpétuité. Vers la fin des négociations, alors que la demande en était formulée par Hor Namhong, le directeur d'Asie a conseillé sagement de repousser cette décision à la formation d'un gouvernement résultant des élections. Un tribunal cambodgien répondant aux normes internationales sera effectivement créé en 1999 avec l'aide de l'ONU et de juges internationaux. Ceux-là mêmes qui l'avaient réclamé n'étaient d'ailleurs plus aussi convaincus de sa nécessité, d'autant que plusieurs cadres du régime provietnamien étaient issus des rangs khmers rouges et qu'une fois définitivement au pouvoir, Hun Sen était soucieux de préserver la paix sociale en évitant de réveiller les vieux démons. Les familles des victimes elles-mêmes n'avaient guère envie de remuer ce passé douloureux. Si seuls Douch, le directeur de la prison de Tuol Sleng, Khieu Samphân, le chef de la délégation cambodgienne aux accords de Paris, et Nuon Chea, numéro deux de Pol Pot, ont finalement été jugés et condamnés, le doyen Mario Bettati, auteur du concept du droit d'ingérence, m'avait dit que plus que les condamnations, ce qui importait, comme dans les procès de Nuremberg et de Tokyo, était les milliers de témoignages transcrits pour l'Histoire. En tout cas, le pari, qui était de marginaliser à terme les Khmers rouges, était gagné. En anticipant sur la suite, quelques mois plus tard, alors que j'étais à la mission permanente auprès des Nations unies, les Khmers rouges, refusant de désarmer en application des accords qu'ils avaient signés, ont commis l'erreur fatale d'attaquer un camp de l'ONU où ont péri deux ingénieurs chinois. Furieuse, la délégation chinoise a aussitôt convoqué une réunion du Conseil de sécurité. Cela a été la fin de leurs anciens protégés.

La conférence finale s'est tenue à Paris le 23 octobre 1991 au centre de conférences Kléber. Roland Dumas a prononcé un discours émouvant. Il a salué comme un symbole de paix de bon augure la présence du président

– yougoslave – du Mouvement des non-alignés[1], invité à la demande expresse du prince Sihanouk, membre fondateur de ce mouvement. Quelques mois plus tard, une spirale de violence incontrôlable embraserait toute la Yougoslavie, qui deviendrait à son tour l'objet de la sollicitude des Nations unies.

Le Cambodge pourrait retrouver sa place au sein de la communauté des nations. La mission de l'ONU, l'Autorité provisoire des Nations unies au Cambodge (APRONUC), fut une mission modèle, complète car, outre l'opération de maintien de la paix, il y avait toutes les composantes civiles : droits de l'homme, élections, reconstruction.

Les élections ont été remarquablement organisées. Heureux de reprendre leur destin en main, les Cambodgiens ont commencé à faire la queue dès quatre heures du matin devant les bureaux de vote en 1993. Le parti du prince Norodom Ranariddh, le Front uni national pour un Cambodge indépendant, neutre et coopératif (Funcinpec), l'a emporté sur le nom de son père, toujours révéré comme « Monseigneur Papa ». Un gouvernement de coalition a été mis en place au sein duquel Hun Sen, plus déterminé que son rival et doté d'une véritable intelligence politique, a repris le pouvoir pour ne plus le lâcher. L'autoritarisme et la corruption reprendraient malheureusement leur droit.

Le roi Norodom Sihanouk est revenu quelque temps sur le trône à Phnom Penh, protégé par ses gardes du corps nord-coréens – les seuls auxquels il faisait confiance. Il a reçu Roland Dumas en novembre 1991 au moment de la fête de l'eau. Le champagne était tiède et le foie gras

1. Mouvement créé à Bandung en 1955 et regroupant plus de cent pays qui refusent l'alignement sur l'un ou l'autre des blocs résultant de la guerre froide. Ces pays sont très influents aux Nations unies.

de chez Fauchon fondait dans la chaleur moite d'Asie du Sud-Est. La délégation s'est rendue ensuite dans les majestueux temples d'Angkor, préservés par l'École française d'Extrême-Orient, au milieu d'une forêt tropicale luxuriante. Mais il ne fallait pas sortir des chemins balisés car les mines posées par les Khmers rouges étaient encore nombreuses.

C'était un voyage symbolique, pour clore ce dossier en beauté, dans les trois pays de l'ancienne Indochine : le Vietnam, à Hanoï, la belle endormie, et à Hô Chi Minh-Ville, l'ancienne Saigon animée, où demeure le souvenir de la présence américaine. La dernière étape a été le Laos, dans sa capitale Vientiane. Le voyage s'est achevé dans la langueur de Luang Prabang où des moines en tenue safran évoluaient au milieu des temples, des pagodes et des bougainvilliers.

Cette négociation sur le Cambodge, sans doute oubliée aujourd'hui, avait suscité un fort intérêt de la part des Français, repris par une certaine nostalgie de l'Indochine. Nous avions fait restaurer au Cambodge l'hôpital Calmette, mis en place une maison du droit au Vietnam dont le régime était plus communiste encore que celui de la Chine. C'était le temps du tournage de films à forte connotation nostalgique : *Indochine* de Régis Wargnier, avec Catherine Deneuve et Vincent Perez, *L'Amant de la Chine du Nord* de Jean-Jacques Annaud, qui se déroule dans le quartier de Cholon à Saigon. Nous avions aussi plaidé pour que le Vietnam accueille le sommet de la Francophonie en 1997. Il s'y est tenu mais c'était un pari perdu, d'autant plus que les trois anciens pays de l'Indochine française allaient adhérer à l'ASEAN et se retrouver dans un bain anglophone. Aujourd'hui, peu de Vietnamiens parlent notre langue.

L'expérience de cette négociation internationale *ad hoc* avait été passionnante pour moi. Mon équipe, renforcée pour la circonstance, avait la conviction de travailler pour une cause et était enthousiaste. C'était un exercice diplomatique exaltant aussi, car la France était vraiment au cœur des choses. Elle avait été facteur d'impulsion et avait conduit ce projet à terme. Les Américains, les Soviétiques et les Chinois se tournaient vers nous, ce qui ne se reproduirait plus, même si Paris accueillerait d'autres grandes conférences. Paris avait vraiment été, comme le titraient les journaux télévisés, la « capitale de la diplomatie ». J'avais alors le sentiment que je ne vivrais plus jamais d'expérience professionnelle aussi stimulante.

Du fait de l'expertise multilatérale acquise et de mes nombreuses missions à New York, je me suis vue offrir un poste de première conseillère à la mission permanente de la France auprès des Nations unies, où j'élargirai le champ géographique de mes compétences et découvrirai la négociation diplomatique à grande échelle.

Chapitre 6

LE RÊVE BLEU MISSION PERMANENTE DE LA FRANCE AUPRÈS DES NATIONS UNIES

New York - 1992-1996

Lorsque je suis arrivée à New York en septembre 1992, les Nations unies incarnaient l'espoir d'une paix perpétuelle. Les institutions mises en place à San Francisco en 1945 répondaient enfin aux attentes des pères fondateurs. On évoquait alors *the big blue dream* - le grand rêve bleu, couleur azur, du drapeau et des casques (ou bérets) des soldats du maintien de la paix. Les membres du secrétariat de cette maison de verre babélienne affichaient leur fierté d'incarner la communauté internationale.

L'atmosphère était tout autre que lors de mon premier séjour en 1985, où j'avais été affectée en renfort pendant quatre mois pour suivre les travaux de l'Assemblée générale, moment où l'activité est la plus intense. Du temps de la guerre froide, le Conseil de sécurité paralysé par le veto soviétique ne se réunissait que très rarement. Les réunions étaient désormais quotidiennes et débouchaient sur l'adoption de résolutions créant des opérations de maintien de la paix. Les cinq membres permanents réconciliés dominaient vraiment l'institution. Cette prééminence était acceptée. Les projets de résolution sur lesquels ils se mettaient d'accord – « mis en bleu », selon la formule consacrée qui signifiait que le vote pouvait être demandé à tout moment – portaient la mention *broadly agreed among the Five* (largement agréé par les Cinq). Cette phrase codée signifiait tout simplement que les autres membres ne devaient pas même songer à amender le texte, tout au plus changer une ou deux virgules. Cela paraît hallucinant aujourd'hui mais, même à l'époque, il était étonnant que cela ne suscite pas de révolte. Cela s'est pourtant produit une fois. La France exerçait la présidence mensuelle du Conseil et avait, comme c'est l'usage, exposé plus tôt à certains groupes – dont les non-alignés – le projet de résolution sur le Cambodge que j'avais rédigé, pour qu'ils ne le découvrent pas en salle. Le représentant permanent hongrois, qui n'appartenait à aucun groupe constitué, a présenté une vingtaine d'amendements de pure forme pour afficher son mécontentement, et j'ai dû appeler le vendredi soir toutes les délégations pour m'assurer que ces modifications étaient acceptables. Aujourd'hui, ce serait impensable, car les Cinq sont la plupart du temps en désaccord, mais aussi parce que les autres délégations ne toléreraient pas d'être tenues pour quantité négligeable.

Un secrétaire général charismatique mais contesté

Le secrétaire général de l'époque, l'Égyptien Boutros Boutros-Ghali, qui avait succédé au Péruvien Pérez de Cuéllar car c'était le tour de l'Afrique au nom de la rotation géographique, a été un grand secrétaire général, charismatique, autoritaire et engagé. Il avait une véritable vision du rôle des Nations unies. Ses relations avec la France étaient au beau fixe. Il honorait chaque année de sa présence le grand dîner de la Francophonie, un événement prestigieux incontournable de la semaine ministérielle, organisé par la France dans les plus beaux lieux de New York telle la grande bibliothèque de la Cinquième Avenue. Il prononçait dans notre langue, qu'il parlait admirablement avec un accent rocailleux, un magnifique discours plein de sagesse et d'humour. Boutros-Ghali avait décidé d'amener des dossiers africains au Conseil de sécurité, car il considérait que la Bosnie, dossier dominant, était avant tout une « guerre de Blancs ». Il s'est aussi insurgé contre les critiques visant les Nations unies : des soldats de maintien de la paix désarmés avaient été envoyés maintenir en Bosnie une paix qui n'existait pas alors que des soldats lourdement armés de l'OTAN ont été dépêchés plus tard sur un théâtre où un accord de paix avait été conclu. Ce militantisme « tiers-mondiste » lui a été reproché par Washington, qui souhaitait un secrétaire aux ordres plutôt qu'un général. Des passes d'armes très violentes ont eu lieu pendant des consultations informelles du Conseil avec la représentante permanente américaine, Madeleine Albright, qui faisait preuve avec lui de l'arrogance de l'hyperpuissance. Son attitude à lui n'était pas dénuée de machisme… Toujours est-il que malgré la détermination de la France à le soutenir pour un deuxième mandat, il n'a pas été reconduit dans ses fonctions. Un système de votes blancs a commencé quelques mois avant l'échéance. Le premier tour de table au Conseil de sécurité, seul décisionnaire sur cette élection, a fait apparaître quatorze votes en sa faveur et un veto, celui de Washington. Le deuxième tour de table sous pression américaine a révélé le résultat inverse : un seul vote pour, celui de la France, quatorze votes contre. Les États-Unis avaient gagné, et nous nous sommes inclinés après nous être assurés auprès du successeur que la France obtiendrait le poste convoité de directeur des opérations de maintien de la paix. Le Ghanéen Kofi Annan, issu du sérail, très compétent pour avoir dirigé le puissant département des opérations de paix et plus suave, correspondait davantage à la vision américaine, qui ne pouvait tolérer une personnalité politique de haut vol.

Une dream team *au Conseil de sécurité*

Le Conseil de sécurité était alors très masculin. Madeleine Albright était la seule femme. Visage sévère mais sourire juvénile, c'était une forte personnalité, proche du président Clinton. D'un patriotisme exacerbé comme nombre d'Américains, elle le manifestait plus encore du fait de son origine tchèque, car elle considérait que son pays devait sa liberté aux États-Unis. Elle prenait ses dossiers à cœur mais plaisantait et riait souvent. Elle avait dansé quelques pas au son de la « Macarena » au Conseil de sécurité en apprenant sa nomination comme secrétaire d'État en janvier 1997.

Il n'est pas rare que les représentants permanents à New York, qui y ont acquis une connaissance profonde des affaires du monde, accèdent ensuite aux fonctions de ministre des Affaires étrangères dans leur pays. Ce fut le cas également du Russe Sergueï Lavrov, connu aujourd'hui pour ses propos brutaux sur la guerre en Ukraine. Il a remplacé en 1994 Iouli Vorontsov, diplomate élégant et intelligent, ancien ambassadeur à Paris, que j'avais surtout connu à Moscou comme vice-Premier ministre tout-puissant des Affaires étrangères et dernier proconsul

– comme on le disait du temps de l'empire des Indes – en Afghanistan. Il suivait sans états d'âme apparents les directives des États-Unis convaincus de vivre la « fin de l'histoire », qu'ils interprétaient comme la victoire absolue du système américain. La Russie de Boris Eltsine était faible et déconsidérée, sans ligne diplomatique très arrêtée. Personne ne s'intéressait plus vraiment à l'avis de Moscou. Iouli Vorontsov et Sergueï Lavrov appartenaient tous deux à la grande tradition des diplomates soviétiques. Mais ce dernier a choisi un style plus assertif en faisant résonner la voix de la Russie. C'était un négociateur redoutable, fin juriste, au fait de tous les précédents. Autoritaire et ferme, mais capable de compromis et généralement souriant et aimable. C'était une des stars des Nations unies. Il suscitait l'admiration et la déférence de ses pairs. Fumeur invétéré, il ne respectait pas l'interdiction de fumer à une époque où New York commençait à bannir le tabac dans certains lieux publics. Ceux qui l'ont connu à New York gardent de lui le souvenir d'un homme d'une très grande intelligence, d'une expertise sans faille et qui avait un sens de l'humour très prononcé. Les quatre autres représentants permanents l'appréciaient et jugeaient qu'il était possible de négocier avec lui. Il restera dix ans dans ce poste avant de prendre la tête de la diplomatie russe.

Autre personnalité qui m'a marquée, le représentant permanent britannique David Hannay, que j'ai eu le grand plaisir de retrouver vingt ans plus tard à la Chambre des lords à Londres. C'était un pur produit de la haute administration britannique, en particulier du Foreign Office. Il avait un fort ascendant sur les autres membres du Conseil. Il était naturellement le maître de la langue anglaise, ce qui était utile pour favoriser des compromis. Son humour était parfois assassin. C'est ainsi que présidant le Conseil de sécurité, lorsque le Japonais Yasushi Akashi est venu rendre compte de sa mission – réussie – comme représentant du secrétaire général de l'ONU au Cambodge, il a pris plaisir à une louange perfide en lui disant que sa principale qualité avait été celle que Napoléon attendait de ses généraux : la chance. Parfaitement francophone et francophile, il a invité toute la délégation française pour célébrer en 1994 le quatre-vingt-dixième anniversaire de l'Entente cordiale. La relation était très étroite avec son homologue français, et nos deux délégations, qui ont le même statut et un rôle similaire dans le monde, approchaient les dossiers de la même manière et rédigeaient ensemble près des trois quarts des résolutions du Conseil de sécurité. Puissances moyennes, nous prenons effectivement davantage en considération les préoccupations des autres pays, en ayant à l'esprit l'état final recherché alors que les projets déposés par les Américains correspondent à cent pour cent aux positions américaines. Inutile de dire qu'ils ne passaient jamais la rampe.

L'ambassadeur de Chine s'intéressait peu aux dossiers qui ne concernaient pas son pays. Il veillait simplement à ce que les questions des droits de l'homme ne soient jamais évoquées dans cette enceinte, mais traitées exclusivement à la Commission des droits de l'homme à Genève. Taïwan était son deuxième sujet de préoccupation, surtout si l'on se souvient que quelque vingt ans auparavant, c'était Taipei qui occupait le siège. Il restait quelques pays, notamment en Amérique centrale, qui conservaient des relations diplomatiques avec l'île et qui chaque année, lors de la réunion du bureau concernant les accréditations des pays, demandaient la réintégration de Taïwan. Le sujet est également venu sur la table à l'occasion de la mise en place d'une opération de maintien de la paix à Haïti.

La délégation chinoise s'y est opposée, jusqu'à ce que le représentant haïtien corrige deux fois sa note verbale et arrive à une version satisfaisante pour Pékin. L'ambassade de Chine y a pris un malin plaisir. Il est vrai qu'à l'Assemblée générale, l'ancien prêtre Aristide avait commencé son discours – au demeurant assez incohérent – sur la situation à Haïti en appelant à la réintégration de Taïwan.

J'ai servi sous l'autorité de deux ambassadeurs français : Jean-Bernard Mérimée et Alain Dejammet, deux caractères parfaitement opposés. Le premier, élégant et charmeur, surnommé au secrétariat « Sexy Froggy » ; le second, plus austère, à l'esprit acéré et connaissant ses dossiers sur le bout des ongles mais non dépourvu d'humour. Les deux ont été très respectés. La France tenait parfaitement son rang et jouait un rôle d'impulsion sur la plupart des dossiers.

Une figure incontournable au Conseil était Norma Chan, américano-hongkongaise, bilingue, cheffe du secrétariat du Conseil, avec qui il valait mieux s'entendre car elle menait ses équipes et les délégations à la baguette. C'était elle la véritable patronne du Conseil de sécurité, gardienne des procédures. Elle était drôle, impertinente et surjouait son autoritarisme. Nous l'adorions tous. J'ai eu le plaisir, en tant que directrice des Nations unies et Organisations internationales, de lui remettre quelques années plus tard, à la résidence française du 740 Park Avenue – l'immeuble des milliardaires –, la légion d'honneur au nom de toute une lignée d'ambassadeurs.

Quelques autres personnalités restent en mémoire. Ahmed Snoussi, le représentant permanent marocain, très proche du roi Hassan II et directement impliqué dans le dossier du Sahara occidental, sur lequel il n'attendait rien d'autre qu'un soutien inconditionnel de la France.

Il aimait raconter des histoires sur un mode moqueur, surtout sur les représentants des pays non alignés. Il avait noué des relations d'amitié avec le premier ambassadeur, Jean-Bernard Mérimée, qui avait été en poste à Rabat ; ce fut plus difficile avec son successeur, Alain Dejammet, ancien ambassadeur à Alger. Enfin, il faut mentionner Diego Arria, figure de mode un peu caricaturale, toujours tiré à quatre épingles, chaussures italiennes cirées à la perfection. C'était le représentant permanent d'un pays qui était encore perçu comme la Suisse de l'Amérique latine : le Venezuela. Il était très engagé sur le dossier de la Bosnie. Il aura laissé son nom dans l'histoire des Nations unies en suggérant un type de rencontre informelle à huis clos avec des personnalités non officielles dans une salle autre que celle du Conseil. La pratique l'immortalisant s'est poursuivie sous le nom commun de « réunion Arria ».

D'interminables négociations

Le véritable travail avait lieu chaque jour à 15 heures, dans la salle étriquée et inconnue du grand public dite « des consultations informelles ». Il était difficile d'y trouver une place, car il n'y avait que trois sièges par délégation. Les jeunes diplomates prenaient d'assaut les quelques chaises installées le long du mur… ou prenaient des notes debout. Cette salle donnait sur l'East River, mais pour ne pas que la vue des bateaux nous déconcentre ou pour des raisons de sécurité, les rideaux étaient toujours clos. Une petite salle de consultations restreinte attenante réservée à la présidence du Conseil permettait de discuter avant ou lors d'une interruption de séance. Je me souviens du prédécesseur de Madeleine Albright, Edward J. Perkins, tirant le fil d'un lourd téléphone en bakélite noir sur lequel il attendait impatiemment les instructions de Washington pour pouvoir reprendre les négociations. Si Pékin est à plusieurs fuseaux horaires de distance, la procédure de décision chinoise est relativement simple. Elle est beaucoup plus complexe à Washington car soumise à un système d'approbations interagences. Les délégations s'appuyaient sur les rapports du secrétaire général, qui s'achevaient généralement par trois options pour voter une résolution créant ou assurant le suivi d'une opération de maintien de la paix. Les délégations qui n'étaient pas membres du saint des saints patientaient interminablement dans une salle à côté, en regardant un programme sur la guerre dans l'ex-Yougoslavie sur CNN ou des matchs de foot. Nous étions assaillis à la sortie pour savoir si la fumée était blanche. Nous prenions quand même le temps de les informer avant de courir à la mission écrire notre rapport et demander des instructions à la direction des Nations unies et Organisations internationales du Quai d'Orsay, que nous recevrions le lendemain matin quand nous nous réunirions dans la grande salle du quarante-quatrième étage avec vue semi-panoramique sur les plus beaux immeubles de New York. Nous finissions souvent après minuit car nous ne disposions pas des outils informatiques d'aujourd'hui et devions faire la queue pour dicter à une secrétaire de permanence de nuit ou lui présenter un brouillon pour qu'elle tape le télégramme.

Le rythme du Conseil de sécurité a été modifié lors de la présidence de Djibouti en 1993. Comme cela coïncidait avec le mois du Ramadan, il a été annoncé qu'il était hors de question de travailler l'après-midi. Depuis, le Conseil se réunit tous les matins à 10 heures. Nous n'étions plus condamnés à établir nos rapports de nuit, même si nous ne croisions toujours pas les New-Yorkais qui finissaient leur journée vers 18 heures et dînaient très tôt.

Une fois les négociations informelles achevées, la séance officielle avait lieu dans l'hémicycle du Conseil de sécurité surmonté par une étrange fresque symbolique d'un peintre norvégien qui avait été emprisonné par les nazis, Per Krohg, représentant un phénix renaissant de ses cendres qui incarnait le retour à la paix après un conflit. Les explications de vote préparées à l'avance étaient généralement fastidieuses. Il y avait peu de surprises à attendre, parfois un clash entre deux belligérants, le pays concerné étant invité à la table du Conseil. Peu d'art oratoire dans cette salle mythique. Un jour, un délégué dont c'était le tour de prendre la parole est sorti de sa torpeur pour se saisir du discours qui se trouvait devant lui et a commencé à le lire sans conviction, avant de se rendre compte que c'était celui de son voisin qui n'était pas du même bord que lui… On comprend que le discours de Dominique de Villepin, alors ministre des Affaires étrangères, contre la guerre en Irak en février 2003 – « Dans ce temple des Nations unies, nous sommes les gardiens d'un idéal, nous sommes les gardiens d'une conscience […]. C'est un vieux pays, la France, d'un vieux continent comme le mien, l'Europe, qui vous le dit aujourd'hui » – ait marqué les esprits et suscité, fait sans précédent, les applaudissements spontanés des délégués présents dans les tribunes. Il est inscrit à jamais dans les annales des Nations unies.

Les chefs d'État viennent souvent lors d'un anniversaire décennal de l'ONU. C'est ainsi que Jacques Chirac était présent en 1995 à l'occasion du cinquantième anniversaire de l'organisation. J'étais preneuse de notes lors des entretiens avec ses homologues du « reste du monde ». Le roi du Maroc Hassan II a toutefois préféré s'entretenir avec lui en tête à tête pour lui dire – entre autres – qu'il était tout à fait favorable au référendum prévu par l'ONU sur le statut du Sahara occidental sous réserve qu'il soit « confirmatif » (de son appartenance au Maroc). Le président Chirac commençait généralement par dire à ses interlocuteurs qu'il adorait leur pays et que les femmes y étaient très belles… Son énergie et son appétit étaient proverbiaux. Il exprimait le souhait, à chaque séjour à New York, de déjeuner dans un excellent *steak house* qui sert des pièces de bœuf de pas moins de huit cents grammes. Moins de deux heures plus tard, dans son avion en partance pour Paris, il dévorait un plat de charcuteries.

Nous travaillions à la Mission française en binôme. Un senior (moi) et un junior. Le premier, Bruno Foucher, a été ambassadeur au Tchad, en Iran puis au Liban, et le second, Jean-Pierre Lacroix, ancien ambassadeur en Suède, est aujourd'hui directeur du Département des opérations de maintien de la paix (DOMP) à l'ONU. Ce binôme était curieusement intitulé dans toutes les missions « le reste du monde », ce qui signifiait tout ce qui n'était pas l'Europe ou le Moyen-Orient, à l'exception du Sahara occidental – dossier qui aurait peut-être disparu s'il n'avait été confié aux Nations unies, et qui tombait dans notre escarcelle car il relevait de la problématique de décolonisation traitée en quatrième commission. J'avais appris le nom et la qualification de toutes les tribus. Mes dossiers couvraient donc l'Asie, l'Afrique et l'Amérique latine. J'ai dû suivre une dizaine d'opérations sur ces trois continents, qui allaient d'Haïti à l'ouest au Cambodge à l'est en passant par l'Afrique (Angola, Mozambique, Somalie, Rwanda).

Les résolutions avaient créé toute une série de comités des sanctions, confiés souvent en grande partie aux jeunes stagiaires de l'ENA, comme un certain Édouard Philippe, dont la marque de fabrique était déjà, outre l'intelligence vive, le sens de la dérision et un talent d'imitateur. Je me souviens du côté incongru d'un comité de sanctions sur Haïti. L'on s'y demandait comment élargir le régime des sanctions : à la famille restreinte ? aux cousins ? aux neveux ? au personnel domestique ? Nous étions aussi contraints à un minutieux travail de *delisting* (retrait des listes) en raison de nombreuses contestations dues aux homonymies. Il avait été décidé de réfléchir à des sanctions intelligentes (*smart sanctions*). On cherche encore…

Les opérations de maintien de la paix

Les résolutions étaient adoptées en un temps record, sans souci pour les questions budgétaires. Les dossiers africains sont bien arrivés au Conseil, comme l'avait souhaité Boutros Boutros-Ghali. La France s'enorgueillissait d'être le premier contributeur de troupes et a excipé de sa contribution et de son expertise pour diriger, depuis Kofi Annan jusqu'à aujourd'hui, le puissant et prestigieux DOMP qui régnait sur une centaine de milliers de Casques bleus et beaucoup plus de personnels civils. Les opérations de maintien de la paix ne figuraient pas dans la charte et correspondent à une réponse pragmatique aux crises dès 1948. Elles sont devenues un marqueur essentiel de l'action de l'ONU, ce qui a valu aux Casques bleus le prix Nobel de la paix en 1988.

L'Autorité provisoire des Nations unies au Cambodge (APRONUC) avait été un modèle du genre, avec une importante mission civile et militaire. C'était la première opération post-guerre froide qui avait au demeurant été négociée par les cinq membres permanents du Conseil de sécurité.

Les opérations en Angola et au Mozambique, où la décolonisation portugaise avait débouché sur un conflit par procuration entre les États-Unis et l'Union soviétique assistée de Cuba, étaient de facture classique. L'opération au Mozambique a été décidée et votée en moins d'une semaine. L'ONU a joué un rôle d'interposition en préparant et supervisant des élections libres et équitables. Le schéma était tellement semblable dans les deux pays lusophones que certains représentants ont mélangé les deux pays lors de négociations au Conseil. Ces opérations ont constitué un succès car elles étaient fondées sur un accord de paix, les autres intervenant dans des contextes plus flous.

L'opération en Somalie, en revanche, a fait couler beaucoup d'encre et a constitué un tournant aussi bien pour son lancement au nom du droit d'ingérence que pour son échec, qui a écarté à jamais les Américains d'une participation à une opération des Nations unies. Boutros-Ghali était venu lui-même devant le Conseil réuni en session informelle pour faire valoir que dans la mesure où l'État failli en Somalie n'était pas en mesure de protéger sa population, la communauté internationale était fondée à intervenir. Tout le monde garde en mémoire l'image de Bernard Kouchner sur la plage de Mogadiscio portant un sac de riz sur l'épaule. Mais ce sont les États-Unis avec George Bush qui, pour la première fois, ont décidé de jouer un rôle déterminant dans une opération minutieusement préparée et orchestrée sur le plan médiatique pour recueillir l'adhésion de la population américaine. CNN diffusait des reportages quotidiens sur les Somaliens faméliques. Les États-Unis, qui ont déployé quinze mille hommes, n'ont pas pour autant accepté d'être placés sous commandement onusien. Les forces de l'ONU ont été attaquées par une faction dirigée par le général en chef des rebelles Farrah Aïdid. En octobre 1993, une unité des forces spéciales américaines a lancé un raid pour le capturer, sans en informer l'ONU. Deux hélicoptères américains ont été abattus, dix-huit rangers ont été tués et l'un d'entre eux a été exhibé à moitié nu, traîné dans les rues de Mogadiscio par les rebelles. L'excellent film *La Chute du faucon noir* (*Black Hawk Down*) relate avec justesse cet épisode, qui a constitué un véritable traumatisme et mis fin à toute implication américaine dans une opération de maintien de la paix. L'opération intitulée « Restore Hope » (Restaurer l'espoir) avait complètement échoué.

Celle déployée en Haïti était originale en ce sens que son représentant spécial avait la double casquette de l'ONU et de l'Organisation des États américains. Les négociations de paix ont eu lieu en juillet 1993 dans la petite île des Gouverneurs au large de New York. Les États-Unis étaient en pointe sur ce dossier. Ils avaient accueilli un grand nombre de réfugiés haïtiens, des chauffeurs de taxi qui écoutaient alors la radio en langue créole et risquaient de nous tuer en fonçant en hiver sur la glace ou la neige à laquelle ils n'étaient guère habitués à Port-au-Prince. J'ai passé de nombreuses soirées de travail, présidées par Madeleine Albright, à mettre au point la résolution en mangeant des pizzas à peine tièdes et en buvant du Coca guère plus frais dans une salle de la mission américaine reconnaissable à ses fenêtres-meurtrières sur la Première Avenue face à l'entrée des Nations unies.

La tragédie du Rwanda

Le sujet reste douloureux, pour la France sans doute mais aussi pour les Nations unies. Quelques années plus tard, Madeleine Albright, alors secrétaire d'État, a confié à son homologue français, au terme d'une réunion ministérielle États-Unis/Union européenne présidée par la France, qu'elle avait aimé chaque moment de son mandat de représentante permanente à New York mais qu'elle gardait l'affaire du Rwanda sur la conscience. Je dois dire que je partageais ce malaise. Les Nations unies avaient failli, de même que les nations représentées au Conseil de sécurité, et son pays tout particulièrement. Les membres de la mission américaine, y compris le numéro deux, allaient jusqu'à dire dans les couloirs à qui voulait les entendre qu'il fallait partir tant qu'il était encore temps, même sans décision du Conseil. De manière inédite, Madeleine Albright s'est assise au dernier rang de sa délégation, refusant de siéger tant qu'elle n'obtiendrait pas de décision différente de Washington. Les juristes du département d'État interdisaient formellement d'utiliser le terme de *génocide* – pourtant adopté très rapidement par Israël en cette occurrence – qui, selon les termes de la convention de 1948 sur « la prévention et la répression du crime de génocide », les aurait contraints à intervenir. Il a fallu les témoignages bouleversants sur deux pages dans le *New York Times* du calvaire de Tutsi restés cachés plusieurs jours dans un plafond pour modifier leur position. Les Casques bleus belges, qui protégeaient la Première ministre rwandaise Agathe Uwilingiyimana, avaient été énucléés et assassinés dans des conditions effroyables. La délégation belge prônait aussi un départ sans délai. Les pays contributeurs de troupes, en large partie des pays en développement, se déclaraient, eux, prêts à rester.

Quelques mois auparavant, la France, qui voulait retirer le régiment Noroît déployé à l'origine en vue de l'évacuation des ressortissants français du Rwanda, avait favorisé les accords d'Arusha en août 1993 et décidé de mettre en place une première opération, la Mission d'observation des Nations unies en Ouganda et au Rwanda (MONUOR) visant à empêcher le transfert d'armes en provenance de l'Ouganda où se trouvait le Front patriotique rwandais (FPR), l'ennemi anglophone des autorités de Kigali soutenues par la France. Difficile d'imaginer combien la dimension linguistique a pesé, comme si l'on rejouait Fachoda… J'avais préparé cette résolution avec l'ambassadeur du Rwanda dont le pays venait d'être élu au Conseil. Une deuxième mission de maintien de la paix, la Mission des Nations unies pour l'assistance au Rwanda (MINUAR), a été mise en place en octobre 1993 pour veiller à la mise en œuvre des accords signés à Arusha. Le général canadien Roméo Dallaire a été choisi pour la commander. Des militaires français sont venus de Paris pour l'informer d'une situation qu'il ignorait totalement, sachant qu'il ne pouvait y avoir de contingent français dans cette mission car nous ne pouvions être considérés comme neutres.

Le 7 avril 1994, alors que nous étions dans la salle des consultations informelles, une dépêche AFP tombe annonçant l'assassinat du président Habyarimana. Stupeur, même si la plupart des représentants ne connaissaient rien au dossier. Le premier réflexe de l'ambassadeur a été de me demander de prévenir son homologue rwandais. C'était un Hutu proche du président défunt, et il avait déjà disparu. Personne ne l'a jamais revu aux Nations unies. Le génocide, qui fera plus de huit cent mille morts, a aussitôt commencé. L'opération Amaryllis déclenchée par la France a arrêté les massacres pendant le temps de l'évacuation des ressortissants étrangers. Les Tutsi pensaient que les Nations unies venaient à leur secours. Le lendemain, le génocide a repris. L'horreur de ce qui s'est passé pendant deux mois, où des bras et des jambes étaient coupés à la machette, des femmes violées en masse, est parfaitement retranscrite dans les livres de Jean Hatzfeld, du point de vue des victimes comme de celui des bourreaux[1].

Les jours précédents, je recevais des représentants des Tutsi et des Hutu modérés qui s'inquiétaient de la détérioration de l'atmosphère. Des armes avaient été distribuées aux carrefours aux milices Interahamwe. Les ONG me disaient avoir commandé un surplus de tentes et de médicaments car elles pensaient que des massacres comme il y en avait déjà eu dans ce pays se préparaient. Personne n'imaginait cependant que cela prendrait une telle ampleur.

Boutros-Ghali était à Genève. Son rapport contenait comme à l'accoutumée trois options : le retrait complet, le renforcement sensible de l'opération et une option intermédiaire qui consistait à maintenir une mission de deux cents personnes repliées en Ouganda le temps que les choses s'apaisent. Après un week-end d'hésitations américaines, cette dernière option a été retenue. La résolution a été votée à deux heures du matin à la demande expresse du général Dallaire, pour que ses hommes traumatisés et effrayés puissent quitter le pays le plus rapidement possible, sans perdre un jour de plus en raison du décalage horaire. Lui-même, qui a écrit le récit de sa mission dans un livre instructif – *J'ai serré la main du diable* – sur les

1. Jean Hatzfeld, *Dans le nu de la vie*, Seuil, 2000 ; Points, 2005 ; et *Une saison de machettes*, Seuil, 2003 ; Points, 2021.

dysfonctionnements de l'ONU, et terrifiant sur les atrocités commises, a fait une dépression et ne s'en est jamais remis. Il raconte comment un jour, son convoi blindé a roulé sur ce qui leur semblait être des tissus. C'étaient des corps.

La question des responsabilités s'est posée très vite. Il était sans doute possible pour des Casques bleus armés et déterminés d'empêcher des massacres commis à l'aide de machettes. Qui aurait dû prendre la décision ? Le général commandant l'opération sur le terrain ? Le directeur des opérations de maintien de la paix ? Que pouvait faire le Conseil de sécurité ? Je me souviens parfaitement du jour où le conseiller juridique de l'ONU, Hans Corell, est venu devant le Conseil pour certifier que la légitime défense s'entendait aussi comme celle du mandat de la mission. Autrement dit, les Casques bleus auraient pu utiliser leurs armes. Cet effet de sidération et cet échec tragique continueront de hanter les Nations unies et inciteront à définir les années suivantes des règles d'engagement plus robustes.

En juillet 1994, Paris a décidé de monter une opération humanitaire pour mettre fin au génocide. Étions-nous les mieux placés pour cela ? J'en doutais, compte tenu de notre proximité passée avec les forces armées hutu, mais aucun autre pays n'était disposé à intervenir. Certaines délégations nous soupçonnaient de vouloir arrêter la progression du FPR. Les grandes ONG que je rencontrais étaient divisées. J'ai négocié l'opération Turquoise, convaincue qu'il s'agissait d'une opération humanitaire telle qu'elle avait été défendue par Matignon. Les autres membres du Conseil de sécurité se sont montrés assez coopératifs. Le Premier ministre Édouard Balladur était d'ailleurs venu présenter nos intentions au Conseil de sécurité. Nous avons finalement obtenu une majorité de dix voix sur quinze. La majorité était normalement à neuf, mais nous n'étions plus que quatorze en raison de l'évaporation de la délégation rwandaise.

Deux autres dossiers occupaient quasi quotidiennement le Conseil. Ils n'entraient pas dans ma corbeille mais je suivais les débats par intermittence si le point passait avant un sujet qui me concernait. C'étaient le dossier « Pétrole contre nourriture » visant à alléger le système de sanctions pour la population irakienne, qui a valu ultérieurement une inculpation pour bénéfices personnels à deux ambassadeurs de France ; et la Bosnie. Le massacre de Srebrenica, zone protégée par l'ONU qui a vu en juillet 1995 huit mille hommes exterminés par des Serbes, et les rapports quotidiens sur les viols massifs utilisés comme armes de guerre en Bosnie révèlent l'impuissance de l'ONU qui a été à la mesure de ses ambitions. Le temps aura été extrêmement court entre les deux. L'irruption de la tragédie a tué le grand rêve bleu.

Les Français – et les Occidentaux de manière générale – se sont retirés des opérations de maintien de la paix, dont les contributeurs de troupes sont de plus en plus des pays principalement en quête de devises.

La vie en Onusie

Pendant ces années, nous avons vécu dans un quartier de haute sécurité en Onusie, dotée d'une langue particulière, le *broken english*, le jargon de ses résolutions, plutôt qu'aux États-Unis. C'était un monde en soi. Autant le palais de verre sur l'East River conservait ses immuables beauté et modernité, avec les touches de couleur des drapeaux, autant à l'intérieur, tout était démodé et délabré. On pourrait toujours voir Cary Grant y courir dans *La Mort aux trousses*. Les salles étaient vétustes ; le salon des délégués, *vintage* ; les cadeaux des dirigeants étrangers, plus clinquants qu'esthétiques, posés au petit bonheur la chance. Le bureau du secrétaire général, au trente-huitième étage, ne valait pas mieux. Le risque d'incendie ou d'inondation avait été signalé par les pompiers de New York.

Nous parcourions chaque jour d'un pas rapide le chemin entre la Mission française, sur la 47e Rue, et l'entrée des Nations unies sur la 44e Rue. Parfois, je partais avec l'ambassadeur dans sa voiture, blindée depuis la première guerre du Golfe, dont je ne parvenais pas à ouvrir les portières trop lourdes.

New York, New York !

J'aimais cette ville pour sa démesure et sa vitalité. Vivre à Manhattan est un privilège envié au Quai d'Orsay en dépit d'un travail chronophage. J'étais grisée par le sentiment d'appartenance à New York, où je me sentais de plus en plus ancrée et où je vivais intensément le retour des saisons. Je fredonnais souvent la chanson culte de Barbra Streisand : « *I am in a New York State of mind* ». J'ai toujours trouvé exaltant d'être pleinement chez moi, dans deux maisons sur des continents différents. C'est la compensation du déracinement et de l'éloignement qui sont l'essence de notre métier.

J'ai habité différents endroits : de la 47e Rue, dans un meublé un peu sinistre d'un quartier de bureaux mort pendant le week-end, au quartier indien sur la 10e, avant de trouver un appartement dans la tour Trump Plaza reconnaissable à ses balcons circulaires en cuivre. La recherche avait pris plusieurs mois après bien des déconvenues.

De nombreux immeubles étaient *interdits aux chiens et aux diplomates*, de peur que ces derniers partent sans payer leur loyer du fait de l'immunité diplomatique. J'ai dû défendre mon cas devant un *board* de vieux messieurs – ou qui me paraissaient tels. J'habitais au vingt-neuvième étage, la grande baie vitrée offrant la vue sur les somptueux levers de soleil sur l'East River et Roosevelt Island. Vers le sud, le sommet du Chrysler étincelait la nuit. Je faisais mes courses chez Bloomie's, Bloomingdale's, le magasin chic de l'Upper East Side. J'ai plus tard déménagé dans une *brownstone* située entre l'élégante Madison Avenue et la plus populaire Lexington Avenue. Le dimanche, je faisais d'interminables promenades au milieu des joggers à Central Park, jusqu'au réservoir, avec en arrière-fond la célèbre *skyline* des films de Woody Allen.

J'aime les quatre saisons de New York. L'été, l'on se réfugie dans le froid polaire des magasins pour se reposer de la chaleur moite des rues. Surtout, c'est le moment de prendre le Hampton Jitney pour aller manger du crabe ou du homard dans une auberge au bord des plages de Long Island en admirant les ravissantes maisons à bardeaux blancs qui évoquent *Gatsby le Magnifique*. Tout y est luxe, calme et volupté. J'allais parfois jusqu'au fort de Montauk. L'automne est somptueux. C'est la glorieuse saison des feuilles, avec un paysage à couper le souffle le long de l'Hudson River dont le bleu intense se confond avec celui du ciel, où se découpent les arbres aux feuilles d'or et les érables rouges comme nulle part ailleurs en raison des amplitudes nocturnes. L'hiver, j'aime le vent glacial qui s'engouffre dans les rues. J'ai adoré les deux jours de blizzard qui ont fait de New York une ville silencieuse où les New-Yorkais glissaient sur leurs skis de fond. La ville était aussi presque entièrement paralysée par seulement quelques flocons de neige, les avions ne volaient plus, le *shuttle* pour Washington s'arrêtait, les banques et les écoles fermaient et les trottoirs étaient recouverts de sels roses et bleu clair, en raison – nous disait-on – de la pénurie de sel « normal ». L'atmosphère de Noël était féerique, les arbres décorés de petites lumières bien avant qu'on ne le fasse à Paris. Les sapins en vente sur les trottoirs, coupés dans les forêts proches, étaient odorants. Au printemps ? Central Park se couvrait de fleurs multicolores.

Je suis arrivée les derniers mois de la présidence de George Bush senior. J'ai suivi le débat où s'est immiscé le troisième candidat, le milliardaire Ross Perot. Puis ce furent les années Clinton, celles d'une Amérique prospère, sûre d'elle-même mais aimable. Le maire de New York, Rudolph Giuliani, avait rétabli l'ordre et la sécurité. Des policiers à la carrure impressionnante patrouillaient nuit et jour à pied ou en voiture. Des quartiers autrefois inaccessibles et dont la simple évocation suscitait la peur, Alphabet City, le Meatpacking District ou Harlem, se *gentrifiaient*. Le dimanche, j'allais écouter des gospels à l'Abyssinian Baptist Church de Harlem avant d'aller manger de la *soul food*, la nourriture de l'âme du sud des États-Unis, chez Sylvia's. Les nombreuses épiceries coréennes ouvertes toute la nuit étaient des points de lumière et d'animation. Je rentrais à pied de la mission en toute quiétude, même après minuit.

Le 26 février 1993, un attentat terroriste contre les tours jumelles commis par Omar Abdel Rahman, surnommé le « cheik aveugle », inspiré par Al-Qaïda a fait six morts et un millier de blessés. Un de mes amis habitait dans ce quartier. Un choc sur le moment, mais cela a vite été effacé des mémoires. New York n'était pas encore entré dans l'ère du terrorisme. Ce fut en réalité la répétition générale du 11-Septembre.

Que d'adrénaline, de passions et d'espoir, mais aussi de frustrations dans la capitale mondiale de la diplomatie pendant ces années dominées par les multiples conflits et les négociations de résolutions du Conseil de sécurité pour y mettre fin ! Que de bonheur à vivre dans cette ville grisante et à se sentir pour un temps pleinement new-yorkaise !

Le temps du retour à Paris est arrivé en mai 1996, et j'allais passer de la diplomatie onusienne à la diplomatie européenne, du drapeau azur orné du globe terrestre entouré d'un rameau d'olivier au drapeau bleu aux étoiles d'or des douze apôtres.

Chapitre 7

LE TRAIN DES EUROCRATES

Paris (1996-2002) - Bruxelles (2002-2005)

Pendant près de dix ans, du printemps 1996 à l'automne 2005, je monterai plusieurs fois par mois dans le train des Eurocrates entre Paris-Gare du Nord et Bruxelles-Midi.

Lorsque j'ai pris mes fonctions comme chef du service de la Politique étrangère et de sécurité commune (PESC) et correspondante européenne, la coopération politique, ancêtre de la PESC créée par le traité de Maastricht en 1992, avait permis une harmonisation minimale des positions diplomatiques des Quinze, mais le cœur du réacteur était le secteur communautaire, le marché commun, dans lequel la toute-puissante Commission européenne détenait la prérogative des initiatives. Les questions de politique étrangère gérée dans un cadre intergouvernemental requéraient l'unanimité. La Communauté européenne avait fait son entrée en scène sur ces questions de politique internationale avec la déclaration de Venise en juin 1980 sur le conflit israélo-palestinien.

Chaque mois, j'accompagnais à Bruxelles le directeur politique au comité politique, instance de préparation des conclusions de politique étrangère du Conseil des ministres des Affaires étrangères, ainsi que celles des Conseils européens réunissant en fin de présidence les chefs d'État et de gouvernement. C'était une activité incessante aussi bien dans les capitales qu'au Justus Lipsius, immeuble baptisé du nom d'un philologue et humaniste originaire des Pays-Bas espagnols, qui au sein du quartier Schuman abritait les délégations et les réunions.

La présidence tournante détenait encore un rôle déterminant. Elle définissait un agenda semestriel et présidait les réunions du Conseil. J'ai géré la politique étrangère et de sécurité commune pendant la présidence française du deuxième semestre 2002, avec une équipe renforcée pour la circonstance. Mon service avait également préparé la révision des dispositions concernant la politique étrangère et de sécurité, qui s'étaient renforcées au fil des traités d'Amsterdam en juin 1997, puis de Nice en décembre 2000. Il était alors plus facile de garder les avancées en mémoire, car les documents portaient le nom de la ville dans laquelle elles avaient été agréées. Le Conseil européen de Nice en décembre 1999, qui devait préparer l'Union européenne à l'élargissement aux pays de l'Est – notamment en révisant le système de pondération des voix par pays –, a été une véritable foire d'empoigne. Par ailleurs, le président Chirac, pour convaincre la Belgique d'accepter un nombre de voix inférieur à celui des Pays-Bas, avait eu l'idée de lui proposer que tous les Conseils européens se réunissent désormais au siège des institutions à Bruxelles. Le Premier ministre belge n'avait pas cédé, ce qui ne l'a pas empêché de demander ultérieurement que ce dispositif s'applique. Fini les Conseils européens – couleur locale – à Madrid, Cardiff ou Porto, qui étaient très courus et où régnait une grande effervescence. Ces villes qui accueillaient ces sommets européens étaient fières d'attirer pendant quelques jours l'attention internationale en dépit des contraintes en termes de circulation urbaine. À Bruxelles, seul le noyau indispensable des fonctionnaires y participait. Les coûts en étaient certes réduits, mais cela a conduit à une bureaucratisation renforcée et à un désintérêt des opinions publiques.

Chaque semestre s'opérait un changement de culture qui illustrait la devise de l'Union européenne : « Unis dans la diversité ». Je regrette la fin de ce nomadisme qui permettait une meilleure connaissance et compréhension des partenaires. Les réunions informelles des ministres, baptisées *Gymnich* du nom du premier château en Allemagne où a eu lieu ce type d'exercice, se déroulaient à huis clos. Elles offraient un moment de réflexion hors des urgences habituelles. Les délégations étaient réduites à trois personnes. Les ministres siégeaient seuls, mais le correspondant européen de la présidence, discret preneur de notes, informait ensuite ses homologues. Ainsi, les ministres se sentaient plus libres d'échanger qu'en présence de grandes délégations. Il n'y avait pas non plus de déperdition d'information ou de querelle d'interprétation rendant le suivi impossible, ce qui se produisait souvent lorsque les ministres étaient vraiment seuls. Hubert Védrine, ministre des Affaires étrangères, me rendant compte un jour des discussions, s'est étonné que j'en sois informée. Le nombre de ces rencontres européennes donnant un accès rare au ministre me permettait de véritables échanges. C'était agréable avec Hubert Védrine, dont les idées étaient très structurées et arrêtées mais qui acceptait néanmoins la contradiction et se prêtait au débat. Fin août 1999, la présidence finlandaise nous a accueillis tout au nord de la Laponie, au cœur d'un paysage de végétation rase de couleur rouge et or et d'arbustes nains au bord d'un lac bleu, dans un air d'une rare pureté qui nous a redonné du tonus après un long vol et un embarquement bien trop matinal à l'aéroport de Villacoublay d'où décollent les avions gouvernementaux. Nous avons logé dans des chalets traditionnels en bois équipés de sauna. Changement de décor avec la présidence portugaise : le ministre Jaime Gama a tenu à recevoir ses homologues aux Açores dont il était originaire. Nous sommes arrivés à São Miguel, l'île principale au milieu de l'Atlantique, battue par les vents, avec de petites maisons blanches liserées de gris très graphiques dans un paysage volcanique. Dîner traditionnel, d'une sorte de pot-au-feu cuit par la lave brûlante directement dans le sol. J'ai d'autres souvenirs de ces déplacements : l'impressionnante et austère forteresse de Cáceres en Estrémadure, à l'époque de la migration des cigognes. Je me souviens aussi de notre excitation lorsque nous avons échangé entre correspondants européens, dans un parador castillan, nos échantillons de pièces d'euro qui, contrairement aux billets aseptisés, étaient frappées sur une face des symboles nationaux. Chaque pays recherchait le lieu le plus emblématique ou le plus original. La France a organisé les différents événements ponctuant la présidence à Évian, Biarritz et Nice. La réunion du comité politique s'est tenue au château de Chantilly. Les quatorze autres directeurs politiques ont été accueillis dans la cour au son des cors de chasse, et le dîner s'est déroulé dans la salle des portraits, sous le regard attentif du prince des diplomates : Talleyrand. Et – petit clin d'œil – j'avais moi-même présidé la réunion des correspondants européens dans la Maison de Sylvie, au milieu du parc.

Les débuts d'une politique étrangère européenne

La réforme actée au Conseil européen d'Amsterdam en 1997 a permis de donner un nom et un visage à l'Union européenne pour répondre à la boutade d'Henry Kissinger : « L'Europe, quel numéro de téléphone ? » Ce serait désormais celui de l'Espagnol Javier Solana, ancien secrétaire général de l'OTAN devenu haut représentant pour la politique étrangère et de sécurité commune. « Monsieur PESC », comme il avait été surnommé pendant le temps des négociations par des collègues qui tournaient en dérision les projets européens. Promouvant ce poste, j'avais moi-même été surnommée au ministère « Madame PESC ». Le dernier pays réticent à la création de cette fonction était l'Espagne. Or, dès la signature du traité d'Amsterdam, Madrid a proposé la candidature de l'ancien Premier ministre Felipe González. Le titre retenu visait à éviter une confusion ou concurrence avec des ministres nationaux des Affaires étrangères. Européens, mais pas trop… L'idée aussi était de ne pas confier ce poste à un ressortissant allemand, britannique ou français pour ne pas accentuer la prééminence des grands pays. Javier Solana était, de par ses anciennes fonctions comme ministre des Affaires étrangères espagnol et secrétaire général de l'OTAN, le candidat le plus légitime. Il a véritablement incarné la fonction et a été un médiateur efficace, notamment dans les Balkans. Une équipée resserrée et très performante a constitué l'amorce d'un service diplomatique européen. Solana avait une forte personnalité non dénuée de charisme, même si son lourd accent espagnol en anglais comme en français – qu'il parlait parfaitement – le rendait parfois difficile à comprendre. Il avait un pouvoir d'attraction auprès des jeunes ayant foi en l'avenir de l'Europe et désireux de travailler pour lui.

Javier Solana a donné une véritable impulsion à la politique étrangère et a fortement contribué à la mise en place de la défense européenne. L'aventure avait commencé en 1998 à Saint-Malo, avec des négociations franco-britanniques conduite du côté français par Gérard Errera, grand diplomate et excellent négociateur. Son caractère impatient et exigeant terrorisait parfois certains agents, mais lorsqu'on avait sa confiance, il était instructif et plaisant de travailler avec lui, d'autant qu'il avait un sens de l'humour prononcé. Le compromis de Saint-Malo était, comme souhaité par la France, la possibilité d'organiser des opérations autonomes tout en ne dupliquant pas l'OTAN, obsession des Britanniques. Les débuts ont permis de fixer un horizon avec l'objectif d'un déploiement de soixante mille soldats et de mettre en place les premières institutions militaires dans un environnement où l'on traitait habituellement de pêche, d'agriculture ou de télécommunications, qui avaient fait de l'Union européenne ce géant économique mais ce nain politique.

Le conflit israélo-palestinien est resté pendant des années le cœur de l'activité avant tout déclaratoire de l'Union européenne, avec des textes discutés durant des heures mais bien souvent dilués en raison des divisions entre États membres, en particulier du fait de la difficulté allemande à adopter des textes critiques à l'encontre d'Israël, y compris sur la colonisation. Les Israéliens, suspectant un biais propalestinien des Européens, étaient très attentifs à nos travaux, et ayant contribué à la mise en place du système de télégrammes chiffrés COREU[1], ils ont été

1. Correspondance européenne.

soupçonnés de capter des informations sur nos débats. Ce n'est pas impossible, mais il est beaucoup plus probable que les fuites régulières soient venues de l'un ou l'autre État membre. Une réflexion a été engagée pour briser le tabou de l'unanimité qui condamnait l'Union européenne au plus petit dénominateur commun pour passer au vote à la majorité qualifiée. J'y étais favorable, car il avantage les pays qui, comme la France, ont une vraie diplomatie. Cela oblige certes à plus de concertation et de travail de conviction en amont : de la diplomatie, en somme, pour faire émerger des majorités, et au pire, si nos intérêts sont menacés, pour constituer avec d'autres partenaires une minorité de blocage. Nos autorités à Paris et à Londres, craignant l'isolement, étaient vent debout. Mais Berlin y était favorable, exemple pris de sa position à l'égard d'Israël qui attendait rien moins qu'un veto de Berlin sur toute déclaration critique. La possibilité de voter à la majorité qualifiée redonnerait une certaine souplesse et surtout permettrait d'aboutir à des résultats.

Le retour des Balkans

La grande affaire des Européens restait cependant les soubresauts de l'ex-Yougoslavie qui n'en finissaient plus. La crise du Kosovo avait remplacé celle de la Bosnie, plus ou moins réglée après la signature des accords de Dayton en décembre 1995. Cette nouvelle crise a été très violente entre mars 1998 et juin 1999. La gestion de ce dossier par les Occidentaux, qui se sont affranchis d'un aval du Conseil de sécurité des Nations unies en décidant une campagne de frappes aériennes contre la Serbie pour la convaincre, après l'échec de la réunion de Rambouillet entre les parties, d'accepter un déploiement de l'OTAN, aura des conséquences à long terme, notamment dans les relations avec la Russie. Les bombardements, prévus pour quelques jours, ont duré trois mois. Ceux visant la radio et la télévision serbes et l'ambassade de Chine – pour cette dernière, semble-t-il, aussi invraisemblable que cela paraisse, sur la base d'une carte erronée de l'OTAN – et ayant provoqué des victimes civiles sont restés dans les mémoires. Furieux de ne pas être parvenus à peser sur la situation, les Russes ont mené une opération-surprise pour investir l'aéroport de Pristina en mai 1999 avant l'arrivée des autres contingents. Les relations sur le terrain se sont améliorées par la suite, mais la rancœur ne s'est pas effacée.

J'ai eu la chance de faire une mission sur le terrain en avril 2002. Le colonel Christian Baptiste, chargé de la communication à l'état-major des armées, avait proposé de m'emmener voir comment les résolutions négociées à New York ou à Bruxelles par les diplomates étaient mises en œuvre sur les théâtres d'opération par les militaires. Nous avons volé pendant cinq heures dans un vieil avion de transport de troupes, le Transall. La première étape était la ville de Mitrovica gérée par le contingent français. Les tensions ethniques étaient fortes entre la zone serbe au nord, où vivaient également des Roms, et le quartier kosovar au sud, séparés par le pont sur l'Ibar. Les persécutions sur une base ethnique existaient des deux côtés. Le quartier kosovar avait été entièrement épuré des populations serbes et roms. Des tirs ont été entendus le 8 avril. Nos accompagnateurs ont par prudence différé la patrouille à laquelle nous devions nous joindre. Le lendemain, nous avons pris le train dit « multiethnique », concentré de misères et de tristesse. C'était le début du printemps. La neige fondait et le terrain était très boueux. Nous avons visité des villages et des écoles. Je me souviens d'un sous-officier bourru mais généreux qui s'efforçait d'améliorer le sort des populations et de créer des accès pour des hameaux isolés. Rendez-vous avait été pris également au QG du général Marcel Valentin, commandant français de la KFOR (Force pour le Kosovo), qui m'a demandé où ils m'avaient conduite car mes chaussures et le bas de mon pantalon étaient encore couverts de boue alors que les militaires avaient trouvé le temps de cirer impeccablement leurs rangers. Il m'a surtout vanté les mérites de l'OTAN alors que je lui expliquais nos intentions concernant le développement de la défense européenne, en commençant par une opération restreinte en Macédoine où je m'étais rendue peu de temps auparavant. Il a exprimé de forts doutes. Lors du dîner avec le contingent français, les soldats m'ont raconté leurs journées, exprimant parfois des frustrations : ils disaient avoir choisi l'armée pour faire la guerre et non pour faire traverser des vieilles dames dans une opération de maintien de la paix. Leurs propos ont été quelque peu recadrés par leurs officiers… Le soir, j'ai fait une reconnaissance avec un très jeune pilote dans un avion Gazelle équipé de jumelles de vision nocturne. J'ai surtout aperçu des lapins… Le lendemain, nous avons pris la route pour Pristina, la capitale. Les paysages traversés étaient désolés mais surtout ingrats et sales, les maisons neuves ressemblaient à des carcasses sans porte ni fenêtre – dont l'absence permettait d'éviter des taxes. Le sol et les arbres étaient recouverts de bouteilles ou de sacs en plastique et autres déchets. Nous avons logé dans le grand hôtel cinq étoiles du centre. J'ai fait couler un bain. L'eau s'est infiltrée sous la baignoire, charriant des morceaux de terre et des miettes de carrelage, pour se répandre sur la moquette élimée de la chambre. Après un dîner au siège de l'OTAN, nous avons découvert que notre autocar avait été fracturé et que nos gilets pare-balles avaient été volés, et cela dans un bus marqué du sigle *OTAN*.

Les Américains s'intéressent de près à l'Union européenne

Les États-Unis tentaient souvent d'influencer les positions des Européens *via* les Britanniques. Ils avaient l'habitude d'envoyer aux délégations, avant chaque réunion de travail, des *talking points* – des éléments de langage qui prenaient quasiment la forme d'instructions. Chaque année, un sommet qui avait lieu alternativement à Washington et en Europe dressait un bilan de la coopération. C'est aussi dans les années 1998-1999 qu'a été découvert le réseau américain d'espionnage Échelon, auquel a été associé le Royaume-Uni, qui interceptait les communications des États membres et des institutions européennes. Je suis arrivée un jour dans les bureaux de la délégation française à Bruxelles alors qu'une équipe de la DGSE était en train de soulever le plancher pour arracher les fils et les micros. Cela a suscité un grand scandale, puis un rapport détaillé du Parlement européen. Après, comme toujours, on oublie vite… jusqu'au prochain scandale, qui nous surprend de la même manière.

11 septembre 2001 : attentat contre les tours jumelles. Le directeur politique nous a invités à regarder la télévision dans son bureau. Avant de percevoir l'ampleur et la monstruosité du crime qui frappait une ville où j'avais tant aimé vivre, j'ai cru que c'était une répétition de l'attentat de 1993. Puis j'ai écrit à mes amis américains pour les assurer de ma compassion et de ma solidarité, disant qu'en ces jours tragiques, j'étais new-yorkaise. À l'Élysée

et au Quai d'Orsay, l'on discutait de la réponse à apporter. Les membres de l'Alliance atlantique ont activé, sur suggestion de la France, pour la première fois l'article 5 sur la défense collective. C'était un événement historique, de ceux dont on dit qu'il y a un avant et un après. L'après, ce fut la guerre totale contre le terrorisme et l'invasion sans motif de l'Irak. Les historiens dateront-ils de là le début du XXIe siècle ? J'ai entendu bien des fois mes collègues allemands s'interroger sur l'événement le plus marquant : le 11/9 ou le 9/11 (chute du mur de Berlin) ? Les États-Unis ont perdu leur innocence et la certitude d'être à l'abri des malheurs du monde. Lors de la semaine ministérielle de l'Assemblée générale décalée au mois de novembre, où j'accompagnais Hubert Védrine, j'ai voulu me rendre à Ground Zero, dont l'odeur funèbre de cendre subsistait, pour faire le deuil de ces tours que j'admirais tous les soirs d'un bureau de la Mission française.

J'ai accompagné quelques jours plus tard le directeur politique à Washington afin d'afficher la pleine solidarité de la France, de leur demander quelle riposte ils envisageaient et ce qu'ils attendaient de la France et des alliés. Son homologue américain a lâché que s'il avait su que tous les Européens viendraient à tour de rôle, ils auraient organisé un G7 pour ne pas perdre de temps. Il a aussi indiqué clairement à cette occasion que l'Europe allait perdre son importance stratégique pour les États-Unis, qui allaient se concentrer sur la zone Asie-Pacifique. C'était la première fois que j'entendais une telle position. Sortant tout juste des « guerres de Madeleine Albright » dans les Balkans, au nom de la « nation indispensable », nous avions de la peine à le croire.

L'Union européenne et l'Asie

D'autres sommets importants des chefs d'État et de gouvernement avaient été organisés sous présidence française, dont celui avec la Corée du Sud. En octobre 2000, le président Chirac, que j'accompagnais en tant que président de l'Union européenne, était arrivé vingt-quatre heures plus tôt que ses collègues à Séoul pour un sommet bilatéral avec son homologue à qui il avait promis de ne pas établir de relations diplomatiques avec Pyongyang. Et là – coup de théâtre –, nous apprenons par une dépêche que Tony Blair, avant de prendre son avion pour Séoul, avait, sans en faire part à la présidence, reconnu le régime nord-coréen, suivi dans la foulée par la grande majorité des Européens. Après mûres réflexions et échanges téléphoniques frénétiques avec le Quai d'Orsay, il a été jugé impossible pour la France de suivre le mouvement dès lors qu'une promesse contraire venait d'être faite à l'hôte sud-coréen. Quelque temps après, un vice-ministre nord-coréen invité à Paris s'est montré tellement désagréable et agressif, en particulier pendant le déjeuner offert par le secrétaire général du Quai d'Orsay, qu'il est rentré dans son pays sans peut-être se douter qu'il avait raté une nouvelle occasion d'établir des relations diplomatiques. La France a mis des années ensuite à ouvrir une représentation à Pyongyang. Les décisions tiennent parfois à peu de chose.

L'étape suivante du voyage était Pékin. L'avion s'est d'abord arrêté à Yangzhou, ville natale de Jiang Zemin, au nord de Shanghai. Fait rare dans le système chinois qui ne cultive pas les relations personnelles, le président chinois avait rendu l'invitation du président français dans son château de Bity en Corrèze, l'année précédente, où

Jiang Zemin avait fait sensation en invitant Bernadette Chirac à danser. La délégation est remontée sur Pékin. Je me souviens de deux faits marquants lors de l'entretien officiel de Jacques Chirac en tant que président de l'Union européenne. Le premier, anecdotique, est que sous une pluie diluvienne qui a duré toute la journée, le président chinois a lu imperturbablement le discours préparé félicitant son homologue d'avoir choisi pour sa visite l'automne, qui était la saison la plus belle et la plus ensoleillée à Pékin. Le second point de fond qui m'avait frappée était, à la veille de la mise en service de l'euro, la profession de foi chinoise dans l'Europe et dans la monnaie européenne. La Chine y croyait et la soutiendrait. Discours tout en contrastes avec celui des Américains, dont les émissaires se pressaient à Paris et dans d'autres capitales européennes pour affirmer que l'euro n'avait aucune chance et n'existerait plus d'ici dix ans. Il est vrai que pour les Chinois, la Communauté puis l'Union européenne constituaient une alliance de revers tour à tour contre l'URSS et les États-Unis. Une Europe forte et une monnaie concurrente du dollar étaient dans l'intérêt de Pékin. Cette perception ne s'est jamais démentie.

Premier poste d'ambassadeur

Après un travail intense pendant près de six ans pour donner corps à la PESC, à envoyer des instructions au représentant du nouveau COPSI (Comité politique et de sécurité intérimaire) devenu COPS, créé par le traité de Nice, il était logique de passer de l'autre côté de la barrière. J'ai donc été nommée ambassadeur et représentante permanente de la France au COPS.

J'étais fière de cette mission, qui s'inscrivait dans la continuité de mes fonctions précédentes et me permettait d'expérimenter les institutions que nous avions créées. Ma conviction que l'Union européenne constitue vraiment un démultiplicateur de puissance s'est renforcée. Le reproche est souvent fait à notre pays de chercher à faire de l'Europe une grande France mais, en réalité, elle sert les intérêts de tous les États, du plus grand au plus petit, en renforçant leur capacité d'influence dans le monde face à des défis qu'ils ne pourraient résoudre seuls. Après ces années qui avaient consolidé l'Union européenne comme première puissance économique mondiale, le moment était venu de lui donner un bras armé.

La mise en place du COPS répondait à la nécessité d'un comité décisionnel permanent, sur le modèle du Conseil de sécurité des Nations unies pour les questions de sécurité et de défense, qui n'étaient pas auparavant au cœur de l'action européenne. Contrairement aux Nations unies où c'est le secrétariat qui fournit – clés en main – au Conseil de sécurité les modalités d'une opération, le COPS décidait lui-même les concepts et plans d'opérations militaires.

L'activité diplomatique déclaratoire et la rédaction des conclusions des Conseils et Conseils européens s'est poursuivie, mais le plus novateur et enthousiasmant était la création presque *ex nihilo* de la Politique européenne de sécurité et de défense (PESD). La France avait fait le choix, afin d'insuffler un esprit européen, de mettre en place auprès de l'ambassadeur au COPS une importante mission militaire distincte de celle placée auprès de son homologue français à l'OTAN. Elle était composée d'une quinzaine d'officiers et de sous-officiers.

Les nouvelles institutions militaires s'installaient et créaient une véritable révolution culturelle : l'état-major auprès du secrétariat du Conseil, et le comité militaire où siégeaient les attachés de défense. Le premier président de l'état-major était finlandais ; le deuxième, le général Perruche, français. Avait été donné instruction de venir en uniforme pour illustrer cette dimension militaire naissante. Des Conseils des ministres de la Défense allaient de plus en plus se réunir de façon autonome. Un centre de situation dirigé par le Britannique William Shapcott serait un réceptacle du renseignement, surtout fourni par les services parisiens et londoniens, indispensable pour connaître le contexte de sécurité avant le lancement d'une intervention. Une agence de défense était chargée de développer des projets industriels communs, mais les Britanniques ont toujours veillé à en limiter le budget. Enfin, le centre satellitaire de Torrejón en Espagne fournissait des images des théâtres d'opération.

Très rapidement est intervenue une négociation avec l'Alliance atlantique, en particulier concernant l'utilisation des moyens collectifs de l'OTAN – condition *sine qua non*, autant politique que militaire pour la majorité des États membres de l'Union européenne qui restaient très atlantistes –, au démarrage des activités de l'Union européenne. La crainte d'un découplage avec l'Alliance atlantique a dominé les débats. Les Britanniques étaient plus que vigilants sur ce point.

Chaque mission européenne a suscité des interrogations mais chaque réalisation a fourni une légitimité pour la suivante. Le premier test a été, en janvier 2003, l'opération Concordia dans l'Ancienne République yougoslave de Macédoine (ARYM), pour préserver la stabilité après les accords d'Ohrid entre les autorités macédoniennes et les minorités albanaises. Le bruit se répandait que l'Union européenne serait incapable de prendre la relève de l'opération de l'OTAN, pourtant limitée à quatre cents hommes. Tout s'est bien passé. Certains détracteurs ont prétendu ensuite que l'opération en Bosnie était trop grande puisque l'Union européenne n'avait que l'expérience de la Macédoine. Mon rôle était passionnant car la France était généralement facteur d'impulsion, à la fois parce que nous étions déterminés à faire progresser les choses et en raison de notre expertise et de nos capacités de projection militaires.

Quelques pays comme la Belgique ou la Grèce étaient très allants. L'Allemagne était favorable au concept mais réticente dans la pratique ; elle n'hésitait pas à prôner une union de défense entre la France et elle. Dans la réalité, elle était « croyante mais non pratiquante ». Ses règles d'engagement très restrictives l'empêchaient d'approcher les foules en opération. À l'inverse, les Britanniques, dont la culture militaire était proche de la nôtre, apparaissaient réticents à tout ce qui pouvait s'approcher de la défense commune afin d'éviter tout découplage avec l'OTAN et les États-Unis. Ils se sont toujours montrés tatillons sur ce point. Au bout du compte, le Royaume-Uni s'est révélé souvent « pratiquant mais non croyant ». Lors de la présidence britannique de 2005, une visite du COPS et du comité militaire avait été organisée sur la base de Northwood. Nous volions sur un avion de la Royal Air Force et, à notre arrivée, un drapeau européen flottait auprès de l'Union Jack, ce qui a affolé mon collègue britannique. Il a poussé un soupir de soulagement en constatant qu'« heureusement, cela ne se voyait pas de la rue »... Cela illustre les ambiguïtés du Royaume-Uni sur le projet européen. Cependant, le chef d'état-major qui a accueilli notre délégation s'est félicité des réussites de la défense européenne, en oubliant leurs réticences initiales. Son discours n'avait rien à envier à celui qu'aurait pu prononcer son homologue français. La première opération autonome de l'Union européenne, dénommée Artémis, a évité des massacres en Ituri, dans l'est de la République démocratique du Congo (RDC). C'était une décision directe du président de la République, que j'avais reçu instruction de présenter au COPS. Mon collègue britannique a accepté, mais mon collègue allemand a déclaré que la politique de défense européenne avait commencé dans les Balkans et devrait y rester : « Moi vivant, il n'y aura jamais d'intervention européenne en Afrique ! » On peut comprendre ces réticences liées à l'Histoire, mais il s'agissait de sauver des vies. Un coup de fil entre l'Élysée et la chancellerie a vite résolu le problème, mais cela témoigne bien des réticences allemandes. La contribution française était certes dominante, mais comme me l'avait fait observer l'amiral Mac-Grath, mon attaché de défense, le plus important n'était pas le partage du risque militaire mais celui du risque politique. Cette opération réussie a été exemplaire. La présence de Claude-France Arnould, toujours volontariste et dynamique, à la tête de la direction de défense du Conseil a aidé à établir la confiance et à raccourcir le circuit avec l'état-major et les militaires français habitués des opérations africaines où l'on agit « en conduite », c'est-à-dire sans concept ni plan d'opération, requis dans les organisations internationales. Les procédures ont été respectées et quinze jours après la saisine du COPS, les soldats d'Artémis étaient sur le terrain. Ils ont rempli leur mission et se sont retirés dans les délais requis de trois mois. Les Nations unies ont commencé à regarder ce que faisait l'Union européenne dans le domaine du maintien de la paix, et ont depuis sollicité son soutien à plusieurs reprises. D'autres pays ont souhaité à leur tour avoir leur Artémis. Cette opération a eu le mérite aussi de rallier à la PESD des pays neutres pacifistes et réticents à l'usage de la force militaire. Les Suédois se sont dits fiers d'avoir contribué à sauver des vies. Sur le plan pratique, une initiative conjointe allemande, britannique et française avait été prise pour développer le concept des groupements tactiques inspiré par l'intervention en Ituri. Des procédures d'urgence et des tours d'astreinte ont été adoptés. Malheureusement, sous un prétexte ou un autre, au moment opportun, les pays d'astreinte ont toujours préféré l'inaction.

Pour assurer la coordination avec l'OTAN, le Conseil atlantique et le COPS se réunissaient mensuellement. Les Américains et les structures de l'OTAN étaient toujours un peu méfiants face aux initiatives européennes. D'ailleurs, le projet de Force de réaction de l'OTAN (NRF : Nato Response Force) constituait une réplique au concept de groupements tactiques de l'Union européenne qui avait fait la une du *Financial Times*.

Cette montée en puissance de la PESD a coïncidé avec les préparatifs de la guerre en Irak qui a profondément divisé les Européens. Javier Solana, qui avait une fois par mois un déjeuner de travail avec les ambassadeurs des cinq grands pays – Allemagne, Espagne, France, Italie et Royaume-Uni –, avait cru comprendre après la visite à Washington du chef d'état-major français que la France pourrait intervenir aux côtés des Américains et s'inquiétait des conséquences de cette divergence. En fait, comme on le sait, la division a été autre, et c'est Madrid qui s'est rallié aux Américains, Paris prenant la tête de l'opposition aux côtés de Berlin et Moscou. Le pire moment a été la session du COPS où tous les États membres alignaient les chiffres de leur contribution à l'opération américaine en Irak consignée dans un tableau et où nous sommes restés totalement silencieux. La période a été tendue. Les États candidats à l'adhésion, ralliés en bloc à Washington, se faisaient parallèlement tancer par Jacques Chirac qui leur reprochait publiquement d'avoir perdu une occasion de se taire. Déclaration jugée arrogante qui a laissé des traces. Les visiteurs américains à Bruxelles étaient très critiques envers l'Allemagne et surtout la France car ils estimaient que nous étions allés au-delà de la simple opposition en faisant véritablement campagne contre eux, notamment à l'occasion de la tournée de Dominique de Villepin en Afrique. Un journaliste du *Wall Street Journal* m'a demandé pourquoi la France avait décidé de se poser en ennemie des États-Unis. C'était, de l'autre côté de l'Atlantique, l'époque délirante des *French fries* rebaptisées « *Freedom fries* », les frites de la liberté, dans les restaurants et dîners à la Maison-Blanche, et où l'on jetait le vin français dans les caniveaux. C'était le temps où Robert Kagan, fervent néoconservateur, accablait de son mépris les faibles Européens censés venir de Vénus alors que les vaillants Américains venaient de Mars. Il a fait profil bas depuis. Il est vrai que l'échec patent en Irak avait incité le *Time Magazine* à publier un an après le « *mission accomplished* » de George Bush en tenue d'aviateur, une couverture qui donnait raison aux Français : « *The French were right.* » Le numéro deux américain de l'ambassade, qui est souvent « celui qui fait le job » – dans un système où l'ambassadeur, peu au fait des dossiers et des pratiques diplomatiques, est généralement un donateur récompensé pour le montant de ses dons au candidat –, était très professionnel et plutôt conciliant. Il organisait régulièrement des dîners restreints auxquels j'étais invitée avec mes collègues allemand, britannique, italien, espagnol et parfois belge pour l'information des autorités américaines de passage à Bruxelles dont le sénateur du Delaware, Joe Biden. Ce dernier était ce soir-là accompagné du fils – assez agressif et fortement antieuropéen – de Zbigniew Brzeziński. J'avais été étonnée que Joe Biden ne nous critique pas, mon collègue allemand et moi-même, pour notre opposition à la guerre en Irak. Sa charge a porté principalement sur le parti pris supposément propalestinien de l'Union européenne. Ce fut un dialogue de sourds, néanmoins très courtois, nourri par une présentation des informations télévisées opposées aux États-Unis, qui mettaient l'accent sur le caractère terroriste des attaques palestiniennes tandis que l'Europe dénonçait le caractère disproportionné des ripostes israéliennes.

C'est cette période de vives tensions qui a été choisie, de façon fort inopportune, en avril 2003 pour une déclaration de quatre chefs d'État et de gouvernement (Allemagne, Belgique, France et Luxembourg) lors d'une rencontre surnommée le « sommet des pralines » eu égard aux spécialités gourmandes de la ville de Bruxelles. L'objectif était de donner un nouvel élan à la défense européenne en améliorant les capacités de planification et de commandement grâce à la mise en place d'un état-major européen, au lieu de devoir armer et internationaliser à chaque opération l'un ou l'autre des cinq états-majors nationaux. Cette initiative de bon sens a été jugée sacrilège et a alimenté une nouvelle fois les fantasmes de rivalité avec l'OTAN.

La question du signal crypté de Galileo, nouveau système européen de géolocalisation, a suscité des problèmes avec Washington, qui avait fait monter les enchères au début de la négociation en menaçant de tirer sur les satellites de l'Union européenne si celle-ci persistait à vouloir les déployer. Si le développement industriel a pris plus de temps que prévu, cela reste une belle réalisation, et le signal est plus performant que le signal civil américain.

Pour réconcilier les Européens, le secrétaire d'État aux Affaires étrangères britannique Jack Straw a eu l'idée d'une initiative commune des ministres des Affaires étrangères allemand, britannique et français sur la dénucléarisation de l'Iran. Ce groupe dit « E3 » s'est élargi à tous les membres permanents du Conseil de sécurité et au haut représentant pour la PESC. Les critiques sur l'activité d'un petit groupe se sont atténuées et la présidence du 5 + 2 est finalement revenue au haut représentant. Cet effort diplomatique a constitué un succès, du moins jusqu'à la dénonciation de l'accord par Donald Trump en mars 2018. Les négociations reprendront difficilement après l'entrée en fonction de Joe Biden.

La gestion des relations avec Moscou est devenue de plus en plus complexe. L'idée de la « maison commune » développée par Mikhaïl Gorbatchev, qui était un véritable Européen et un pacifiste, s'était déclinée en 2003 en quatre espaces communs[2]. Les négociations avaient été ardues et reflétaient les perceptions différentes. Les Quinze cherchaient à imposer leurs normes démocratiques à une Russie qui renâclait. Javier Solana est allé voir Vladimir Poutine à Sotchi. Après trois heures d'entretien, il a estimé détenir les contours d'une stratégie européenne vis-à-vis de la Russie, qu'il a présentée au COPS. Mais l'Union européenne venait tout juste de s'élargir à dix nouveaux membres issus des pays de l'Est et son projet a été tué dans l'œuf. Il a suscité une volée de bois vert de la part de la Pologne et des pays baltes en particulier, qui ont fait valoir que la Russie constituait une menace et qu'il ne pouvait y avoir de partenariat, ni même de relations. Depuis, il a toujours été impossible d'élaborer une stratégie vis-à-vis de ce pays. Si l'on peut comprendre l'expérience douloureuse

2. 1. Liberté, sécurité et justice ; 2. Sécurité extérieure ; 3. Économie, sciences ; 4. Recherche, éducation et culture.

des anciens pays de l'Est du temps de l'Union soviétique, ce n'est pas l'ostracisme qui conduit à plus de sécurité. Il était gênant aussi, lors des consultations du COPS avec l'ambassadeur de Russie à Bruxelles, de défendre sans nuance la position des pays baltes concernant les populations russophones devenues apatrides.

Indépendamment de la relation avec la Russie, l'élargissement a profondément affecté le fonctionnement de l'Union. La question s'était posée d'un élargissement en régate (tous ensemble) ou par vagues. La première solution promue par Berlin a prévalu alors que tous les pays n'étaient pas au même niveau de préparation. Les élargissements précédents, par vagues de trois, avaient permis aux nouveaux venus, minoritaires, d'intérioriser les règles du club. Entrés en bloc, les dix ont estimé pouvoir s'en affranchir. Cela a signé l'arrêt de mort de la langue française, qui n'était pas comprise, à quelques exceptions près, par les délégués de l'est de l'Europe. Les nouveaux membres étaient très atlantistes. Ils attendaient tout de leur adhésion à l'OTAN alors que l'Union européenne leur paraissait accessoire. Un vice-ministre de la Défense polonais avait même déclaré à la veille de l'adhésion que la défense européenne n'existait pas. Ces États étaient aussi, dans le contexte de la guerre en Irak qu'ils soutenaient, plus réceptifs aux *talking points* américains.

Au début des années 2000, la Chine n'occupait qu'une place restreinte dans les débats européens. Le principal sujet évoqué était celui de la levée des sanctions décidées par le Conseil européen après le massacre de Tian'anmen en juin 1989. La France estimait que compte tenu de l'ouverture de la Chine, ces sanctions étaient devenues anachroniques. Le président Chirac mettait ce sujet sur le tapis à la veille de chaque Conseil européen. Les conclusions étaient négociées au COPS dont les membres avaient été bien chauffés par les Américains. Ces sanctions sont toujours en vigueur. Tirant les leçons de ce cas et d'autres, le ministre des Affaires étrangères Hubert Védrine avait réussi à obtenir que les régimes de sanctions ne soient pas adoptés *ad vitam aeternam*, sachant que de nouveaux prétextes n'ayant rien à voir avec la situation originelle seraient constamment avancés pour ne jamais les lever. Une *sunset clause* (clause « coucher de soleil ») figure donc dans les nouveaux régimes.

Les débats étaient intenses au COPS et dans les comités placés sous son autorité, mais il était intéressant de confronter les discussions en chambre et la réalité de terrain. Un voyage du COPS a été organisé en Bosnie dans la perspective du remplacement de l'opération des Nations unies, la FORPRONU, par la mission européenne Althéa. La mémoire s'efface vite, mais ces guerres de Yougoslavie ont constitué un choc, comme la guerre en Ukraine quelque vingt ans plus tard. La guerre en Bosnie faisait partie de ce que Madeleine Albright appelait les « guerres CNN », celles qu'on voyait tous les jours sur nos écrans télévisés alors que les autres conflits tout aussi meurtriers et cruels dans d'autres parties du monde n'intéressaient personne. Après les entretiens avec les autorités des différentes entités créées par les accords de Dayton, nous avons visité une école de police où la formation était assurée par l'Union européenne, qui s'efforçait d'inculquer les principes de base de respect de l'État de droit. Nous sommes allés sur l'ancien pont de Mostar, en cours de restauration par l'Union européenne. Nous nous sommes ensuite rendus en hélicoptère en *Republika Srpska*, terre sinistrée d'irréductibles, où les jeunes affichaient en page d'accueil de leur téléphone les portraits de leurs héros, Karadžić et Mladić, criminels de guerre qui seront déférés quelques années plus tard au tribunal spécial pour l'ex-Yougoslavie. Nous avons enfin rencontré le représentant spécial qui portait la double casquette de l'ONU : Paddy Ashdown, administrant avec le tempérament et l'autorité d'un proconsul.

Les activités relatives aux droits de l'homme étaient nombreuses. Une fois par présidence, le COPS rencontrait dans le cadre d'un déjeuner le président du Comité international de la Croix-Rouge (CICR) – à l'époque un moine-soldat, Jakob Kellenberger, animé par le souci de faire partager ses préoccupations humanitaires. Nous l'avons reçu au lendemain du scandale d'Abou Ghraib, centre de détention près de Bagdad où des soldats américains et des agents de la CIA avaient, en violation du droit de la guerre, photographié, torturé et humilié des prisonniers irakiens. Contrairement aux autres organisations humanitaires, le CICR a pour principe de rester neutre et de ne pas dénoncer les crimes afin de négocier avec tous les groupes illégaux, même les plus violents. Mais cette fois, il y a eu des fuites et le CICR a dû confirmer.

En trois ans, le développement des instruments et surtout des opérations a été incroyable. Une quinzaine de missions ont été créées en un temps record sur plusieurs continents, jusqu'en Asie, à Aceh (Indonésie), où a été déployée une mission d'observation en 2005. Les interventions se sont diversifiées. L'Union européenne a ouvert, toujours en 2005, une mission d'assistance au poste frontière de Rafah entre Gaza et l'Égypte, ainsi que des opérations de formation de l'armée – comme en RDC – ou de la police – comme au Kosovo et en Afghanistan –, ou encore de la justice en Géorgie. L'intérêt pour ce nouvel acteur sur la scène internationale était fort. Les demandes de soutien de la part de l'ONU se multipliaient. Javier Solana a publié en 2003 une première stratégie de sécurité, équivalent d'un livre blanc, analysant la menace commune et les moyens d'y répondre. Rédigée avec prudence en raison des sensibilités différentes des États membres, elle s'étoffera au fil du temps et se transformera en boussole stratégique en 2022. Le haut représentant a inauguré, de manière plutôt confidentielle, la pratique d'un discours annuel sur l'état de l'Union. Le COPS, qui suscitait des railleries au moment de sa création – sa formation intérimaire COPSi avait même fait l'objet d'un jeu de mot facile : Copsi-Copsa… –, s'est finalement imposé.

Le revers constitué par le rejet par la France puis par les Pays-Bas du traité établissant une Constitution pour l'Europe n'a pas mis un coup d'arrêt aux développements de la PESD. Cela a néanmoins été un choc à Bruxelles. Un de mes collègues néerlandais m'a avoué qu'il avait voté contre en raison d'un élargissement précipité, notamment à la Bulgarie et la Roumanie. Recevant quelques jours après deux parlementaires français de tendances différentes qui se vantaient d'avoir voté négativement, Javier Solana a rétorqué : « Merci de détruire l'Europe ! » L'un, appartenant à un parti normalement proeuropéen, a balbutié : « Mais c'est un non d'espoir… » Comprenne qui pourra.

Si, au jour le jour, il y avait des frustrations ou des impatiences, je souscris au commentaire de mon collègue grec de l'époque, Tryphon Paraskevopoulos : « La défense européenne est comme l'herbe, si vous vous asseyez pour la regarder pousser, vous ne voyez rien, mais si vous revenez quelques années plus tard, vous voyez qu'elle a poussé. » Il y a certes eu par la suite des hauts et des bas. Le retour de la France dans la structure intégrée de l'OTAN, qui n'est pas un problème en soi, a cependant été réalisé sans contrepartie dans le domaine de la PESD et a modéré l'enthousiasme des militaires français espérant des postes au sein de l'OTAN. Cependant, un corpus était constitué, et les bases pour une relance ultérieure étaient là.

Les négociations dans les enceintes internationales ont des points communs, mais la logique qui les sous-tend à l'Union européenne n'est pas la même qu'à l'ONU. Si à New York, il s'agissait bien souvent de défendre des intérêts nationaux face à des pays appartenant à d'autres sphères politiques, à Bruxelles, nous portions un projet commun : la construction européenne. C'était exaltant.

Ma nouvelle affectation en septembre 2005 comme directrice des Nations unies et des relations internationales, auxquelles s'ajouteront plus tard les droits de l'homme et la francophonie, me permettra d'ailleurs de poursuivre la coopération entre les deux organisations.

Chapitre 8

RETOUR DANS LA PLANÈTE ONU

Directrice des Nations unies, des Organisations internationales, des droits de l'homme et de la francophonie (2005-2011)

Retour à l'automne 2005 au Quai d'Orsay pour prendre la tête de la Direction des Nations unies et organisations internationales (NUOI) qui est en charge de la galaxie ONU. Cette direction adresse des instructions aux missions diplomatiques françaises à New York sur les dossiers traités au Conseil de sécurité, à Genève pour la Commission des droits de l'homme et à Rome pour la FAO (Food and Agriculture Organization : Organisation des Nations unies pour l'alimentation et l'agriculture) et le PAM (Programme alimentaire mondial). Elle gère les relations avec toutes les agences, fonds et programmes des Nations unies, comme l'OMS (Organisation mondiale de la santé), le HCR (Haut-commissariat aux réfugiés), mais aussi l'OACI (Organisation de l'aviation civile internationale) et, au-delà, Interpol, jusqu'à l'OIV (Organisation internationale de la vigne et du vin).

Peu après ma prise de fonction, j'ai eu le plaisir de revoir Kofi Annan en visite à Paris. Comme je suis allée l'accueillir à l'aéroport, cela m'a donné l'occasion d'une révision accélérée des questions traitées au Conseil de sécurité. Si le secrétaire général de l'ONU a été paralysé durant la guerre illégale en Irak, car il ne peut s'aliéner l'un des cinq membres permanents qui sont ses maîtres, sa compétence, sa simplicité et sa dignité lui ont toujours valu le respect de tous.

J'ai suivi l'élection de son successeur. Le principe, non écrit, est celui de la rotation géographique. Après l'Afrique, c'était le tour de l'Asie. Aucune personnalité d'envergure n'était candidate. Je les ai reçus dans mon bureau car ils savaient que leur soutien par les autorités françaises dépendait de la présentation que j'en ferais. Je me suis entretenue avec tous les candidats, y compris Ashraf Ghani, secrétaire général adjoint de l'ONU, futur président d'Afghanistan, qui a fui juste avant l'entrée des talibans à Kaboul en août 2021. L'Indien Shashi Tharoor, membre du cabinet du secrétaire général de l'ONU, poète et romancier parlant couramment le français – condition *sine qua non* pour Paris –, était un candidat intéressant, mais il n'était pas vraiment soutenu par son pays où il ne vivait plus depuis des années. Le ministre des Affaires étrangères de Corée du Sud, Ban Ki-moon, bénéficiait, lui, d'une logistique de campagne supérieure aux autres. Sa directrice des Nations unies, future cheffe de la diplomatie coréenne, était brillante. Il a finalement été reçu par le ministre des Affaires étrangères Philippe Douste-Blazy, dont la priorité était alors la mise en place d'Unitaid, agence d'achat et de fourniture de médicaments aux pays les plus vulnérables, dont il souhaitait prendre la tête. Il s'est dit prêt à demander au président de la République de voter pour Ban

Ki-moon en échange d'une contribution de Séoul à Unitaid. Ce fut rapidement chose faite. Le candidat, qui prenait des cours de français, avait appris par cœur quelques phrases pour l'occasion. À New York, les votes blancs au Conseil de sécurité, faute d'alternative, le faisaient apparaître en tête. Le vote final est intervenu en marge de l'Assemblée générale de l'automne 2006. Nous avons tenu plusieurs réunions du P5. Aucun membre permanent n'était enthousiaste. Mais un beau jour, la délégation américaine a demandé aux autres membres permanents de soutenir le candidat coréen. Elle savait qu'il serait à leur écoute, une nouvelle fois « plus secrétaire que général », conformément aux vœux américains. Pékin entretenait d'excellentes relations avec Séoul. Ban Ki-moon a donc été élu et a pris ses fonctions en janvier 2007. Une réflexion a cependant été engagée pour que la sélection du prochain secrétaire général ne relève pas uniquement des membres permanents mais revête un caractère plus démocratique, en présentant des professions de foi sur l'avenir de l'ONU lors d'auditions devant les différents groupes géographiques. L'élection d'António Guterres sera véritablement fondée sur l'excellence de sa prestation. Mais il sera à son tour paralysé par le retour d'une forme de guerre froide et par son obédience aux membres permanents, comme on pourra le constater au début de la guerre d'agression russe contre l'Ukraine. Deux ans durant, la crise sanitaire a aussi tué le plus grand rendez-vous diplomatique de la planète.

J'ai souhaité visiter rapidement les théâtres des opérations les plus importantes. Je me suis d'abord rendue à Haïti, qui était dans un état aussi déplorable que lors de la première intervention des Nations unies décidée lorsque j'étais en poste à New York. La pauvreté était extrême alors que de l'autre côté de l'île, la République dominicaine florissante attirait les touristes. La corruption et la criminalité étaient endémiques. Tout le monde, ambassadeur compris, circulait en 4 × 4 blindé pour éviter les enlèvements. Les enfants haïtiens mangeaient une seule fois par jour, à l'école. Presque toutes les agences des Nations unies étaient représentées à Haïti. J'ai été invitée à participer à la célébration du trentième anniversaire de la présence de la FAO et n'ai pu m'empêcher de remarquer que ce qui serait à célébrer serait plutôt le départ de l'agence, signe qu'elle aurait accompli sa mission. On en était loin. Une présence internationale aussi nombreuse provoquait aussi des effets pervers car des médecins, des enseignants ou des ingénieurs préféraient être interprètes ou même chauffeurs des agences internationales en raison du niveau des rémunérations. Quelque temps après, le Premier ministre Serval a effectué une visite en France. Lors du dîner officiel au Quai d'Orsay, il a requis l'assistance à la France pour la construction d'une route de Port-au-Prince à la mer afin de désenclaver la capitale. Le ministre lui a répondu, conformément à la ligne en vigueur en France comme dans l'ensemble de l'Union européenne, que nous ne construisions plus d'infrastructures mais apportions une aide à la bonne gouvernance. Dans ces conditions, le succès de la Chine, qui a analysé les besoins et doté les pays en développement d'infrastructures indispensables, n'est pas étonnant. Je n'ai pas oublié cette demande de Haïti et la réponse française car j'ai eu des doutes sur le bien-fondé de notre approche. Les sommes dépensées n'ont jamais amélioré la gouvernance ni permis l'éradication de la corruption ou du népotisme dans aucun pays. Haïti semblait maudite quand un tremblement de terre a ravagé Port-au-Prince en 2010. Le bâtiment qui abritait la mission des Nations unies s'est effondré. Le représentant spécial du secrétaire général, le

Tunisien Hédi Annabi, est mort sur le coup alors qu'il recevait une délégation chinoise. C'était un ami depuis la négociation des accords de paix au Cambodge, et j'avais remarquablement travaillé avec lui lorsqu'il était adjoint au Département des opérations de maintien de la paix (DOMP) en charge des dossiers africains. C'était un grand serviteur des Nations unies. J'ai représenté le ministre des Affaires étrangères, aux côtés d'Alain Le Roy, alors directeur du DOMP, à ses obsèques à Tunis.

J'avais profité de cette visite à Port-au-Prince pour mener des consultations avec les pays de la zone qui avaient été élus au Conseil de sécurité, le Pérou et Panama où, invitée par les autorités du canal, j'ai eu le privilège d'ouvrir les écluses pour les gigantesques bateaux. Les directeurs des Nations unies britannique et français avaient établi cette pratique d'informer les nouveaux membres non permanents des pratiques et des dossiers traités au Conseil de sécurité. C'était utile pour nous et pour eux. En outre, cela m'a permis de me rendre dans plusieurs pays d'Afrique (Burkina Faso, Gabon) et de revoir quelques capitales d'Asie, retrouvant le parfum entêtant des *kretek* à Jakarta, à Hanoï et à New Delhi. J'ai également effectué une mission surréaliste à Tripoli. Après les indemnisations versées pour l'attentat de Lockerbie et la renonciation aux armes nucléaires, la Libye avait été élue au Conseil de sécurité. C'était au lendemain de la visite de Mouammar Kadhafi à Paris. Les Libyens ont déroulé le tapis rouge et ont fait preuve de la plus chaleureuse hospitalité. L'organisation du pouvoir semblait mystérieuse : lorsque le serveur entrait pour offrir le thé, mon homologue l'informait du contenu de nos échanges. Lors du retour le dernier jour, en voiture, il m'a fait part en anglais du contenu du télégramme sur la Côte d'Ivoire reçu de leur mission à New York et l'a lu ensuite au chauffeur… Heureusement, nous avons eu une après-midi de liberté pour aller admirer les merveilleuses ruines romaines de Sabratha, guidés par un conservateur érudit et enthousiaste. Je me suis demandé ce qu'il était devenu quand Sabratha a été occupée par des milices armées en 2016. Enfin, je profitais aussi de ces visites pour faire le point sur les résultats de la réforme « One UN », dont l'objectif était de renforcer la cohésion des agences sous l'égide du résident du PNUD afin d'éviter les doublons. L'idée était pertinente, mais la nature humaine étant ce qu'elle est, le succès était loin d'être garanti, et chaque chef d'agence tenait à son 4 × 4 et à son fanion.

Missions en terre d'Afrique

Ma deuxième mission fut en 2006 en République démocratique du Congo (RDC), où était déployée une des plus grandes opérations des Nations unies et où l'Union européenne s'était également fortement investie. J'étais arrivée par le Congo-Brazzaville. Les annonces sur le vol de la compagnie Air France étaient en français et en chinois. C'était encore inhabituel mais cela m'a permis de mesurer la poussée de la présence chinoise en Afrique. L'ambassadeur me disait alors que la France pouvait tout demander à Denis Sassou-Nguesso, sauf si les Chinois faisaient une demande contraire. J'ai logé à la Case de Gaulle et contemplé depuis le jardin l'autre rive du fleuve Congo, où je devais me rendre le lendemain par une vedette de la mission de police européenne que j'avais contribué à créer au COPS et qui m'a offert son écusson étoilé. Kinshasa était d'une grande pauvreté et d'une terrible saleté en comparaison avec Ouagadougou. La chancellerie où l'ambassadeur avait été tué d'une balle perdue en regardant une manifestation depuis la fenêtre de son bureau avait été équipée d'une épaisse vitre pare-balles. Kofi Annan était de passage, et j'ai pu participer à la plupart de ses activités. Une véritable tutelle était alors exercée par la communauté internationale sur la RDC. J'ai assisté à une des réunions présidées par l'américain Bill Swing, représentant spécial du secrétaire général. Il prenait sa tâche à cœur, se faisant un devoir d'imposer l'usage en toutes circonstances de la langue française qu'il maîtrisait parfaitement. C'était un homme mince déjà âgé, toujours tiré à quatre épingles dans la moiteur africaine, un des rares Américains à la vocation multilatérale. J'ai soutenu sa candidature à la tête de l'Organisation internationale des migrations (OIM), où il a obtenu à plus de quatre-vingts ans un deuxième mandat. Bill Swing a mené à bien le processus électoral qui a conduit à l'élection de Joseph Kabila. Un homme à la fois faible, dominé par son entourage rwandais, et autoritaire. Une fois élu, il n'a évidemment plus écouté les conseils prodigués et s'est accroché indéfiniment au pouvoir. J'ai rendu visite au ministre des Affaires étrangères ; celui-ci m'a présenté son directeur de cabinet, qui rentrait de Chine où il avait fait ses études.

Le dossier de la RDC a occupé ma direction pendant des années. Pourtant, deux décennies après, la mal-gouvernance et la violence y sont toujours aussi aiguës. Lors des élections de 2008, alors que des troubles étaient redoutés, les Nations unies avaient sollicité de l'Union européenne la mise en place d'une force de réaction rapide pour leur venir en aide. Les violences, tout particulièrement contre les femmes, n'ont malheureusement jamais cessé en RDC, en particulier dans l'Est où s'étaient réfugiés les génocidaires rwandais en 1994. D'année en année, les déploiements de personnels de l'ONU ont augmenté, sans résultats probants, mais la RDC n'a jamais été une « guerre CNN », selon la qualification de Madeleine Albright.

La question de la Côte d'Ivoire était lancinante. Le président Chirac était personnellement impliqué, et c'était le thème dominant, voire obsessionnel, de ses entretiens avec Kofi Annan. Il entretenait des relations personnelles acrimonieuses avec Laurent Gbagbo. Une série de sanctions a été adoptée. Le refus de Gbagbo de quitter le pouvoir après son élection perdue contre Alassane Ouattara a entraîné une crise politico-militaire. Gbagbo a fini par être arrêté en 2011 et transféré à la Cour pénale internationale (CPI), qui l'acquittera en 2019. Compte tenu de l'état déplorable des relations bilatérales, je n'ai malheureusement pas pu m'y rendre.

La crise du Darfour, province de l'ouest du Soudan, était devenue un véritable « conflit CNN » qui a fait l'objet de vingt-deux résolutions de l'ONU. Les exactions commises par les forces du président soudanais Omar el-Bechir ont suscité une émotion et une mobilisation mondiales. George Clooney, nommé messager de la paix de l'ONU, Angelina Jolie et d'autres acteurs américains se sont faits les fervents défenseurs de cette cause. La guerre civile, la famine et les maladies ont fait deux cent mille victimes. J'y ai accompagné le ministre des Affaires étrangères Philippe Douste-Blazy. Nous avons survolé le désert et les villages en terre dans cette région martyre. De retour dans la capitale, Khartoum, comme il n'était pas prévu que je participe aux entretiens avec le président Bechir, je me suis échappée avec l'interprète de la délégation en taxi jusqu'à Omdurman, où j'ai vu les barques plates à la confluence du Nil blanc et du Nil bleu. Notre chauffeur de taxi s'est arrêté soudain, sans un mot, pour prier. J'ai vu le tombeau du Mahdi, qui a défait les Anglais conduits par Gordon Pacha en 1885. La crise du Darfour s'est poursuivie jusqu'à la mise en place d'une mission de maintien de la paix de l'ONU. Un mandat d'arrêt de la CPI a été lancé contre Omar el-Bechir, mais les dirigeants africains, tenus de l'arrêter s'il se rendait dans leur pays, ont refusé de l'appliquer, ce qui a affaibli l'autorité de la Cour. Bechir n'a été déféré devant la CPI que lorsqu'il a été déposé par son propre peuple à la suite de manifestations en 2019, après trente ans de pouvoir.

J'ai aussi assisté à une cérémonie célébrant le résultat du référendum d'indépendance du Sud-Darfour à l'ONU en présence d'Hillary Clinton, moment de joie et de célébration qui allait faire de ce pays le centre quatre-vingt-treizième et dernier État membre à ce jour des Nations unies, quelques mois plus tard, le 9 juillet 2011. Le ministre Bernard Kouchner avait reçu peu avant à la Mission française Salva Kiir et les autres impressionnants géants dinkas coiffés de leurs grands stetsons noirs, qui luttaient depuis des années pour l'indépendance et qu'il avait rencontrés lorsqu'ils étaient en rébellion. Une violente guerre civile a toutefois éclaté quatre ans plus tard.

La guerre du Liban

Ma mission à la tête de la direction des Nations unies et Organisations internationales a été fortement marquée par ce conflit au cœur de l'été 2006. Une grande partie de la direction était en vacances quand, le 12 juillet, une guerre violente s'est déclenchée à la suite de l'incursion en Israël d'un commando du Hezbollah qui a tué et capturé des soldats israéliens. Le feu s'est abattu sur la plaine de la Bekaa, mais également sur Beyrouth et l'ensemble des infrastructures. La France s'est montrée très active pour assurer l'évacuation de nombreux Libanais et Franco-Libanais, mais aussi de ressortissants européens. Une cellule de crise quotidienne a été ouverte au Quai d'Orsay, où étaient mises en commun les directives et l'information émanant des militaires et des diplomates mais aussi d'acteurs civils comme Air France. En parallèle, les négociations ont commencé au Conseil de sécurité en vue d'un cessez-le-feu. C'était en fait une négociation franco-américaine menée au plus haut niveau en raison des liens d'amitié du président Chirac avec la famille de l'ancien Premier ministre assassiné Rafiq Hariri. Le président de la République se chargeait donc directement de convaincre les Libanais, qui entendaient ménager le Hezbollah considéré comme terroriste à Washington. Je signais en fait un télégramme d'instructions quotidien quasiment dicté par Jacques Chirac lui-même. Une excellente spécialiste de la zone, Salina Grenet, mettait tout cela en forme. De leur côté, les Américains discutaient directement avec les Israéliens, qui se méfiaient de l'ONU jugée trop faible. La Force intérimaire des Nations unies au Liban (FINUL) – première mouture – avait été discréditée. Nous avons pu convaincre Washington en proposant la mise en place d'une FINUL renforcée qui permettrait le recours à la force sans mentionner explicitement le chapitre 7 de la charte, refusé par le Hezbollah. La reprise des termes de ce chapitre se référant à « l'utilisation de tous les moyens nécessaires » a été introduite dans la résolution, et le tour était joué. Après des négociations quotidiennes ardues, Pierre Vimont, le directeur de cabinet du ministre, rendu célèbre par la bande dessinée sur le Quai d'Orsay, m'a appelée un jour pour me dire de me tenir prête à aller à New York avec le ministre en vue de l'adoption de la résolution concluant le cessez-le-feu. Cela intervint finalement le 11 août. Le vote a été un moment émouvant, une des dernières fois où les Nations unies ont véritablement joué leur rôle de rétablissement de la paix.

Il s'agissait maintenant de mettre en place la FINUL 2. Compte tenu de notre implication dans la négociation et de notre lien avec le Liban, il était évident que la contribution de la France en troupes serait essentielle. Or, Paris, échaudé par le souvenir de l'attaque du Drakkar à Beyrouth, où cinquante-huit parachutistes français avaient trouvé la mort en 1983, et les échecs des opérations de l'ONU dans les années quatre-vingt-dix, était très réticent. L'Élysée a annoncé l'envoi de deux cents militaires pour solde de tout compte, ce qui a aussitôt suscité incrédulité et reproches véhéments. Le changement de pied est intervenu sans délai. Le chef d'état-major particulier, le général Henri Bentégeat, qui participait aux réunions à l'Élysée, avait demandé dès le début des négociations si les militaires pouvaient partir en permission ou devaient commencer à organiser la planification française. On lui a assuré que la première option était la bonne. J'avais fait remarquer que personne ne comprendrait notre absence. Le général Bentégeat a quand même dû prévoir la planification puisque finalement, quand il en a reçu l'ordre, le contingent français était prêt.

Je suis allée au Liban pour rencontrer le contingent français de la FINUL. Nous avons pris des hélicoptères pilotés par des Russes et des Ukrainiens au service de l'ONU pour aller sur la ligne bleue en survolant la plaine de la Bekaa. La situation était très tendue car Imad Moughnieh, un des dirigeants du Hezbollah, venait d'être victime d'un attentat attribué à Israël. Deux Casques bleus espagnols de la FINUL avaient sauté sur des mines deux jours plus tôt.

La résolution 1701 du Conseil de sécurité stipulait l'interdiction de dépôt d'armes, qui devait être vérifiée par la FINUL. Un dépôt avait justement explosé la veille. Quand le Hezbollah a donné l'autorisation d'entrer, tout avait été nettoyé. Il n'y avait plus rien à constater. La difficulté était que si les officiers de l'armée libanaise étaient majoritairement maronites, les hommes de troupe étaient le plus souvent chiites et liés au Hezbollah, qu'ils protégeaient. L'armée française avait voulu faire une démonstration de force en envoyant des chars Leclerc qui se sont avérés peu maniables dans les chemins tortueux. Il avait été envisagé également de déployer des drones de surveillance, qui sont restés dans des caisses tellement la notion de renseignement paraissait agressive dans la culture onusienne traditionnelle.

Je suis retournée à plusieurs reprises au Liban à l'invitation de l'université Antonine pour présenter l'action de la France et des Nations unies. Je me souviens d'une séquence où une femme partisane du général Aoun, très maquillée, le décolleté généreux, le dos nu et couverte de bijoux, est intervenue en appui véhément du Hezbollah dont le représentant pour les relations extérieures était invité. Ce dernier est arrivé avec ses gardes du corps revêches et armés de kalachnikovs qui se sont positionnés derrière nous, les intervenants, et des femmes en tenue intégriste grise. Cette image m'est restée, et j'avoue que j'ai du mal à comprendre ces contradictions inhérentes au Liban, pays fondé sur l'appartenance confessionnelle tempérée par des accointances opportunistes. Je ne pouvais m'empêcher de penser que si jamais le Hezbollah arrivait au pouvoir, cette femme n'aurait pas droit de cité. Le dernier jour, j'ai pu aller visiter les magnifiques ruines des temples romains de

Baalbek. À la sortie, des hommes vendaient des tee-shirts floqués du portrait de Nasrallah.

J'ai visité aussi un camp de réfugiés palestiniens géré par l'UNRWA[1] dans la région de Tripoli, où les violences étaient fréquentes. Ces réfugiés, qui ne sont pas autorisés à occuper des emplois dûment listés, ne peuvent avoir une vie normale et entretiennent leurs frustration et ressentiment de génération en génération, comme l'hostilité du pays d'accueil. Il est pathétique et dérangeant d'entendre un enfant de moins de dix ans dire qu'il vient de Palestine alors qu'il est né en réalité dans le camp.

Le pendant du voyage au Liban a été une visite en Israël. C'était passionnant car les débats étaient vifs avec nos interlocuteurs qui, lors des rencontres privées, pouvaient défendre des opinions divergentes. En fait, je rencontrais régulièrement mon homologue israélien car il entendait prendre part au WEOG[2] aux Nations unies alors qu'il était incité à participer au groupe asiatique comprenant les pays du Moyen-Orient qui ne voulaient de toute façon pas l'accueillir. Les Occidentaux étaient divisés sur ce point. S'agissant de la mise en œuvre de la FINUL, les Israéliens étaient régulièrement critiqués pour les survols – contraires aux termes de la résolution 1701 – effectués à la frontière libanaise. Lorsque j'en ai fait le reproche à mes interlocuteurs, le représentant du Mossad de haut niveau qui était présent m'en a donné les raisons. Il a fait valoir que la Syrie, pays ennemi, était un véritable État avec un gouvernement, une armée et une police. Israël savait ce

1. United Nations Relief and Works Agency for Palestine Refugees in the Near Est : Office de secours et de travaux des Nations unies pour les réfugiés de Palestine dans le Proche-Orient.

2. Western European and Other States Group : Groupe des États d'Europe occidentale et autres États.

qu'il s'y passait. Il était plus méfiant à l'égard du Liban, car un État failli est bien plus dangereux. Je pense souvent à ces commentaires qui se révèlent pertinents ailleurs dans le monde.

Intervention russe en Géorgie

Les étés sont propices aux crises. Le jour de l'ouverture des Jeux olympiques de Pékin, le 8 août 2008, journée auspicieuse en Chine en raison de la redondance du chiffre 8 évoquant la prospérité, les troupes russes, réagissant à une offensive de la Géorgie en Ossétie du Sud, où s'étaient déroulés nombre d'incidents avec les séparatistes, sont entrées dans cette province puis en Abkhazie. Nicolas Sarkozy, exerçant alors la présidence de l'Union européenne, s'est rendu à Moscou et a conclu avec Vladimir Poutine, le 12 août, un accord en six points sous le contrôle d'une mission de deux cents observateurs de l'Union européenne. La Mission d'observation des Nations unies en Géorgie (MONUG), présente depuis 1994 en Abkhazie, devait être redéfinie. Je me suis rendue à Tbilissi pour convaincre les Géorgiens qu'il était de leur intérêt de la maintenir, au lieu de se retrouver face à face avec les Russes. Je suis allée à cette occasion en Abkhazie. L'affichage au poste-frontière et dans la République était en cyrillique. Les villages, dont les populations recevaient l'assistance des agences des Nations unies, étaient délabrés et d'une incroyable pauvreté. Le seul revenu de la région provenait des champs interminables de noisetiers, dont les fruits étaient vendus à l'entreprise Nestlé pour confectionner les tablettes de chocolat. La mission n'a pas été prolongée au-delà de juillet 2009 en raison de l'impossibilité de faire figurer la mention de l'intégrité territoriale de la Géorgie, condition *sine qua non* de Tbilissi. La Géorgie est restée amputée de 20 % de son territoire, et personne ne sait ce qu'il se passe dans ces républiques autonomes non reconnues par la communauté internationale et restées à l'écart de la croissance et du développement. Depuis, le conflit est gelé malgré les discussions de Genève coprésidées par l'ONU, l'Union européenne et l'OSCE. Mais les relations entre Tbilissi et Moscou (du moins jusqu'à la guerre en Ukraine) se sont considérablement améliorées. Les touristes russes affluaient en Géorgie. Lors d'une conférence des ambassadeurs de la région organisée à l'ambassade à Moscou en 2018, mon collègue à Tbilissi rendait compte de l'intensité des liens, et ma collègue en Ukraine a réagi en se demandant si dix ans après la fin de la guerre au Donbass, il pourrait en être de même. Depuis, Vladimir Poutine lui a apporté la réponse.

Passage de relais entre l'Union européenne et l'ONU au Tchad

Les liens institutionnels et opérationnels entre les Nations unies et l'Union européenne se sont renforcés. Il était prévu que l'Union, dont les capacités et la rapidité de réponse étaient supérieures, pouvait constituer un relais avant la mise en place d'une opération de maintien de la paix classique des Nations unies. La France avait plaidé pour une intervention au Tchad et en République centrafricaine afin de sécuriser les camps de réfugiés – en majorité soudanais – et de déplacés. Cette dernière illustrait l'évolution des esprits concernant les opérations européennes. L'expertise et le professionnalisme de l'Union européenne était de plus en plus reconnus, et les Américains, qui s'étaient montrés méfiants dans les débuts de la PESD, ont entrepris des démarches auprès des contributeurs potentiels pour appuyer cette initiative. Le contingent français issu des forces prépositionnées au Tchad dans le cadre du dispositif Épervier a constitué le noyau de l'opération. J'ai accompagné Bernard Kouchner, alors ministre des Affaires étrangères, à N'Djamena pour assister à la cérémonie de changement des drapeaux au camp des étoiles à Abéché, au petit matin du 15 mars 2009. Au signal, les soldats ont changé les bérets des vingt-trois nations qui la composaient en bérets bleus. C'était un moment marquant. La veille, nous avions visité un camp de réfugiés et le ministre a rencontré le président, chef de guerre et grand ami de la France sinon grand démocrate, Idriss Déby. Il rentrait d'une expédition militaire où il avait mené ses hommes contre les rebelles, chanceux comme toujours (du moins jusqu'au 20 avril 2021). J'avais été surprise par la douceur de sa voix. Il fallait tendre l'oreille pour capter tous ses mots.

Lutte contre la piraterie

Le 4 avril 2008, nous apprenons à la direction des Nations unies la prise d'otage de passagers de la compagnie du Ponant naviguant au large de la Somalie. Le pays était dans un chaos total, menacé en permanence par les actes terroristes des Shebab. Au large, les pirates écumaient les mers. La libération a été effectuée par un commando français dont le chef m'a raconté des années plus tard le déroulement lors d'un bivouac de l'Institut des hautes études de défense nationale dans le désert de Djibouti.

Il a été décidé d'organiser des escortes des bateaux, en particulier ceux du programme alimentaire mondial, pour lutter contre la piraterie dans le golfe d'Aden et l'océan Indien. Ce fut un succès complet. Cette opération baptisée « Atalanta » a attiré l'attention des Chinois, qui ouvriraient par la suite une immense base à Djibouti. Ils ont dépêché un général à Bruxelles pour établir le contact avec l'état-major européen et des bateaux pour assurer une coordination avec l'opération européenne et se former à ce type d'intervention. J'ai eu l'occasion, dans le port de Mombasa au Kenya, de monter sur l'un des bateaux espagnols de la flotte d'Atalanta, qui venait de capturer des pirates. Ils avaient été débarqués et mis en prison en attendant leur jugement, mais leur embarcation longue et étroite était encore à bord. Deux vice-amiraux britanniques avaient assuré le commandement d'Atalanta depuis le quartier général dédié sur la base de Northwood, que j'ai visitée en tant qu'ambassadeur à Londres. Ils en étaient très fiers, mais ont dû se résigner au transfert du QG en Espagne et en France après le Brexit.

Ces missions qui laissent des souvenirs forts étaient des sauts de puce, bien trop courts mais donnant un peu de chair et d'humanité aux dossiers traités.

Les réformes

Le sommet de l'ONU de 2005 avait lancé un processus de réformes afin d'adapter les institutions à l'évolution du monde, avec l'émergence de la Chine et le poids accru de nouvelles puissances régionales.

La réforme du saint des saints, le Conseil de sécurité, était primordiale. Des groupes de travail de haut niveau ont été mis en place. Un groupe de quatre pays candidats baptisé le G4 (Allemagne, Brésil, Inde, Japon) a présenté un projet qui prévoyait deux sièges africains, à déterminer par eux-mêmes. Mais c'est là que le bât blesse, car les Africains sont théoriquement d'accord sur le principe mais en total désaccord sur les candidats. Si la présence de l'Afrique du Sud paraît incontournable, quel serait le deuxième pays ? Le Nigeria, pays le plus peuplé ? La Côte d'Ivoire ou encore le Sénégal, pour avoir une représentation francophone ? Tout cela est en réalité insoluble, et le choix des Quatre ne va pas non plus de soi. Le Brésil est contesté par le Mexique ; la Chine – sans le dire – ne veut ni du Japon ni de l'Inde et s'abrite derrière le prétendu consensus africain pour ne pas bouger ; l'Italie ne renonce pas. Beaucoup estiment que les Européens sont trop représentés, ce qui s'accentuerait encore avec l'ajout de l'Allemagne. Washington, Pékin et Moscou, dont la légitimité n'est pas menacée en raison de leur taille, sont conservateurs. Les plus flexibles sont les Britanniques et les Français, puissances moyennes qui ont avancé une proposition d'encadrer le droit de veto en y renonçant en cas d'atrocités de masse. Inutile de dire que la Chine et la Russie y sont et y resteront opposés. Il faut en tout cas tordre le coup à l'idée d'un siège européen qui aurait pour effet de réduire mécaniquement le poids de l'Europe, représentée actuellement par trois pays. Mais surtout, quelle position défendre dans la mesure où il n'y a pas de politique étrangère unique ?

Un travail de réflexion s'est engagé sur le maintien de la paix pour renforcer ses pratiques et ne pas rééditer les erreurs du Rwanda ou de la Bosnie. Le nouveau concept de maintien de la paix « robuste » impose la défense du mandat, y compris par le recours à la force. Cela dépend en fait de la détermination des différents contributeurs et de leurs règles d'engagement. Certains contingents se sont enfermés dans leurs casernes en laissant des populations se faire massacrer à l'extérieur.

Droits humains

La deuxième réforme d'envergure était celle de la Commission des droits de l'homme. Cet organe avait été très critiqué pour son inefficacité et le fait que tous les États y siégeaient quel que soit leur bilan en la matière. Elle se réunissait chaque printemps, durant lequel les délégations se mobilisaient pour éviter des résolutions punitives avant de les oublier jusqu'au printemps suivant. J'ai coprésidé un groupe de propositions avec mon homologue mexicain, futur ambassadeur à Paris, ancien élève du lycée français et étudiant à Sciences Po. Nous avons eu le souci d'impliquer d'autres pays en organisant des réunions à Rabat et à Séoul. Le résultat est loin d'être satisfaisant. Le sommet du Millénaire, en septembre 2000, avait décidé de réduire le nombre des membres, qui seraient désormais élus sur leur bilan et leur programme en matière de droits de l'homme, pour éviter les errements précédents où les pays les moins respectueux de ces droits pouvaient mécaniquement présider la Commission. Si dans un premier temps, les États ont joué le jeu en organisant des élections concurrentielles à ce nouveau Conseil, très vite les groupes géographiques se sont organisés pour désigner un seul candidat, automatiquement élu. Le seul point positif est l'examen universel par les pairs, qui permet tous les quatre ans de questionner un pays et de lui demander de s'engager à procéder à des réformes pour la session suivante. Mais là aussi, des dérives sont apparues. Plusieurs pays se sont assurés que des délégations amies s'inscriraient en premier sur les listes d'intervenants pour les féliciter et non les critiquer. Le temps manquait donc pour que les autres puissent s'exprimer.

Pendant mon mandat à la tête de cette direction, j'ai eu à cœur de mener à bien des initiatives concernant le droit des femmes. En Bosnie et au Rwanda, les viols massifs ont été utilisés comme arme de guerre dans une relative indifférence ou un sentiment d'impuissance. Une réunion en format Arria a été organisée avec Mary Robinson, ancienne haute commissaire des Nations unies aux droits de l'homme, et Eve Ensler, auteur du *Monologue du vagin*, qui a commencé la réunion en disant : « Je reviens de l'enfer. » Puis elle a décrit les terribles épreuves vécues par les femmes et les petites filles dans l'est de la RDC, là où le gynécologue Denis Mukwege, prix Nobel de la paix en 2018, répare les vagins déchirés et protège les femmes des violences. J'avais accompagné la secrétaire d'État aux droits de l'homme Rama Yade à cette réunion bouleversante. Les ambassadeurs s'étaient fait représenter par des premiers secrétaires. Le sujet était jugé « pas sérieux ». Cette réunion a quand même éveillé les consciences, grâce aussi à la mobilisation des militaires qui avaient été témoins de ces violences. Le général néerlandais qui a commandé la force dans l'est du Congo a justement déclaré qu'en temps de guerre, il était plus dangereux d'être une femme qu'un soldat. Des associations de femmes congolaises sont venues me voir à Paris, suppliant de saisir la CPI. Elles m'ont raconté que parfois un violeur venait apporter une chèvre à la famille pour solde de tout compte. Mais c'était une femme, une famille, un village qui étaient détruits. J'en ai fait part à un ministre africain de passage à Paris, qui m'a répondu que cela me choquait parce que j'étais française. Cependant, les femmes se prenaient en main ; certaines entraient dans la police. Une résolution exhaustive sur les violences faites aux femmes a fini par être adoptée.

Nous avons également organisé à Paris en février 2007, avec l'Unicef, une conférence sur les enfants soldats visant à interdire leur recrutement dans des conflits armés. Les « principes de Paris » ont été adoptés par cinquante-huit pays. Je me souviens du témoignage déchirant d'Ishmael Beah, ancien enfant soldat libérien, qui racontait comment il avait été enlevé à l'âge de treize ans, conditionné à haïr et à renier ses parents. Il a expliqué que pour lui, à l'époque, « tuer était comme boire un verre d'eau ». Il s'était depuis engagé dans une campagne de dénonciation et de prévention du phénomène.

C'était l'époque de grande sensibilisation à la problématique des « diamants du sang » extraits dans plusieurs pays africains en situation de conflit et dont la vente illégale fournissait des armes aux groupes rebelles. Ma direction suivait attentivement la mise en œuvre du processus de Kimberley, qui a instauré un régime de certification visant à interdire l'accès de ces diamants aux marchés mondiaux. Le film *Blood Diamond*, dans lequel joue Leonardo DiCaprio, sorti en 2006, a donné à ce problème une visibilité internationale et l'a transformé en une cause mondiale. Par la suite, des ONG ont estimé que ce processus était faillible, mais c'était quand même mieux que rien.

C'était le temps aussi de la justice internationale. Des tribunaux *ad hoc* avaient été mis en place à l'issue de conflits (ex-Yougoslavie, Sierra Leone, assassinat de Rafiq Hariri au Liban, chambres extraordinaires auprès des tribunaux cambodgiens), mais ces tribunaux financés par des contributions volontaires sont tributaires des États qui les subventionnent. Aussi l'idée d'une Cour pénale internationale (CPI) dotée d'une compétence universelle s'est-elle imposée. Elle a été créée par le statut de Rome, entré en vigueur en 2002, pour traiter des crimes d'agression, crimes de guerre, crimes contre l'humanité et crimes de génocide. La Chine et l'Inde ne l'ont pas signé. La Russie et les États-Unis ne l'ont pas ratifié, ces derniers pour protéger les soldats en opération, notamment en Afghanistan. Plus tard, Donald Trump ira jusqu'à édicter des sanctions à l'égard du procureur et des juges de la cour de La Haye. C'était néanmoins un grand progrès et un immense espoir. Thomas Lubanga, chef d'une milice congolaise, a été le premier inculpé de crimes de guerre. Il sera jugé en 2012. Cependant, le mandat émis à l'encontre du président du Soudan en 2009 a provoqué la colère des Africains, qui déplorent d'être les seuls inculpés. Les membres de l'Organisation de l'unité africaine ont même voté une résolution indiquant que les États membres n'exécuteront pas le mandat émis. La Cour reste controversée et handicapée par le refus de reconnaître sa compétence par les grands pays. Sa saisine, toutefois, dans le cas de l'Ukraine témoigne des attentes qu'elle suscite.

Changement climatique

La question du changement climatique est montée peu à peu en puissance. Le Royaume-Uni a été le premier pays à avoir proposé pendant sa présidence du Conseil de sécurité une réunion ministérielle sur le sujet. Cela a suscité une levée de boucliers des délégations conservatrices, qui ont fait valoir que cela n'affectait pas la paix et la sécurité internationales et que le sujet devait être traité à Nairobi, siège de l'UNEP[3]. La France a eu initialement la même réaction car nous avons souvent du mal à accepter les bonnes idées des autres. J'avais plaidé en sa faveur. À la surprise de tous, cette réunion, qui s'est finalement tenue en 2007, fut l'une des plus réussies et des plus médiatiques. Les chefs d'État et de gouvernement des petits États insulaires avaient fait le voyage pour appeler au secours, alertant sur le risque d'être engloutis. Le *New York Times* en a fait sa une le lendemain. Cela a réveillé les consciences.

Le président Chirac a eu l'idée d'une conférence, intitulée « Citoyens de la Terre » en référence aux différents sommets de la Terre, notamment celui de Johannesburg de 2002, dont cette phrase du discours d'ouverture est restée célèbre : « Notre maison brûle et nous regardons ailleurs. » Réunie en février 2007 dans la grande salle du palais de l'Élysée où a retenti le célèbre cri du singe de Jane Goodall, cette conférence internationale de Paris pour une gouvernance écologique mondiale s'est conclue par un appel à créer une Organisation des Nations unies pour l'environnement (ONUE) que nous avons cherché à promouvoir les mois suivants. La COP 15 de Copenhague en 2009 sur le changement climatique a été un échec en raison de l'opposition conjointe des États-Unis et de la Chine. Ma direction écrivait les premières notes sur le lien entre le dérèglement climatique – notamment la sécheresse – et les guerres générant des réfugiés climatiques. Cela a suscité incrédulité ou indifférence. Le sujet de l'environnement commençait pourtant à s'imposer avec un sentiment d'urgence. Ban Ki-moon, qui ne s'est jamais beaucoup investi dans le maintien de la paix ou les droits de l'homme, a

3. United Nations Environment Programme : Programme des Nations unies pour l'environnement.

trouvé son cheval de bataille et a convié chaque année les chefs d'État à un dîner consacré à ce thème à la veille des sessions de l'Assemblée générale, jusqu'au succès de la COP 21 à Paris en 2015.

Je me déplaçais aussi à Genève pour des consultations avec toutes les agences, dont l'OMS (Organisation mondiale de la santé) où Margaret Chan, forte des soutiens que la Chine lui a procurés en Afrique, a battu le candidat français Bernard Kouchner ou le CICR (Comité international de la Croix-Rouge) et le HCR (Haut-commissariat aux réfugiés) dirigé par António Gutteres, avec qui j'ai coprésidé une réunion stratégique sur les crises dans le monde. Le HCR est une des rares organisations dont nous faisions encore partie des dix plus grands donateurs, ce qui nous conférait une influence dans la gouvernance. Mais, de plus en plus, les contributions volontaires de la France se réduisaient comme peau de chagrin. Or, dans le système, elles prenaient le pas sur les contributions obligatoires, jusqu'à atteindre plus de 80 % des financements. Les principaux donateurs privés fléchaient leurs contributions, comme la Fondation Bill-et-Melinda-Gates. J'ai plaidé en vain pour une augmentation de nos contributions, mais la priorité était de réaliser des économies ; certains se demandaient même à Paris s'il était possible de diminuer les contributions obligatoires pour le maintien de la paix. Les effets pervers du déséquilibre entre les contributions obligatoires et volontaires conduisant à une forme de privatisation d'une organisation internationale ont pu être constatés à l'OMS lors de la crise du Covid-19. Le renversement de tendance, annoncé lors de la Conférence des ambassadeurs par le président de la République en septembre 2022, est salutaire.

J'avais plaisir à revoir New York plusieurs fois par an, surtout pendant les périodes fébriles de l'Assemblée générale où se retrouve la planète entière, y compris les dictateurs. Je n'ai pas entendu dans la salle de l'Assemblée générale Fidel Castro ou Hugo Chávez, mais j'ai assisté au discours halluciné et interminable de Mouammar Kadhafi jetant en l'air derrière lui, à l'intention du président – au demeurant libyen, qui s'efforçait de les attraper au vol – les feuillets du statut du nouvel État dont il proposait la création pour régler le conflit israélo-palestinien : Isratine. J'ai assisté à des centaines de rencontres ministérielles à géométrie variable, lors de groupes de contact sur la Bosnie, le Kosovo, l'Iran ou encore l'Afghanistan, auxquelles participaient les ministres des Affaires étrangères des membres permanents : Madeleine Albright, armée de ses broches et de ses convictions ; Hillary Clinton, excellente et souriante, qui a reçu une ovation quand elle a quitté ses fonctions de secrétaire d'État ; Sergueï Lavrov, avec ses talents et son humour mordant ; David Miliband, à l'intelligence pétillante. Chaque année, le président afghan Hamid Karzai, alors très populaire, aimait parader aux côtés des Américains dans son élégant caftan en étoffe soyeuse verte, et coiffé du caracul gris traditionnel.

J'ai quitté mes fonctions au moment des négociations sur l'instauration d'une zone d'exclusion aérienne en Libye pour protéger la population de Benghazi des bains de sang dont menaçait Kadhafi. J'essaierai d'en expliquer la philosophie à mes interlocuteurs à Pékin quelques semaines plus tard, en assurant qu'il s'agissait d'une intervention relevant de la responsabilité de protéger, et pas d'une ingérence militaire. Je me serais tue si j'avais su que nous allions outrepasser les dispositions de la résolution et procéder à un changement de régime avec l'élimination de Mouammar

Kadhafi, créant l'anarchie en Libye et le chaos dans l'ensemble de la région jusqu'au Sahel. Les Chinois comme les Russes, furieux d'avoir été trompés, ont juré que cela ne se reproduirait plus et l'ont fait payer aux Occidentaux en opposant des vetos successifs sur la Syrie. C'est le dernier avatar du droit d'ingérence requalifié en responsabilité de protéger, un échec conduisant à chaque fois à des situations pires qu'elles ne l'étaient avant ces interventions.

L'activité des Nations unies était encore intense. En cas de crise, le réflexe demeurait la saisine du Conseil de sécurité. Les agences des Nations unies, le programme alimentaire mondial, OCHA (instance de coordination de l'humanitaire), le HCR, la FAO, l'OMS apportaient une assistance indispensable. Le maintien de la paix fonctionnait tant bien que mal mais, depuis quelque temps déjà, l'ONU était là surtout pour les cas désespérés, dont ni l'OTAN ni l'Union européenne ne voulait se charger. La remarque de l'ancien secrétaire général Dag Hammarskjöld – « l'ONU n'a pas été établie pour nous mener au paradis mais pour nous éviter l'enfer » – reste pertinente.

Chapitre 9

LE RÊVE CHINOIS DE XI JINPING

Mars 2011-août 2014

J'ai pris beaucoup de plaisir à la négociation multilatérale et à la recherche de la paix dans un monde chaotique. J'aime la proximité et la complicité partagées avec les homologues étrangers que nous retrouvons tous les jours autour de la table de négociation et j'aurais bien continué dans cette voie, mais l'attrait de la Chine était trop fort. C'était le poste de mes rêves, la raison pour laquelle j'étais entrée au Quai d'Orsay.

Je suis arrivée à Pékin le 7 mars 2011, où j'ai été accueillie – comme c'est l'usage – par le chef du protocole du ministère des Affaires étrangères chinois et par le ministre-conseiller de l'ambassade accompagné de quelques chefs de service. J'ai pris possession de mon bureau dans l'ancienne ambassade un peu décrépite de Sanlitun. Conçu pour un petit poste dans un pays éloigné des circuits mondiaux, le bâtiment n'était plus approprié pour abriter l'ambassade de France, dans ce qui était devenu en trente ans la deuxième puissance mondiale. J'ai retrouvé avec bonheur le tableau de Zao Wou-Ki, dans les tons de noir et de blanc que je contemplais dans ma jeunesse. Le déménagement pour une ambassade contemporaine dans le nouveau quartier diplomatique de Liangmaqiao, quarante-huit ans après l'installation dans un site provisoire, se ferait quelques mois plus tard. Je ferai transporter avec une grue spéciale le Ginkgo biloba que Charles Malo, mon ancien ambassadeur, avait planté à l'occasion du vingtième anniversaire de l'établissement des relations diplomatiques

La moitié du ciel

Ma première activité officielle, le lendemain de mon arrivée, a été la Journée internationale des femmes le 8 mars, bien ancrée dans les régimes socialistes, au palais du Peuple à l'invitation de l'Association des femmes chinoises. Le moment était symbolique et j'ai ouvert mon compte Weibo, le Twitter chinois, en communiquant sur cet événement. Ce premier tweet a rencontré un grand succès. J'avais accordé une interview à Paris à deux jeunes journalistes chinois qui m'avaient présentée comme « la première femme ambassadeur de France en Chine depuis le XIXe siècle ». C'était amusant car il n'y avait de toute façon pas de femme ambassadeur à cette époque, mais l'expression a fait florès. Elle a été reprise plusieurs fois à l'occasion de portraits dressés dans les journaux, et un ministre curieux de me rencontrer m'a reçue sans le délai d'attente habituel. Les jeunes journalistes femmes sollicitaient des interviews à tout bout de champ. Leur curiosité tenait aussi à mon expérience de la période maoïste finissante. J'étais bombardée de questions et mes récits les faisaient beaucoup rire tellement cela leur paraissait invraisemblable et aussi lointain que le Moyen Âge, d'autant que leurs parents, victimes et parfois bourreaux malgré eux lors de la Révolution culturelle, étaient réticents à évoquer cette période. Beaucoup de jeunes femmes étaient correspondantes de guerre pour les journaux télévisés, à l'instar de celle, toute menue et coiffée d'un casque un peu trop grand, qui informait chaque jour des bombardements en Syrie. En écrivant ces lignes quelque dix ans plus tard, je me souviens combien ces jeunes journalistes, hommes comme femmes, étaient enthousiastes, spontanés et libres de ton.

Beaucoup de Chinoises dans différents milieux me disaient qu'elles étaient fières qu'un pays comme la France soit représenté par une femme. Par la suite, j'ai été invitée dans des clubs de femmes d'affaires, où ces dirigeantes d'entreprise font preuve d'un grand dynamisme dont témoigne un nombre de femmes millionnaires supérieur à celui des hommes. Elles se sentaient plus libres dans le secteur privé que dans la vie publique, où le monde du pouvoir reste très masculin. Les « neuf immortels[1] », surnom donné aux membres du Comité permanent du bureau politique, le saint des saints, étaient en effet tous des hommes. Seule une femme, Liu Yandong, a pu se hisser au niveau de vice-Première ministre, pour l'éducation et la culture. Les impératrices telles Cixi, de la dynastie mandchoue des Qing à la fin du XIXe siècle, et « l'impératrice rouge » Jiang Qing, l'épouse intrigante et cruelle de Mao, ont laissé de mauvais souvenirs, et même Wu Zetian, impératrice puissante et éclairée de la dynastie des Tang au VIIIe siècle, a été vilipendée par les historiens de culture confucéenne, peu féministes par nature. Il y avait aussi une forme d'injustice, résultant paradoxalement d'une réforme censée avantager les femmes en leur permettant de prendre leur retraite plus tôt, à cinquante-cinq ans au lieu de soixante ans pour les

1. Réduits à sept sous Xi Jinping.

hommes, mais pour des femmes exerçant des fonctions importantes, c'était une limite à leur carrière.

La vice-ministre en charge des relations avec les pays européens du ministère des Affaires étrangères, mon interlocutrice habituelle, était une des rares femmes qui avaient à la fois charme et autorité, contrastant avec certains de ses homologues masculins, apparatchiks souvent interchangeables. Ses talents de diplomate et de communicatrice avaient été remarqués lorsqu'elle était ambassadeur à Canberra puis à Londres. Nous nous étions rencontrées vingt-deux ans auparavant lors de la conférence de Paris sur le Cambodge. Fu Ying, d'origine mongole, au caractère bien trempé, est devenue après son départ à la retraite présidente de la Commission des affaires étrangères de l'Assemblée nationale. Elle assumait avec élégance ses cheveux blancs, qui détonnaient alors que tous les hommes de pouvoir en Chine se doivent d'arborer une chevelure noir corbeau.

Je rencontrais aussi périodiquement un groupe de femmes chinoises, invitées d'honneur du Forum international des femmes de Deauville de 2012 où je les ai accompagnées. Le 8 mai 2013, j'ai réuni les femmes les plus éminentes dans leur profession, dont une jeune et sympathique taïkonaute (*taikon* étant la traduction de « cosmos » en chinois), autour d'Agnès Varda venue inaugurer une exposition des photos qu'elle avait réalisées lors d'un voyage en 1954. Ayant récupéré du décalage horaire et de l'accrochage nocturne des photos, la « grand-mère de la Nouvelle Vague » est devenue après minuit le boute-en-train d'une soirée drôle et joyeuse. Ces femmes chinoises sont fortes et sûres d'elles. L'égalité hommes-femmes ne fait pas de doute pour elles. Elles estiment même que c'est le seul héritage positif de Mao, qui a libéré les femmes des coutumes ancestrales et de la subordination confucéenne aux hommes.

« Les femmes portent la moitié du ciel. Il leur reste à le conquérir. » J'ai souvent repris cette belle formule, notamment à l'intention de ceux qui tendent – surtout dans le monde anglo-saxon – à considérer les femmes comme une minorité. Combien de fois ai-je entendu la formule « *women and other minorities* » ?

Je ne crois pas à une spécificité féminine dans la diplomatie. Trente ans plus tôt, j'avais d'ailleurs renâclé à être envoyée à cette réception – très soviétique – des femmes du 8 mars. Aujourd'hui, je pense que cette fête, qui est désormais célébrée dans le monde entier, fournit une occasion de dresser un bilan et de prendre de nouveaux engagements.

La Chine que je retrouvais en 2011, dix ans après son adhésion à l'Organisation mondiale du commerce, venait de détrôner le Japon de son rang de deuxième puissance mondiale. Elle était prospère, confiante et d'une grande modernité. Bien qu'y étant revenue régulièrement en mission ou en vacances, ce n'est qu'en y vivant au quotidien que j'ai pu toucher du doigt cette évolution fulgurante. Le romancier Yu Hua, que j'ai rencontré à plusieurs reprises, écrivait dans la préface de son livre *Brothers* que la Chine avait connu en quarante ans ce que d'autres pays ont vécu en quatre siècles. J'avais moi-même parcouru ce chemin depuis mon premier séjour en Chine en 1976. Pendant la première année, j'ai eu le sentiment étrange et dérangeant de voir chaque scène sur un écran partagé : d'un côté, une Chine pauvre et révolutionnaire ; de l'autre, les réussites mais aussi les audaces de la modernité et l'ostentation de la richesse. La Chine contemporaine renouait en parallèle avec son passé et les traditions qui avaient survécu à Hong Kong. Toutes les fêtes étaient célébrées, des barques dragons au palais d'été, les fêtes des morts et les boîtes des gâteaux de lune rivalisaient de luxe au moment de la fête de la mi-automne. Ce cadeau traditionnel sera d'ailleurs bientôt prohibé pour gaspillage et ostentation, voire corruption. Les maisons de thé traditionnelles offraient des dégustations de crus rares, comme le pu'er millésimé, sous forme de briques rondes et plates, originaire des montagnes du Yunnan où il s'était imprégné des différents parfums de l'humus. Ce thé avait même suscité des spéculations à l'origine de grandes fortunes. Surtout, c'était le retour de Confucius, superstar bien que sa statue géante, un temps apparue non loin du siège du pouvoir sur l'avenue de la Paix céleste (Chang'an), ait réintégré peu de temps après, sans explication, le jardin d'un musée. Quelques semaines après mon arrivée, Fu Ying avait organisé un voyage à Qufu, ville natale de maître Kong (dénommé Confucius par les jésuites) dans le Shandong. Au cours d'un exposé dans la fondation Confucius, un professeur avait insisté sur l'application du précepte confucéen, consistant à ne pas infliger à autrui ce que l'on ne souhaitait pas pour soi-même, à la politique internationale, visant explicitement l'intervention en Libye. Lorsque Fu Ying nous a interrogés sur ce que cela nous inspirait, je lui ai répliqué que ce retour en grâce pour moi, qui avait vécu la campagne Pilin Pikong[2] dans ma jeunesse, était intéressant…

Un vent de liberté ?

C'était une époque de relative liberté pour les Chinois. En tout cas, ils considéraient que malgré les limites, ils n'avaient jamais été aussi libres de leur histoire. Il y avait cependant une ligne rouge à ne pas franchir : la tentative

2. Critique de Lin Biao et Confucius ; cf. chapitre 1, p. 28.

de fédérer ou d'organiser une opposition politique. C'est ce qu'a payé Liu Xiaobo, militant des droits de l'homme et coauteur de la charte 08, manifeste contre le régime sur le modèle de la charte 77 de Václav Havel, condamné en 2009 à vingt ans de prison pour subversion. L'avocat aux pieds nus, autodidacte et aveugle, Chen Guangcheng a pour sa part été assigné à résidence au terme de quatre ans de prison. Il réussira d'ailleurs à s'enfuir en 2012 de façon rocambolesque et après une course-poursuite digne des meilleures scènes de cinéma à Pékin, selon le récit de l'ambassadeur Gary Locke, entre les services de renseignement américains et ses poursuivants de la police chinoise, jusqu'à ce qu'il trouve refuge à l'ambassade des États-Unis. L'ambassadeur a négocié avec Cui Tiankai, directeur politique et futur ambassadeur à Washington, son départ « pour faire des études de droit » dans une université américaine. Les États-Unis avaient réussi à sauver un dissident ; la Chine n'avait pas complètement perdu la face. Et *in fine*, elle s'est débarrassée d'un dissident très populaire qui, du jour où il a mis les pieds sur le sol américain, a été oublié dans son pays et a perdu toute influence auprès des Chinois dont il ne partageait plus ni la vie ni la peine. Critique des avortements forcés dans le cadre de la politique de l'enfant unique, il a été récupéré par le mouvement pro-Life aux États-Unis. *Exit* Chen Guangcheng. Tous les dissidents le savent : c'est pourquoi Alexeï Navalny a pris le risque de la prison en Russie au lieu de rester en Allemagne.

J'ai pris mes fonctions en Chine peu après la révolution du jasmin en Tunisie, et la direction chinoise, un peu paranoïaque, veillait à éviter toute manifestation sur l'avenue Wangfujing, l'artère commerciale centrale. Sur un site inconnu, les Chinois avaient été invités à se promener simplement. Il y a eu ce jour-là plus de journalistes et de policiers que de manifestants. Les internautes contournaient aisément la censure en jouant souvent sur l'homophonie des caractères. Ainsi, l'évocation interdite du massacre de Tian'anmen le 4 juin 1989 devenait le 35 mai, les félicitations pour le prix Nobel de Liu Xiaobo en 2010, une chaise vide puisqu'il n'a pas été autorisé à recevoir son prix à Stockholm.

La Chine a étudié les printemps arabes et tiré la conclusion que l'origine était une émeute de la faim dans des pays pauvres et que les circonstances étaient bien différentes dans un pays au faîte de sa richesse. Les censeurs ont baissé la garde. Le mot *jasmin* – un temps prohibé sur les réseaux sociaux alors que la chanson la plus populaire, reprise en chœur dans toutes les soirées, une jolie mélodie sentimentale, a précisément pour titre « Fleur de jasmin » (*molihua*), sans parler d'une de leurs boissons favorites, le thé au jasmin – est réapparu.

Malgré tout, le Twitter chinois, Weibo, constituait un espace de débat et de liberté, d'autant plus que la langue chinoise, composée d'idéogrammes, très concise, permet de dire beaucoup. Les internautes se moquaient des dirigeants du Parti communiste. Ils se gaussaient en particulier du « défilé de mode » que représentaient les réunions dites « des Lianghui », les deux assemblées (nationale populaire et assemblée consultative), chaque mois de mars où les dirigeants, outre leurs cravates Hermès, exhibaient des montres luxueuses. Ces internautes impertinents appelaient les membres du bureau politique « l'association des parents d'élèves étudiant à l'étranger ». La plaisanterie en vogue était que le seul dirigeant chinois dont l'enfant n'étudiait pas à l'étranger était Gary Locke, l'ambassadeur américain d'origine chinoise. Ils conseillaient aussi aux grandes universités américaines de l'Ivy League d'éviter d'organiser les réunions avec les parents aux dates d'un congrès ou d'un plénum du parti. Un jeune journaliste que j'avais invité à déjeuner m'a apporté triomphalement un livre qu'il avait réussi à faire publier par les Éditions juridiques sous le titre *La démocratie n'est pas une plaisanterie*. Il a tenu à prendre une photo de lui me présentant son livre, qu'il a mise aussitôt sur son compte Weibo. Je l'ai revu il y a quatre ans lors d'un passage à Pékin. Il avait changé de métier. Je rencontrais également souvent Mo Shaoping et les autres avocats défenseurs des droits de l'homme, des hommes courageux qui avaient commencé leur métier – aboli lors de la Révolution culturelle – sans préjugé, mais ils avaient très vite constaté que leurs clients étaient confrontés à des violations des droits humains. Ils se sont donc spécialisés dans ce domaine. Tolérés un temps, ils auront des difficultés par la suite.

Je rencontrais à peu près qui je voulais, même si ça ne plaisait pas forcément au Waijiaobu, le ministère des Affaires étrangères, qui a fait remarquer un jour à Laurent, chargé des relations bilatérales à l'ambassade, que je voyais trop de gens « douteux ». Je venais de déjeuner avec Ai Weiwei, artiste inventif et provocateur qui tournait en dérision les actions de la police à son encontre, à la sortie de son assignation à résidence. J'avais également rencontré un couple d'écrivains tibétains. J'avais eu aussi plusieurs réunions avec Ilham Tohti, un Ouighour modéré qui enseignait à l'université des minorités à Pékin et animait un programme radio en ouighour. J'ai rencontré à Shanghai Han Han, le plus célèbre des blogueurs, qui ironisait sur l'extrême sensibilité du peuple, à en juger par la formule récurrente des autorités reprochant à des gouvernements occidentaux « d'offenser les sentiments du peuple chinois ». Quand les temps sont devenus difficiles pour les voix dissonantes, il s'est replié sur son autre passion, la course automobile.

La France était très active sur la question de l'abolition de la peine de mort et, le 10 décembre, date anniversaire de la déclaration universelle des droits de l'homme, à laquelle le négociateur chinois de l'époque avait beaucoup contribué en s'inspirant des valeurs confucéennes, j'invitais des juristes chinois qui prônaient son abolition. Parmi eux, il y avait He Jiahong, professeur de criminologie à l'université du Peuple et auteur de romans policiers, dont les récits d'erreurs judiciaires constituaient des plaidoyers. De fait, la Chine avait progressivement réduit les chefs d'inculpation.

Lors de visites ministérielles, les entretiens sont généralement très formels, mais il est possible d'avoir des discussions plus intéressantes et sincères lors des dîners qui suivent. Dai Bingguo, directeur de la Commission centrale pour les relations extérieures du Parti, d'un rang supérieur à celui du ministre des Affaires étrangères, et qui avait conservé des liens amicaux avec Henry Kissinger, avait invité Alain Juppé dans un restaurant de canard laqué. Il avait abordé le sujet franchement avec son interlocuteur, sans parti pris idéologique, en faisant valoir que le niveau de développement de la société n'était pas le même et qu'il faudrait encore du temps en Chine pour progresser. Puis il avait évoqué l'importance du temps long en politique en estimant que le problème de l'Occident est qu'il y a trop d'élections. Ce à quoi Alain Juppé a rétorqué que celui de la Chine est qu'il n'y en a pas assez.

Des amis pourtant très critiques du régime m'avaient assuré que le peuple chinois n'était pas mûr pour un système démocratique à l'occidentale – peut-être seulement à Shanghai, en tout cas pas dans les campagnes –, sinon ils éliraient un populiste ultranationaliste, un homme fort qui déciderait le lendemain d'envahir le Japon. Les Chinois aspiraient dans un premier temps à davantage de liberté d'information et d'expression ; pas nécessairement à des élections.

Les dirigeants occidentaux avaient pris l'habitude de remettre des listes de cas individuels à leurs homologues chinois, qui étaient de plus en plus réticents et qui ont fini par purement et simplement refuser. John Kamm, un Américain marié à une Hongkongaise qui avait créé la revue *Dui Hua* (Dialogue), venait chaque année à la veille des dialogues américain et européen sur les droits de l'homme et, discrètement, obtenait quelques libérations de prisonniers. Puis ce fut terminé. Il a demandé à ses interlocuteurs, avec lesquels il avait au fil des ans établi des relations cordiales, quelle en était la raison. La réponse a été claire et nette : « Parce qu'on n'a plus besoin de vous ! » La Chine était devenue une grande puissance et n'estimait plus nécessaire de s'attirer les bonnes grâces des pays occidentaux.

Le tandem président/secrétaire général du Parti Hu Jintao et Premier ministre Wen Jiabao était considéré par la plupart des Chinois comme composé de dirigeants faibles. J'étais étonnée de recevoir des membres de l'*establishment* qui le déploraient ouvertement.

J'ai remis mes lettres de créance par lesquelles un chef d'État accrédite un ambassadeur, trois semaines après mon arrivée, à la demande de Hu Jintao qui estimait que c'était plus confortable pour un nouvel ambassadeur alors que la visite du président de la République, Nicolas Sarkozy, était prévue le lendemain. Autrefois, un ambassadeur nouvellement arrivé pouvait à peine sortir de son bureau avant cet acte formel. Aucun contact officiel n'était possible. Aujourd'hui, avec la multiplication des États et l'attente qui en découle pour l'organisation de la cérémonie, la procédure est simplifiée. Le lendemain de son arrivée en poste, le nouvel arrivant dépose ses lettres de créance figurées (une copie certifiée) auprès du chef du protocole au ministère des Affaires étrangères et l'activité diplomatique est immédiatement autorisée. La cérémonie solennelle s'est déroulée dans l'immense palais du Peuple. Je me suis avancée sur le tapis rouge, ai remis à deux mains – politesse asiatique oblige – et sans un mot les documents. J'ai ensuite eu un entretien dans une petite salle attenante avec le président. Hu Jintao, plutôt guindé en public et au regard perçant, était en fait très aimable et attentionné. J'avais tenu à avoir cette conversation en chinois, ce qui m'avait obligée à véritablement rafraîchir ma connaissance de la langue en passant du vocabulaire de la révolution à celui du capitalisme. Le nombre de mots et de néologismes créés était impressionnant. Le président Sarkozy venait parler de la réforme du système monétaire international et j'ai dû apprendre cela en accéléré. Fu Ying m'a dit ensuite que cela l'avait impressionné car peu d'ambassadeurs le font. Hu Jintao m'avait aussi dit qu'il savait que je connaissais bien la Chine eu égard à mon passé d'étudiante, puisque j'appartenais à la même génération que ses dirigeants. Comment vraiment comprendre les évolutions si on n'a pas connu cette période maoïste ?

Le Premier ministre Wen Jiabao était une personnalité intéressante, critiqué par beaucoup comme un personnage à double face de l'opéra de Pékin. Il était surnommé « grand-père Wen » parce qu'il faisait preuve de compassion quand il se rendait sur les lieux d'une catastrophe, en versant des larmes jugées par certains de crocodile. L'autre face était celle de la corruption dont lui et surtout sa famille étaient accusés. Mais il osait parler ouvertement de démocratie et de la nécessité des réformes. Son dernier discours lors de l'assemblée nationale était remarquable à cet égard. Une forme de testament. Cela étant, les dirigeants en retraite (à l'exception de Jiang Zemin) disparaissent totalement de la vie publique. On n'entend jamais parler d'eux et on ne les rencontre jamais. Ils passent en un clin d'œil de la lumière à l'ombre.

Si beaucoup de Chinois considéraient que 2002-2012 était une décennie perdue en raison de l'absence de réformes structurelles et de l'immobilisme des dirigeants, John Kamm m'avait dit qu'en ce qui concerne les libertés publiques et les droits de l'homme, on les regretterait sûrement, car ils se montraient peu interventionnistes, et la censure – existant de temps immémoriaux en Chine – était sans doute la plus légère jamais connue.

Un concurrent dérangeant

Tout le monde attendait la nouvelle équipe dirigeante. Xi Jinping avait été considéré comme le dauphin lorsqu'il a pris en 2010 la tête de la Commission militaire centrale. Depuis des années, il s'était préparé en exerçant les fonctions de gouverneur de grandes régions de Chine tel le Fujian, région côtière face à Taïwan attirant des capitaux étrangers. Le Parti communiste, composé de quatre-vingt-dix millions de membres, comme autrefois la bureaucratie céleste des mandarins recrutés sur concours, était fondé sur la méritocratie. La compétition pour les autres nominations au Comité permanent derrière le rideau était féroce. Mais il y eut cette fois un grain de sable et cette période électorale fut riche en rebondissements. Bo Xilai, un dirigeant populiste, faisait campagne à l'occidentale en en appelant au peuple pour sa nomination au Comité permanent. Ancien maire de la ville portuaire de Dalian dans le Nord-Est et ministre du Commerce, il était considéré comme réformiste et pro-occidental. Il fascinait ses interlocuteurs par sa prestance et son aisance. Il était plutôt bel homme. Devenu maire de la ville de Chongqing, la plus grande agglomération au monde avec trente-trois millions d'habitants, il avait viré du tout au tout. Il était devenu rouge, faisant « chanter rouge en abattant les noirs » (*chang hong da hei*). Il faisait effectivement entonner les chants révolutionnaires et combattait la criminalité organisée. Deux mille criminels avaient été arrêtés. Il était extrêmement populaire pour cela, mais il était aussi controversé car la frontière entre corrompus et ennemis politiques était ténue. Clairement, il était un dangereux concurrent pour les autres prétendants. Certains faisaient néanmoins le voyage de Chongqing pour étudier ce néo-maoïsme. Il fallait le mettre hors d'état de nuire car une fois entré dans le saint des saints, le Comité permanent, ce prince rouge constituerait un rival redoutable pour l'autre prince rouge, Xi Jinping.

J'avais rencontré Bo Xilai dans sa mairie avec Jean-Pierre Raffarin, que j'avais accueilli au débarcadère de Chongqing au retour d'une croisière sur le Yangzi en novembre 2011. Cette ville très particulière, tout en collines, abrite les célèbres haleurs du fleuve Jaune qui continuent de porter des fardeaux sur des palanches en bois. Elle a un lien avec la France que l'on peut voir en visitant la forteresse, ancienne caserne des marins français qui surveillaient le Yangzi à l'époque de la politique de la canonnière dans la première moitié du XIXe siècle.

Le maire de Chongqing était charismatique, avait même de l'humour et ne recourait pas à la langue de bois usuelle. Il a expliqué sa politique favorable à la légalisation des migrants venant de la campagne et ses programmes sociaux destinés aux ouvriers. Je me suis demandé plus tard si arrivé au pouvoir, il n'aurait pas de nouveau viré de bord pour conduire une politique plus réformatrice et plus ouverte. Ironie de l'Histoire, Xi Jinping semble avoir effectué le chemin inverse.

Les choses se sont alors emballées. On apprend un beau jour de novembre par les réseaux sociaux que Wang Lijun, chef de la police et proche de Bo Xilai, craignant pour sa vie après avoir dénoncé le meurtre d'un homme d'affaires britannique, Neil Heywood, qu'aurait commandité l'épouse de son chef, Gu Kailai, avocate internationale, s'est enfui en voiture vers la capitale du Sichuan, Chengdu, où il a demandé refuge au consul général américain. La saga s'est poursuivie pendant quelques jours, pour le plus grand bonheur des internautes.

Bo Xilai est quand même venu participer aux deux assemblées au début du mois de mars. Curieusement, il a pu tenir une conférence de presse de deux heures alors qu'on pensait que son sort était scellé. Puis le lendemain, il a été arrêté et exclu du Parti. Son procès a été télévisé et on l'a vu les cheveux gris signalant sa déchéance, encadré par deux policiers de très haute taille. Il a été suggéré que sa femme Gu Kailai voulait protéger son fils Bo Guagua, étudiant aux États-Unis, qui aurait été menacé par le chef de la police. Elle a été condamnée à la peine de mort avec sursis commuée en prison à vie. Lui a été condamné à la perpétuité. Son appel a été rejeté. Ils purgent leur peine dans la prison des VIP de Qingcheng. Personne n'a jamais su la vérité sur cette ténébreuse affaire. Mon collègue britannique m'avait dit que la seule chose certaine était que Neil Heywood était mort ! Ainsi, les membres du Comité permanent ont éliminé un candidat néomaoïste qui menaçait d'un retour à la période honnie de la Révolution culturelle. La voie était libre pour Xi Jinping.

Comme chaque année, dans le plus grand secret, les principaux membres du Parti se sont réunis à la fin du mois d'août dans la station balnéaire de Beidaihe, à l'est de Pékin, pour délibérer sur la composition du Comité permanent.

Les promesses de Xi

Le nouveau maître serait donc Xi Jinping, membre de la faction des princes rouges, les héritiers des compagnons de la Longue Marche, traditionnellement opposés à la Ligue de la jeunesse communiste. Son père, Xi Zhongxun, était un véritable libéral courageux, ami du Dalaï-Lama. Comme les autres fils de cadre, Xi Jinping avait été envoyé en tant que jeune instruit en rééducation auprès des paysans dans le Shaanxi. Il se réfère souvent à cette expérience dont il ne semble pas tirer de ressentiment. Il appartient à cette génération qui a retrouvé les portes de l'université en 1977. Il est entré au Comité permanent en 2007.

Je l'avais rencontré en tant que vice-président de la République en 2011 à l'occasion d'une visite du comité France Chine du MEDEF International dirigé par le PDG de Schneider Electric, Jean-Pascal Tricoire, et présidée par Jean-Pierre Raffarin, envoyé spécial du président de la République. Il était affable, souriant, n'était pas guindé comme la plupart des dirigeants chinois et n'utilisait pas la langue de bois. Il a développé de manière argumentée sa vision – sur le temps long – de la Chine en soulignant l'importance de deux étapes, deux centenaires, celui de la création du Parti communiste chinois en 1921 – dans la concession française de Shanghai – et celui de la fondation de la République populaire de Chine en 1949. Le premier devait permettre à la Chine de devenir une société de moyenne aisance ; le second, de consacrer la Chine comme une grande puissance. Nous sommes sortis de cet entretien enthousiastes, pensant qu'il serait l'homme de la modernisation et de l'ouverture.

Ce sentiment était alors partagé par la majorité des Chinois. Une grande effervescence intellectuelle a prévalu, notamment pendant la période entre son élection comme secrétaire général du Parti en octobre 2012 et sa désignation comme président de la République lors de la réunion des deux assemblées en mars 2013. Il y avait nombre de tribunes, de lettres ouvertes au nouveau dirigeant, de débats spéculant sur la possibilité enfin d'une démocratisation du système. Le grand thème était celui de la constitutionnalité des lois. Les juristes considéraient le Premier ministre Li Keqiang, ancien étudiant à l'université de Tsinghua, comme l'un de leurs pairs, car il avait traduit en mandarin un ouvrage anglais sur la démocratie. Il est vrai que chaque changement de l'équipe dirigeante a suscité de nouveaux espoirs, mais cette fois-ci, l'heure paraissait venue.

J'ai assisté, en compagnie des autres ambassadeurs, au palais du Peuple, à la cérémonie d'ouverture du XVIIIe congrès. Il avait été décidé de réduire de neuf à sept le nombre des immortels. On jouait à les deviner. L'ambassade aussi avait fait ses paris. J'ai pris des photos de ce rituel, qui semblait immuable en comparant avec celles que j'avais faites dans les années quatre-vingt. Mêmes décors hiératiques et même chorégraphie où les nouveaux immortels arrivent à la queue leu leu. La seule chose qui a changé, ce sont les costumes bien coupés et les cravates Hermès au lieu des tenues de cadres maoïstes. Xi Jinping en majesté, au centre.

Le tandem constitué avec le Premier ministre Li Keqiang s'effacera progressivement au profit du seul empereur. Xi Jinping s'est attaché en priorité à la lutte contre la corruption, fléau qui n'avait jamais pu être jugulé malgré les nombreuses campagnes. Il considérait que c'était une question de vie ou de mort pour le Parti. Cette campagne, ample et sans fin, qui a instillé la peur, se poursuit, contre les « mouches » (les petits) mais aussi les « tigres », responsables souvent épargnés auparavant, et même les « renards » qui placent leurs capitaux à l'étranger. Personne n'a été épargné, même pas les grands dirigeants d'entreprise qui faisaient la fierté de la Chine capitaliste à l'international. Le peuple, qui de tout temps hait les mandarins provinciaux, adore « Oncle Xi », vu comme un dirigeant débonnaire qui va manger des *baozi* (petits pains ronds cuits à la vapeur) dans de modestes échoppes. Wang Qishan, chargé dans le précédent régime de l'Économie et des Finances, qui avait établi à ce titre d'excellentes relations avec ses interlocuteurs internationaux du G20, notamment Christine Lagarde, est devenu le chef de la redoutable Commission de discipline du Parti. Il avait un humour provocateur peu courant chez les dirigeants du Parti. Il avait été choisi à ce poste, dit-on, parce que n'ayant pas d'enfant, il était moins exposé à la corruption. C'était un intellectuel et un historien, qui avait recommandé à tous les membres du Parti la lecture de *L'Ancien Régime et la Révolution*, car Tocqueville estimait que le moment le plus dangereux était celui de la sortie de l'absolutisme et des réformes. C'est devenu un best-seller.

L'intelligentsia et les milieux d'affaires qui avaient partagé l'espoir d'une ouverture ont vite été surpris et frustrés par l'évolution de Xi Jinping, d'autant que le troisième plénum du XVIIIe Comité central en novembre 2013 a été présenté par l'appareil de propagande comme un tournant historique. J'ai été invitée, comme mes homologues, à de nombreuses réunions d'explications sur le sujet. Il s'agissait de donner un rôle central au marché (Li Keqiang avait évoqué dans son rapport le poids de la main invisible du marché) et d'accélérer la privatisation de l'économie. Un groupe dirigeant du Parti avait été mis en place sous la présidence directe de Xi Jinping, prenant le pas sur la toute-puissante Commission de la réforme et du développement. Tous les commentateurs autorisés du Parti nous ont expliqué que ce dispositif était établi pour assurer enfin la mise en œuvre de ces réformes prévues depuis longtemps et sur lesquelles il y avait eu de fortes résistances. En parallèle, d'ailleurs, ont été annoncées la réduction de la peine de mort et l'abolition du système de rééducation par le travail, deux mesures qui semblaient indiquer une libéralisation. C'est à l'occasion de ce plénum que Xi Jinping avait évoqué la Chine, qui ne pouvait plus – comme le recommandait autrefois Deng Xiaoping – faire les réformes « en tâtonnant et s'appuyant sur les pierres visibles du gué », car elle était désormais « entrée en eaux profondes » et devait aller de l'avant. La suite a infirmé cette évolution, et le curseur a penché de nouveau vers les grandes entreprises d'État pourtant moins performantes et novatrices.

Revirement de cap

En quelques mois, le nouveau secrétaire général, qui détient plus de pouvoirs que ses prédécesseurs, a cessé d'être le *primus inter pares* d'un système collégial pour devenir le seul empereur de Chine, le troisième dans la dynastie communiste après Mao et Deng Xiaoping. La politique du ni-ni annoncée au début de son règne – ni critique de la période maoïste, ni de celle de l'ouverture et des réformes –, tendant à arbitrer entre factions de droite et de gauche cette immémoriale lutte entre les deux lignes, ne tiendra pas. Elle penchera un peu plus vers la gauche, avec des accents pas si éloignés de la ligne Bo Xilai finalement. Reviendront les pratiques oubliées comme l'autocritique forcée et le culte de la personnalité avec l'inscription de la pensée de Xi, tel le rêve chinois dans la constitution et l'étude de ses discours. S'ajoute une intolérance, même pas à la contestation, mais à la dissonance. Les lignes rouges qui permettaient aux dissidents de savoir quelles sont les limites à ne pas franchir s'effaceront au profit de l'arbitraire. Les avocats que je recevais à la résidence, sûrs de leurs droits, ont fini par être traités comme leurs clients. Ai Weiwei a quitté la Chine pour l'Allemagne. Le parti créera des cellules de contrôle dans toutes les unités, entreprises, universités, centres de recherche.

Si le Tibet, après les émeutes de 2008 qui avaient commencé par des révoltes de Tibétains contre les commerçants huis (population han de religion musulmane) dans la vieille ville, est resté calme, le Xinjiang s'est enflammé. Pendant mon séjour, la Chine a connu une série d'attentats terroristes commis par des Ouïghours. Le premier, en octobre 2013 à l'entrée de la Cité interdite place Tian'anmen, a fait deux morts et quarante blessés. Une voiture bourrée d'explosifs contenait, selon la police, des banderoles avec des inscriptions fondamentalistes. Le deuxième, en mars 2014 à la gare de Kunming dans le Yunnan (sud-ouest de la Chine), où une attaque à l'arme blanche a fait trente et un morts et cent quarante-trois blessés.

Au Xinjiang même, des assauts étaient menés contre les postes de police chinois. Les abords de Pékin, les gares et les accès au métro, en particulier place Tian'anmen, ont été strictement contrôlés. L'entrée en voiture dans Pékin faisait l'objet de vérifications systématiques. Le Ouïghour modéré Ilham Tohti a été arrêté une première fois devant ses enfants très jeunes. Il me l'avait raconté avec tristesse comme une humiliation. Il a ensuite été arrêté de nouveau, renvoyé au Xinjiang et condamné à mort avant que sa peine ne soit commuée en prison à vie.

Le fait de s'en prendre aux modérés ne peut aider la Chine à régler ce problème, le sujet étant le séparatisme et non la religion – même si les Chinois pensent que c'est l'origine de l'irrédentisme. Ils entendent éviter à tout prix que le Xinjiang connaisse le même sort que les républiques musulmanes d'Asie centrale. Xi Jinping a effectué une tournée d'inspection au Xinjiang en mai 2014 pour afficher l'autorité de l'État. Un nouvel attentat dans une gare, qui a fait trois morts et des dizaines de blessés à la fin de sa visite, a été perçu comme une provocation et l'a sûrement incité à prendre des mesures plus radicales. Les camps de rééducation viendront plus tard. Mais on ne peut laver le cerveau à toute une population. Les mauvais traitements suscitent la haine et le rejet pour des générations en dépit des mesures visant à accroître la croissance et de la politique de peuplement par les Han, et même si les pays de l'Organisation de la conférence islamique invités par la Chine ne trouvent rien à y redire et que la Turquie elle-même, qui accueille sur son sol cinquante mille Ouïghours, a conclu avec Pékin un accord d'extradition.

Xi Jinping, comme bien des dirigeants chinois de sa génération, a été traumatisé par la chute de l'Union soviétique. Ce cas d'école a été étudié à l'École du Parti qu'il a dirigée jusqu'en 2012. La visite de Mikhaïl Gorbatchev en plein mouvement étudiant en mai 1989 a laissé un souvenir amer. À ses yeux, sans le Parti, point de salut pour la Chine. L'échec de la Russie est lié à la disparition du Parti. Incidemment, le nom n'est pas le plus important. Quand la Chine a développé sa politique du « socialisme de marché aux couleurs de la Chine », merveille de dialectique, il avait été envisagé de le requalifier en Parti socialiste. Le nom a finalement été maintenu pour des raisons historiques. L'important était de conserver cette structure forte de pouvoir de type léniniste. Lors d'un dîner privé restreint aux deux couples présidentiels au cours de la visite d'État de François Hollande en avril 2013, Xi Jinping, selon ce qu'en m'en a dit le président, a fait part de ses inquiétudes quant à l'attitude des jeunes vis-à-vis du Parti. La première génération était reconnaissante au parti de Mao pour l'indépendance et l'unité retrouvées de la Chine ; la deuxième adhérait au contrat implicite de Deng Xiaoping : la prospérité au prix d'un renoncement aux libertés individuelles, mais *quid* de la suivante ? La question était sans doute pertinente, mais la réponse a été le renforcement du contrôle du Parti et de l'idéologie alors que la croissance économique ralentissait et que la Chine était confrontée à des maux structurels : inégalités sociales de plus en plus criantes illustrées par un coefficient de Gini[3] très négatif, disparités régionales, vieillissement de la population que ne parvenaient pas à corriger l'abandon de la politique de l'enfant unique, transition écologique, alors qu'un dôme de pollution stagnait au-dessus de la Chine, affectant la santé des enfants, conséquence du développement accéléré et d'une croissance à deux chiffres pendant trente ans.

3. Mesure de l'inégalité des revenus.

Début du mouvement identitaire à Hong Kong, patience stratégique avec Taïwan

À Hong Kong, l'arrangement conclu avec Londres selon la formule « un pays, deux systèmes », au terme duquel l'ancienne colonie conservait pendant une période de cinquante ans le système juridique hérité de la *common law* britannique, ainsi que la liberté de la presse, fonctionnait encore. Cependant, le mouvement Occupy Central, suivi de la révolution des parapluies, lors de mon dernier passage en 2014, révélait la montée d'un sentiment identitaire des Hongkongais qui indifférait les générations précédentes. Les Hongkongais détestaient les continentaux qu'ils jugeaient mal élevés, même si l'ancienne colonie avait cessé d'être la poule aux œufs d'or et que la situation s'était inversée entre Hong Kong et Pékin. C'est la présence autorisée par Pékin des Chinois du continent qui a aidé l'ancienne colonie à relancer la consommation pour se remettre des crises financières successives.

Les relations étaient encore au beau fixe entre les deux rives du détroit. Des millions de Taïwanais travaillaient dans les villes satellites de Shanghai. Des ressortissants de l'île participaient à des programmes de télévision. Tchang Kaï-chek, considéré comme un traître absolu pendant ma jeunesse, commençait à être réhabilité pour avoir combattu contre le Japon pendant la période de front uni entre les communistes et le Kuomintang de 1937 à 1945. Les jeunes Chinois passaient leurs vacances sur l'île et étaient séduits par la courtoisie et l'art de vivre des Taïwanais. Le responsable du bureau des affaires taïwanaises du Conseil d'État m'assurait que la règle « un pays, deux systèmes » serait beaucoup plus favorable pour Taïwan, qui pourrait par exemple conserver une politique étrangère, que pour Hong Kong. Il m'avait d'ailleurs fait remarquer que dans un souci de conciliation, Pékin avait suspendu la diplomatie du chéquier visant à persuader les quelques pays qui entretenaient encore des relations avec Taïwan de les rompre au profit de la Chine. Pour la première fois, la Chine était restée muette en évitant toute ingérence lors des élections présidentielles de 2012, qui ont encore été remportées par Ma Ying-jeou du parti Kuomintang.

L'ascension pacifique de la Chine

Tel était le leitmotiv de la politique extérieure de Pékin, qui tenait à afficher un visage aimable.

La relation avec Washington restait l'alpha et l'oméga de la diplomatie chinoise. Les médias soulignaient la concomitance entre l'élection de Barack Obama et celle de Xi Jinping à l'automne 2012. Le sommet informel de Sunnylands en juin 2013, dans un cadre idyllique et décontracté en Californie, visait à établir un lien personnel entre les dirigeants des deux premières puissances mondiales. Tout en s'en défendant, les Chinois y voyaient le prélude d'un G2. Les États-Unis, quoi qu'ils fassent, ne subissaient jamais le même châtiment que les Européens. La rencontre de Nicolas Sarkozy avec le Dalaï-Lama a valu à la France un an de gel des relations alors que pour la même faute, les Chinois vitupérant pendant vingt-quatre heures contre Washington ont reçu le lendemain avec enthousiasme Michelle Obama et ses deux filles, dont l'ascension de la Grande Muraille a fait la une des journaux. Cela a fourni l'occasion de décrire les similitudes entre les deux *first ladies*, concept jamais utilisé auparavant en Chine. Il est vrai que Peng Liyuan, ancienne chanteuse célèbre, toujours élégante, constituait un atout. Pour autant, Barack Obama avait déjà annoncé le pivot vers l'Asie, suscitant la méfiance de Pékin.

Avec la Russie, la Chine a inauguré une nouvelle lune de miel, surtout au niveau des dirigeants. Xi Jinping a volé au secours de Vladimir Poutine en assistant à l'ouverture des Jeux olympiques de Sotchi en février 2014. Sans reconnaître l'annexion de la Crimée, il n'a néanmoins pas condamné la Russie. Cela n'a pas empêché que le contrat gazier du siècle ait été conclu la même année selon des termes financiers avantageux pour Pékin. Un internaute chinois avait critiqué le rapprochement des deux pays et conclu son tweet par une injonction : « Et reprenez votre parti communiste ! » J'avais replongé avec émotion dans les relations intimes et tumultueuses de ces deux pays en remettant la légion d'honneur en 2013 à une dame de quatre-vingt-dix-neuf ans, Elisabeth Kichkine « Lisha », surnommée « la grand-mère russe de la Chine », épouse d'un des premiers dirigeants communistes chinois, Li Lisan, ancien étudiant-ouvrier en France, éclipsé par Mao, torturé comme espion soviétique pendant la Révolution culturelle et mort en prison.

L'année 2014 fut celle de la célébration du cinquantième anniversaire de l'établissement des relations diplomatiques entre la France et la Chine, le 27 janvier 1964, sur décision du général de Gaulle « sous le poids de l'évidence et de la raison ». Visionnaire, celui-ci ajoutait d'ailleurs que la Chine retrouverait sans doute un jour la première place qui était la sienne. Cela introduisait une dimension affective dans la relation, même s'il ne faut pas se leurrer sur sa signification. Les Chinois nous considèrent comme des romantiques. Ils sont pragmatiques. Diverses manifestations ont été organisées. La Fondation Charles-de-Gaulle a apporté la déesse noire du général. J'ai reçu à l'ambassade les étudiants de la promotion 1964 qui avaient été envoyés à l'université de Rennes. Xi Jinping a effectué une visite d'État en commençant par Lyon où il a souhaité se rendre au fort Saint-Irénée, siège de l'ancien Institut franco-chinois qui accueillait dans les années vingt les étudiants-ouvriers et qui a vu passer Zhou Enlai et Deng Xiaoping. Dans le vol pour Paris à bord de l'avion gouvernemental chinois, Peng Liyuan est venue m'apporter un article d'une revue qui m'était consacrée, sous le titre « Le rêve chinois de l'ambassadrice Bailin ». Mon nom chinois, donné par mon professeur, signifie « forêt blanche ». C'est une combinaison de *bai*, l'idéogramme de la couleur blanche, transcription phonétique de la première syllabe de mon nom, et *lin*, « forêt », signification de « Sylvie » en latin. J'aimais la sonorité de ce nom. Les Chinois ont une grande liberté de choix dans ce domaine. Beaucoup portaient encore des prénoms aux accents révolutionnaires donnés pendant la ferveur de la Révolution culturelle. Le discours de Xi Jinping à l'Élysée a été très élogieux sur la France, soulignant son influence, notamment dans tous les domaines artistiques. Il a cité la sentence de Confucius sur les différents âges de la vie : « À cinquante ans, on connaît le décret du ciel. » J'avais dîné à Lyon à côté de l'auteur de ses discours truffés de référence littéraires. Wang Huning parle couramment le français, appris à l'université Aurore de Shanghai. À Pékin, il est invisible.

Xi Jinping a poursuivi sa tournée européenne par une première visite officielle aux institutions bruxelloises. La Chine a réaffirmé son soutien à l'Union européenne, toujours dans l'idée d'un contrepoids aux États-Unis, et a acheté de la dette en euros lors de la crise financière. L'Europe était incarnée par Angela Merkel en raison de sa personnalité et du poids économique de l'Allemagne. On disait souvent en Chine que la France s'appuyait sur la culture, l'Allemagne sur les voitures et le Royaume-Uni sur l'éducation.

C'était le temps du renforcement de la Chinafrique. Xi Jinping recevait en grande pompe les chefs d'État et de gouvernement du continent dans le cadre des sommets Focac (Forum sur la coopération sino-africaine). Des fonds considérables y étaient consacrés. Les ambassadeurs africains à Pékin me disaient que nous ne pouvions critiquer cette prééminence car les Français – et les Européens, de manière générale – s'étaient détournés de l'Afrique en laissant le champ libre aux Chinois qui, eux, avaient fourni, sans conditions, des infrastructures nécessaires – aéroports, routes, voies de chemins de fer – qui avaient permis un désenclavement des pays et l'amorce d'une croissance. Certes, tout n'était pas idéal, mais au final, c'était bénéfique pour l'Afrique. La Chine y trouvait en retour des soutiens dans les instances internationales.

C'est cette même logique qui a inspiré la création de la Banque asiatique d'investissement pour les infrastructures[4]. Cela se situait certes dans le contexte de la querelle avec le Japon et pouvait concurrencer la Banque asiatique de développement (BAD) dont le siège est à Tokyo, mais le préfigurateur, Jin Lijun, alors vice-ministre de l'Économie, lecteur d'*À la recherche du temps perdu* en français, était venu me voir pour me faire part du constat chinois de manque criant d'infrastructures dans les pays voisins. La Chine disposait de fonds importants mais souhaitait une gouvernance internationale. C'était la raison pour laquelle elle faisait appel à nous et à d'autres pays européens qui ont

4. AIIB : Asian Infrastructure Investment Bank.

accepté. Les États-Unis ont refusé, mais un ancien conseiller économique d´Obama a reconnu quelques années plus tard dans un colloque qu'ils avaient commis une erreur.

Une logique similaire, mais cette fois-ci sous le contrôle exclusif de la Chine, a inspiré l'initiative des nouvelles routes de la soie. L'objectif initial était d'écouler les énormes surplus, de trouver de nouveaux marchés, mais cela permettait également d'exercer une influence sur les pays concernés – cent quarante aujourd'hui. Cela a pris une ampleur inédite.

À l'opposé de ce développement des relations avec le monde, une crise majeure a éclaté avec le Japon autour des îles Diaoyu/Senkaku nationalisées en septembre 2012 par le Japon. La Chine a immédiatement protesté, envoyé l'aviation et, pendant quelques mois, a réveillé un climat d'hostilité avec le Japon. L'ambassade japonaise était voisine de la nôtre. Chaque jour, j'entendais les cris des manifestants « spontanés » amenés en car pour crier des slogans antijaponais et jeter des œufs. La relation sino-japonaise a toujours été en dents de scie. Mao a avoué à un de ses interlocuteurs japonais qu'il n'en voulait pas à Tokyo dont l'invasion avait permis la victoire du Parti communiste. Le Japon a également beaucoup aidé au développement de la Chine. En même temps planent encore les souvenirs du « viol de Nankin » où les Japonais ont torturé, violé et assassiné des milliers de Chinoises, du martyre des femmes de réconfort chinoises forcées à se prostituer dans des bordels pour soldats japonais – crimes jamais reconnus officiellement et qui d'ailleurs entraînent les mêmes controverses récurrentes avec Séoul. La visite des Premiers ministres japonais successifs au temple de Yasukuni, honorant la mémoire des criminels de guerre condamnés par le tribunal de Tokyo, ravive encore la flamme de la haine des Japonais, entretenue quotidiennement par la présentation de films de la guerre antijaponaise à la télévision. Les relations se sont apaisées depuis, mais la constitution d'un outil naval chinois puissant inquiète Tokyo et les pays riverains compte tenu des territoires contestés.

La mort de Kim Jong-il a surpris les Chinois, qui ont mis du temps à retrouver leurs repères et leur influence à Pyongyang. L'héritier, Kim Jon-un, qu'ils connaissaient mal, avait même fait assassiner son oncle qui était le point de contact principal avec Pékin. Les jeunes Chinois qui cherchaient à comprendre ce qu'avait pu être leur pays du temps de la révolution faisaient des voyages touristiques en Corée du Nord comme on allait à Pékin dans les restaurants rouges retrouver l'atmosphère et la vie d'antan. J'y avais invité mes équipes lors de la célébration du quatre-vingt-dixième anniversaire de la fondation du Parti communiste. Le communisme était tellement éloigné des mentalités de l'époque qu'un négociateur chinois sur les questions aéronautiques, entendant les chants et danses révolutionnaires préparés par la direction, a jugé que c'était ridicule car « les Européens sont plus communistes que les Chinois » !

La Chine est un monde en soi. Il est important de voyager du sud au nord et de l'est à l'ouest de l'empire pour en prendre la mesure. Sauf au Tibet, dont les bureaux de représentation du ministère des Affaires étrangères me faisaient régulièrement savoir qu'ils étaient trop occupés (à quoi, puisqu'ils ne recevaient plus d'étrangers ?) pour me recevoir, je suis allée dans toutes les provinces accompagnée des différents chefs de service, commercial ou culturel, en fonction des dossiers concernés. Dans le système méritocratique du Parti, les gouverneurs et les secrétaires sont nommés à la tête de provinces dont la taille et le PIB équivalent à ceux de pays européens, avant d'exercer des fonctions nationales. J'ai ainsi pu rencontrer ces grands dirigeants qui pouvaient être appelés au Comité permanent ou à la fonction suprême : ainsi Wang Yang à Shanghai et Hu Chunhua à Hohhot, capitale de la Mongolie-Intérieure, surnommé « le petit Hu » par comparaison avec Hu Jintao, pressenti pour le remplacer en 2022 à la tête du Parti si Xi Jinping n'avait pas modifié les règles du jeu, lui permettant d'effectuer un troisième mandat. Les week-ends n'étant pas fériés, les entretiens pouvaient avoir lieu le samedi ou le dimanche, ce qui ne mordait pas sur les activités à Pékin. Ces rencontres me fournissaient l'occasion de promouvoir les intérêts de nos entreprises, de soutenir tel ou tel projet, de visiter des usines françaises et de participer à des événements culturels comme la fête de la musique à Wuhan sur les bords du Yangzi ou dans la ville portuaire de Ningbo. Nous étions très présents sur l'ensemble de ce gigantesque territoire, qui était couvert par cinq consulats généraux (Shanghai, Shenyang, Chengdu, Wuhan et Canton). Afin de développer son *soft power*, la Chine organisait de nombreux forums de débats internationaux, dont celui de Bo'ao qui a accueilli un sommet des Brics (Brésil, Russie, Inde, Chine, Afrique du Sud) sur l'île de Hainan, l'île aux milliardaires.

J'assistais souvent à des foires internationales, comme à Ürümqi (Xinjiang) où les autorités avaient essayé de nous dissuader d'aller au bazar, sans doute de crainte que nous soyons témoins de tensions. Ce ne fut pas le cas. Pour les Chinois attachés à leur lieu d'origine, il était important que les ambassadeurs ne se limitent pas à Pékin ou à Shanghai. Des bureaux dépendants du Waijiaobu, le ministère des Affaires étrangères, étaient établis dans chaque capitale de province pour organiser nos visites. J'ai aussi souvent pris mes congés sur place pour m'imprégner de la variété de ce pays.

J'avais une affection particulière pour la région montagneuse du Yunnan peuplée de dizaines de minorités à la frontière du Laos, de la Birmanie et du Vietnam, pour la région inaccessible des Dong aux ponts et temples de bois au milieu de rizières en terrasse, remplies d'eau, miroirs du ciel, dans l'attente des pousses vert tendre au printemps. J'aimais me reposer un week-end à Pingyao, ville fortifiée à l'architecture Ming et Qing préservée qui a servi de cadre au beau film *Épouses et concubines* du cinéaste Zhang Yimou. Et tout au nord, la ville de Harbin, à la confluence des cultures chinoise et russe, avec sa synagogue, sa cathédrale orthodoxe, ses sculptures de glace, son pain dénommé *xleb* (comme en russe) et ses esquimaux au goût moscovite centenaire que l'on déguste même au cœur de l'hiver. Un souvenir qui m'est cher : la visite sur le lieu de tournage du film de Jean-Jacques Annaud *Le Dernier Loup*, tout au nord de la steppe mongole, où j'ai pu prendre des petits loups de trois mois dans mes bras.

Ces trois années et demi sous les signes du Lapin, du Dragon, du Serpent et du Cheval ont été particulièrement riches en événements et en rencontres dans les coulisses d'une élection au pouvoir suprême. C'était une Chine à l'apogée de son ouverture, enthousiaste et aimable, croyant à l'avenir, où le ciel était la seule limite. Elle était fière de ses réussites, notamment d'avoir permis de sortir huit cents millions de personnes de la pauvreté. L'activité dans les domaines diplomatique, économique, scientifique et culturel était incessante, qu'il faille appuyer un contrat Airbus ou faire des démarches pour rallier les Chinois à nos positions au Conseil de sécurité. J'ai accueilli deux fois le président Sarkozy, une fois le président Hollande.

J'ai reçu le Premier ministre et le président de l'Assemblée. Je n'ai pas compté le nombre de visites, plusieurs fois par an, du ministre des Affaires étrangères ou d'autres ministres. Tous les patrons du CAC 40 venaient régulièrement car, selon l'un d'entre eux, pour être premier dans le monde, il fallait être premier en Chine. Ils ouvraient de nombreuses usines non pour profiter de bas coûts de production alors que les salaires augmentaient déjà de 10 % par an, mais parce que c'était le plus vaste marché du monde. Les consommateurs de la classe moyenne en cours de constitution étaient avides de voitures ou de produits occidentaux dernier cri. Les chefs d'entreprise avaient encore l'illusion, en transférant la technologie, de garder un temps d'avance. La Chine était en ces années optimistes le lieu où il fallait être. Les collectionneurs s'arrachaient les moindres toiles dans le quartier d'art 798, une ancienne usine d'Allemagne de l'Est reconvertie en quartier des artistes. J'ai rencontré, outre les officiels, des personnalités attachantes, des autodidactes, anciens chiffonniers venus de nulle part devenus milliardaires, aux manières restées frustes mais qui envoyaient leurs enfants étudier à Eaton, Oxford, Cambridge ou Harvard, des écrivains, des artistes d'avant-garde, des avocats, des internautes contestataires qui aspiraient à davantage de liberté d'expression. Le *soft power* chinois commençait à s'imposer à l'étranger, avec les instituts Confucius et l'apprentissage du mandarin. On sentait néanmoins pointer une forme d'arrogance, si contraire à la ligne prônée par Deng Xiaoping de cacher son talent en attendant son heure. Beaucoup de Chinois me disaient, lorsque j'ai quitté la Chine à la fin de l'été 2014, que même s'il y avait pour deux pas en avant, un en arrière, c'était toujours un pas en avant. Les choses évolueraient malheureusement dans une autre direction.

Chapitre 10

MALAISE DANS LA MONDIALISATION : LE BREXIT

Londres – août 2014-septembre 2017

J'ai été nommée à la fin du mois d'août 2014 comme ambassadeur auprès de la cour de Saint-James, donc auprès de Sa Majesté – car tel est l'usage –, et non du Premier ministre.

En passant d'un poste à l'autre, un accommodement au changement de vie est toujours nécessaire. Mais c'est aussi ce qui fait le sel de notre métier. Après l'atmosphère particulière des voyages en long-courriers et les décalages horaires d'un continent à l'autre, j'allais passer sous la Manche en Eurostar. Les tasses de thé fort au lait sucré allaient remplacer les légers thés verts chinois. Ce *white tea* avait le goût de la petite madeleine, comme les biscuits au gingembre que j'ai découverts lorsque de douze à seize ans, je passais mes vacances de Pâques dans une famille à Brighton pour apprendre l'anglais. J'avais d'ailleurs demandé une affectation à Londres après mon premier séjour à Pékin. J'avais eu un parfum d'Angleterre mêlé à celui de la Chine tout au début de ma carrière, à Hong Kong. J'étais donc très heureuse de cette affectation.

Je suis arrivée en gare de Saint-Pancrace quelques minutes après le départ de mon prédécesseur, Bernard Émié, avec qui j'avais travaillé jeune à la direction d'Asie et qui m'avait très chaleureusement accueillie lors d'une escale prolongée à New Delhi entre Paris et Pékin. Nous n'avions pas le droit de nous croiser en territoire britannique car il ne peut y avoir deux ambassadeurs dans un même pays. J'étais d'ailleurs porteuse, avec mes lettres de créance, des lettres de rappel de mon prédécesseur. J'étais attendue par le service du protocole britannique et par le ministre-conseiller, Jonathan Lacôte, un de mes anciens adjoints du service de la politique étrangère et de sécurité commune que j'étais très heureuse de retrouver. J'ai eu le privilège à la sortie de prendre le « couloir de la reine », qui permet à Sa Majesté d'échapper aux regards.

Nous sommes allés directement à la résidence française du 11 Kensington Palace Gardens, située dans une allée ombragée qui jouxte le parc et le palais de Kate et William. Cette voie gardée par de hautes grilles que certains chauffeurs de taxi, pleins de révérence, n'osent parfois pas franchir est surnommée « l'allée des milliardaires » car en dehors des ambassades, elle abrite les belles demeures des étrangers très fortunés : l'Indien Lakshmi Mittal, l'Ukrainien Leonard Blavatnik, le Russe Roman Abramovitch ou le Chinois Wang Jianlin – celle de ce dernier aussi vite acquise que revendue dans le cadre de la lutte anticorruption menée par Xi Jinping. Sans avoir le cachet historique de l'ancienne demeure de Pauline Bonaparte acquise par l'ambassade britannique à Paris, cette résidence est très élégante et surtout très *cosy*. Du haut de leurs portraits, les illustres ancêtres Talleyrand et Chateaubriand veillent sur les nouveaux ambassadeurs.

J'aime les villes à la campagne, l'animation et la vie culturelle, mais aussi les arbres et les animaux. Les nombreux parcs de Londres me ravissaient. Un renard roux se reposait au petit matin dans le fond du jardin. Des canards étaient venus du bassin du parc voisin de Kensington. Un écureuil avait élu domicile sur le marronnier à l'entrée de la résidence et bombardait de marrons les invités qui s'aventuraient à pied. J'avais été fascinée de voir un jour Maître Renard monter les marches du perron du Foreign Office. Comme je faisais part de ma surprise, un de mes interlocuteurs anglais m'a dit : « Ah, mais que faites-vous donc de vos renards à Paris ? » J'ai toujours pensé que c'est grâce à cette respiration de nature et de verdure que les Londoniens sont souvent moins stressés que les Parisiens.

Le retour dans la vieille Europe était un changement de monde. Londres est un poste prestigieux, traditionnel, généralement de fin de carrière. Mes premiers interlocuteurs britanniques m'ont d'ailleurs dit que je risquais de m'ennuyer dans un pays aussi tranquille et sans histoire après mon séjour en Chine.

Référendum écossais

Dès mon arrivée, cependant, l'organisation du référendum sur l'indépendance de l'Écosse, le 18 septembre, a pimenté la vie politique. Le Premier ministre David Cameron, convaincu qu'il n'y avait aucun risque, avait accepté les conditions des indépendantistes (toute personne au-dessus de seize ans et résidant en Écosse). Le sujet ne faisait pas les gros titres. Or, tout à coup, quelques jours après mon arrivée, un sondage avait donné pour la première fois une majorité en faveur de l'indépendance.

David Cameron a alors commencé à mobiliser les milieux d'affaires de façon frénétique en les invitant à faire valoir les risques économiques, notamment les difficultés résultant de la dépendance de la livre écossaise à la banque d'Angleterre. L'ancien Premier ministre Gordon Brown, appelé à la rescousse, a prononcé le discours le plus inspiré de toute sa carrière politique. Le patron du grand magasin Waitrose a mis en garde contre le risque d'augmentation des produits de consommation courante. Les partisans du non affirmaient que l'Espagne s'opposerait à l'entrée de l'Écosse dans l'Union européenne pour ne pas créer de précédent pour la Catalogne. Après un léger frisson d'inquiétude, le référendum a été gagné, selon Westminster, « pour une génération », et des ministres m'ont assuré qu'il suffirait de reproduire les mêmes recettes fondées sur la rationalité économique pour le référendum sur le Brexit.

J'avais attendu, pour me rendre à Édimbourg, la tenue du référendum afin d'éviter des entretiens – qui auraient pu être mal interprétés – avec des personnalités politiques de l'un ou l'autre bord en cette période électorale tendue. J'avais eu cependant l'occasion de rencontrer au célèbre tournoi de golf de Gleneagles la figure tutélaire de l'indépendance, Alex Salmond, Premier ministre d'Écosse, qui allait passer le flambeau à son adjointe Nicola Sturgeon. J'y ai effectué ma première visite officielle la semaine suivante. Les tensions n'avaient pas disparu. L'Écosse était divisée. Les voitures portaient encore des autocollants, et j'ai vu des manifestations résiduelles. J'ai été invitée à assister à une séance de questions au parlement de Holyrood, où les adversaires visés par les indépendantistes étaient les travaillistes plus que les conservateurs. Même au consulat général, les agents français de droit local avaient pris fait et cause pour l'indépendance, et l'une d'eux m'avait même dit cette phrase étonnante venant d'un ressortissant français : « On n'a plus rien à attendre de Westminster ! »

Les Français ont toujours un petit faible pour l'Écosse, et inversement, en souvenir de l'*Auld Alliance* conclue au XIIIe siècle contre le royaume d'Angleterre. Édimbourg est surtout une des plus belles villes de Grande-Bretagne, qui accueille un festival international comparable à celui de Cannes. La campagne est propice aux plus belles randonnées dans une lande sauvage jusqu'au Grand Nord, à Ackergill, où j'ai fêté Hogmanay, le nouvel an écossais, avec des amis.

Le Royaume-Uni était alors prospère, avec un taux de croissance (3 %) supérieur à celui des autres pays du G20, le quasi-plein emploi, et surtout une assurance tranquille et même l'optimisme d'un pays à qui tout réussit. Le souvenir du succès des Jeux olympiques était prégnant – « les plus beaux jours de ma vie », m'avait dit une jeune journaliste, quand combinant savoir-faire et humour, la reine avait réalisé un saut en parachute avec James Bond sur le site olympique. Le Premier ministre Manuel Valls venait dans la City pour rassurer sur notre intérêt pour le monde de l'entreprise après les déclarations du candidat François Hollande – « Mon ennemi, c'est la finance ! » – et l'annonce d'une taxe à 75 % sur les hauts revenus. Le maire charismatique de Londres, un certain Boris Johnson, adorait se moquer des Français et annoncer qu'il déroulerait un tapis rouge aux hommes d'affaires. Le ministre de l'Économie Emmanuel Macron et d'autres venaient chercher à Londres les recettes du succès économique et de l'optimisme.

Le personnel politique était de qualité. David Cameron avait été élu en 2010 après trois élections successives de Tony Blair. Nick Clegg, dirigeant du Parti libéral démocrate (LibDem), avait remporté un succès qui lui avait valu le poste inexistant jusqu'à cette date de vice-Premier ministre. Ils étaient jeunes, modernes et plutôt centristes. David Cameron se réclamait d'un *compassionate conservatism* et tirait notamment fierté d'avoir fait voter le mariage gay. Il était convaincu d'avoir installé les Tories pour au moins dix ans, d'autant que l'élection à l'été 2015 d'un gauchiste à la tête du parti travailliste, Jeremy Corbyn, figé dans les années soixante-dix, suscitait l'hilarité des conservateurs, même si beaucoup de parlementaires m'ont avoué que leurs enfants avaient voté pour lui.

The Crown

L'acmé du *soft power* britannique est la reine, qui jouit d'une grande vénération car elle incarne l'unité du pays et l'Histoire, ayant rencontré tous les Premiers ministres depuis Winston Churchill, tous les présidents américains depuis Dwight D. Eisenhower et français depuis le général de Gaulle. Une républicaine galloise qui avait eu l'impudence de l'appeler « Mrs Windsor » s'était fait tancer par des membres de son parti. Les Brexiters essaieront même d'effrayer les Anglais en laissant entendre pendant la campagne que l'Union européenne imposerait la suppression de la monarchie. En dehors d'une brève période où elle s'est trouvée décalée par rapport à son peuple lors du décès de la princesse Diana, elle jouit d'une grande popularité. La révérence et l'adoration de ses sujets se renforcent même au fil des ans, pour sa dignité et sa détermination à respecter son serment de servir son peuple jusqu'à la fin. La monarchie s'entoure de tout une pompe (*pageantry*) : châteaux, carrosses, bals, garden-party au château de Buckingham, mariages royaux et discours de la reine lors de la cérémonie d'ouverture du parlement conforme à la tradition Tudor.

J'ai rencontré Sa Majesté à plusieurs reprises, d'abord lors de la présentation de mes lettres de créance qui est un moment unique dans une vie diplomatique. Le grand jour est arrivé. Entre-temps, le protocole a organisé une répétition de ce rituel précis et immuable. Ce matin-là, la chef du protocole en uniforme, bicorne et sabre, est venue me chercher en carrosse à la résidence. J'ai souhaité qu'il reste ouvert malgré le froid de novembre, mais tout est prévu car il y a des couvertures chauffantes. Le carrosse a longé Hyde Park, est passé devant l'hôtel particulier de l'ambassade au 58 Knightsbridge, où l'équipe s'était amassée sur la terrasse pour applaudir. En ce jour spécial, on a le droit de passer sous l'arc de triomphe de Wellington. Je suis arrivée dans la cour du palais de Buckingham à l'heure du changement de la garde aux bonnets en poils d'ours. Le maréchal du corps diplomatique m'attendait. Une sonnerie retentit. La porte à deux battants s'ouvre. La reine attend au milieu de la pièce. J'entre, en posant le pied gauche aux côtés du maréchal. Nous nous inclinons ensemble puis il se retire. Il m'a dit ne jamais avoir lui-même assisté à la cérémonie. La porte se referme. Je fais de nouveau deux pas, incline la tête. Je me dirige vers la reine qui tend la main. On s'adresse à elle la première fois en disant « *Your Majesty* », et ensuite simplement « *Ma'am* ». Regardant ses yeux bleus et son sourire, j'avais le sentiment d'être face à l'Histoire en songeant à tous ces grands dirigeants qu'elle avait rencontrés. Je lui ai remis mes lettres de créance, puis a commencé un échange de quinze minutes. Elle a remercié la France pour la visite d'État qu'elle venait d'effectuer dans le cadre de la commémoration du débarquement en Normandie. Elle m'a dit en souriant que sur son passage, certains avaient crié « Vive le duc ! » ou « Vive notre duc ! ». Elle a souvent un petit air amusé et connaît parfaitement les dossiers, de politique étrangère comme de coopération bilatérale, transmis par le Foreign Office dans les fameuses boîtes rouges marquées du *ER* (« Elizabeth Regina »), surmonté d'une couronne. À l'issue de l'entretien, je prends place à ses côtés et lui présente le ministre-conseiller, l'attaché de défense, le consul général et le chef du service économique et financier. Ils sont repartis ensemble, mais le dernier qui lui a été présenté devait se retourner pour saluer au milieu de la pièce. C'était cocasse parce qu'il a hésité et fait un petit pas de deux. On m'a dit que cela amusait la reine quand tout n'était pas au cordeau.

Je suis rentrée à la résidence en carrosse. Le maréchal du corps diplomatique a vérifié si j'avais noté la couleur de la robe de la reine. Elle était bleue. Soixante-quinze pour cent des ambassadeurs étaient trop émus pour le remarquer. Peut-être aussi parce que c'étaient des hommes ? En fait, je l'ai vu lorsque je me suis placée à côté d'elle et que c'était au tour de mon équipe de répondre à ses questions. J'ai donné des carottes aux chevaux qui avaient tiré mon carrosse. Un vin d'honneur était organisé pour quelques collègues et membres de la communauté française. Après quelques mots de remerciements, nous avons porté le toast traditionnel à la reine et au président de la République. Comme je confiais au maréchal du corps diplomatique – avec qui j'entretiendrai toujours des relations amicales – ce que représentait ce moment unique, il m'a glissé : « On pourrait dire "merci pour ce moment" ! » À la même heure, dans une librairie de Piccadilly, se tenait une réception pour la publication de la version anglaise du livre de Valérie Trierweiler qui avait suscité tant de sarcasmes au Royaume-Uni.

Outre les ambassadeurs et le Premier ministre avec qui elle s'entretient une fois par semaine, la reine reçoit les personnalités de haut rang récemment nommées. Tous ceux qui l'ont rencontrée m'ont dit ressentir ce même sentiment de griserie. Par la suite, j'ai croisé Sa Majesté au début de l'été, aux garden-parties de Buckingham Palace, et au bal de fin d'année où elle passait de salle en salle, dans une robe blanche barrée d'un ruban bleu et portant la tiare. Elle allait des plus anciens membres du corps diplomatique, notamment le doyen koweïtien en poste à Londres depuis plus de vingt ans et le nonce apostolique, aux plus récents. Suivaient de près le prince Philip, qui se tenait très droit dans son uniforme militaire, les mains dans le dos, et arborait un sourire narquois, le prince Charles et Camilla, puis William et Kate. Tous d'une impeccable patience et courtoisie. La dernière salle était celle des chefs de service de l'ambassade. Généralement attiré par les uniformes ou costumes traditionnels, le prince Philip s'était dirigé vers les Français pour leur dire : « Vous avez un nouvel ambassadeur : *it's a girl !* »

Lorsque Emmanuel Macron a déclaré sa candidature, la reine m'a dit qu'il se passait des choses intéressantes en France et m'a demandé avec insistance s'il avait un parti, tellement cela pouvait être étonnant dans ce pays où la fin du bipartisme historique sur lequel reposait la vie politique était impensable.

Sinon, je la voyais dans son carrosse aux cérémonies des couleurs (*trooping the colours*), pour son anniversaire officiel ou aux courses de chevaux d'Ascot, où l'on avait l'impression d'être des figurants de *My Fair Lady*, les hommes en habit et haut-de-forme, les femmes rivalisant d'élégance coiffées d'immenses chapeaux fleuris.

Les ambassadeurs étaient invités à la rentrée parlementaire pour assister au discours de la reine. Les deux premiers auxquels je me suis rendue étaient très solennels. En 2017, le discours a été retardé en raison du Brexit. La reine se trouvant déjà au château de Windsor pour assister aux courses d'Ascot, on l'a dite fort mécontente. En tout cas, son apparition a créé la surprise, car elle était en tenue de ville et portait un chapeau bleu orné de marguerites jaunes qui évoquait le drapeau étoilé de l'Union européenne, ce qui a suscité quelques spéculations aussitôt démenties par son entourage.

Le prince Charles ne jouissait pas de la même affection, même si l'affaire Diana était loin et que Camilla avait fini par être acceptée. J'ai connu lors de mon séjour le scandale dit des « mémos de l'Araignée noire », ainsi nommé en raison de l'écriture du prince Charles, accusé par le *Guardian* d'avoir outrepassé ses prérogatives en saisissant par lettres les membres du cabinet. Après divulgation de ces courriers, il est apparu qu'ils portaient sur l'environnement pour la protection duquel il était un réel précurseur, l'architecture et le bien-être des soldats – préoccupations qui sont tout à son honneur. Personne n'en a plus entendu parler, mais cela révèle les réticences qu'il peut susciter. J'ai rencontré le prince Charles à plusieurs reprises. Il est particulièrement courtois et agréable. Je l'avais invité sur le bâtiment de la marine nationale qui croisait au large de Cardiff lors du sommet de l'OTAN en septembre 2014. Il a tenu à s'adresser aux marins en français. Je suis allée plusieurs fois à Clarence House, sa résidence, où je lui ai remis les insignes de commandeur dans l'ordre du mérite agricole en reconnaissance de son action en faveur de l'environnement. Il en était très fier, et j'ai vu qu'il les avait portés lorsque le président Emmanuel Macron est venu décerner le 18 juin 2020 la légion d'honneur à la ville de Londres. Si le sujet de sa légitimité n'est pas posé en interne, certains pays du Commonwealth considèrent comme un anachronisme d'avoir un monarque lointain et pourraient soulever la question après le décès de la reine, même si celle-ci a réussi à le faire reconnaître comme chef du Commonwealth. La Barbade a déjà fait le choix d'être une république en 2021.

J'ai accueilli Kate et William à l'ambassade lorsqu'ils sont venus signer le livre de condoléances après les attentats du Bataclan. J'ai également reçu Harry pour la signature du livre après les attentats terroristes contre les journalistes de *Charlie Hebdo*. Je l'ai revu lorsqu'il a organisé à Londres, avec une grande empathie à l'égard des soldats blessés au combat, les Invictus Games.

Cependant, selon les règles constitutionnelles non écrites, les monarques britanniques règnent mais ne gouvernent pas. La reine ne s'est d'ailleurs exprimée qu'une seule fois avant le référendum d'indépendance écossaise, quand l'unité du royaume et sa chère Écosse, où est situé le château de Balmoral, ont été menacées – et encore, par un *understatement* (litote) : « *Before you vote, think very carefully.* » David Cameron a eu le tort de se vanter de l'avoir persuadée d'intervenir et de dire que la reine avait ronronné lorsqu'il lui avait annoncé le résultat du vote. Le palais avait fait savoir son mécontentement, selon la formule de sa trisaïeule Victoria : « *We are not amused.* » Un Britannique m'a rapporté que quelqu'un avait posé la question de l'utilité d'un roi ou d'une reine au XXIe siècle. La réponse avait été que cela empêchait que le Premier ministre ne se prenne pour un roi. Ce système dual, où chacun est à sa place, a des mérites.

Le gouvernement

Effectivement, si la reine incarne l'unité du royaume, vit dans le respect des traditions et s'entoure de tout l'apparat, le Premier ministre et son cabinet ont un mode de vie sobre. La communication est simple avec les ministres, qu'on appelle par leur prénom. Ils n'hésitent pas à prendre le métro ou à circuler à vélo. Le 10 Downing Street, dont le portail apparaît dans de nombreux reportages avant une déclaration de son occupant, est une maison bourgeoise modeste. Parfois, dans l'attente, les journalistes se réjouissent de voir Larry the Cat, le chasseur de souris en chef, qui dispose d'un compte Twitter humoristique très populaire où il se moque des locataires successifs. Il a d'ailleurs son pendant au Foreign Office, Gladstone, surnommé le « diplocat ». Frédéric, un jeune du service de presse, m'avait suggéré de prendre un chat et de lui ouvrir aussi un compte Twitter. Il ne doutait pas qu'il aurait eu du succès. Je l'aurais appelé Talleyrand, mais j'y ai renoncé, car c'était trop peu de temps avant mon départ.

Les membres du gouvernement étaient compétents et sérieux : le chancelier de l'échiquier George Osborne, très brillant et europhile autant qu'on peut l'être au Royaume-Uni ; Philip Hammond, ministre de la Défense, puis des Affaires étrangères et chancelier sous Theresa May ; Theresa May, justement, à l'Intérieur ; Jeremy Hunt, ministre de la Santé ; Amber Rudd, ministre de l'Énergie ; David Lidington, ministre des Affaires européennes, le premier à m'avoir accueillie en août 2014 au Foreign Office.

Les élections générales de 2015 ont été l'apogée du système Cameron. Contre toute attente, le parti tory avait obtenu la majorité absolue alors que tous les commentateurs s'attendaient à un parlement minoritaire et, une fois de plus, à un gouvernement de coalition. Il régnait une euphorie incroyable lors de la conférence du Parti à l'automne 2015 à Manchester. Son discours sur le conservatisme social était une forme d'« en même temps » avant la lettre, loin du *nasty party*[1] ultra-conservateur dénoncé par Theresa May quelques années plus tôt. Dans le hall, plusieurs stands vendaient sa biographie, *Call me Dave*, ou des produits dérivés du parti tory. J'ai acheté la paire de mugs sur lesquels figure la silhouette de Maggie Thatcher, ornés d'une citation de François Mitterrand : « Le sourire de Marilyn et les yeux de Caligula »... Or, six mois plus tard, un an à peine après cette réélection triomphale, c'était la chute. Avec le recul, cela s'est révélé une victoire à la Pyrrhus. David Cameron avait fait campagne sur la promesse d'un référendum sur l'appartenance à l'Union européenne d'ici à 2017 pour affaiblir les positions électorales du parti nationaliste de Nigel Farage. La présence des LibDem dans le gouvernement aurait probablement empêché la tenue de ce référendum.

La tempête du Brexit

David Cameron avait ainsi pris l'engagement, lors de son discours de Bloomberg en 2013, d'organiser un référendum sur l'appartenance du Royaume-Uni à l'Union européenne en cas de victoire électorale. Il n'y avait plus d'échappatoire. Mais il a été confronté au plus mauvais alignement des planètes possible, à commencer par la date retenue pour le référendum, le 23 juin 2016. Alors qu'il pensait

1. Le « méchant parti ».

bénéficier d'une période de grâce après sa réélection, l'année 2015 a connu une vague migratoire sans précédent, notamment vers le Royaume-Uni. C'est précisément par ce biais que Nigel Farage a réussi à établir le lien avec l'Union européenne qui, si elle n'était pas très populaire, n'arrivait cependant qu'au dixième rang des préoccupations des Britanniques. Il a accusé le principe de libre circulation d'être coupable de tous les maux pour les habitants des zones défavorisées qui estimaient que les immigrés leur prenaient leur emploi, les places d'école de leurs enfants ou encore les lits dans les hôpitaux. Le dirigeant du parti nationaliste UKIP (UK Independence Party) multipliait les mensonges, exploitant la décision d'Angela Merkel d'accueillir un million de réfugiés et réalisant une affiche de propagande haineuse et mensongère qui soulignait que le nombre était un point de rupture. Il a laissé entendre que des dizaines de millions de Turcs, appelés à adhérer rapidement sans droit de veto de Londres, viendraient tous s'installer au Royaume-Uni. Trois mensonges dans la même phrase, mais en ces temps de vérités alternatives ou de « post-vérités » – mot qui a fait son entrée dans l'*Oxford Dictionary* en 2016 –, le mensonge a cessé de constituer le péché ultime.

À la question migratoire qui dominait au Nord s'ajoutait la question identitaire qui touchait davantage les habitants aisés du Sud, nostalgiques d'un passé glorieux, qu'il s'agisse de l'empire ou de l'Angleterre qui aurait sauvé seul le continent européen en 1945. Se revendiquant anglais plutôt que britanniques, les Brexiters ne pouvaient se concevoir européens. Ils étaient frustrés également car depuis la dévolution décidée par Tony Blair en 1999, les autres nations – Écosse, pays de Galles et Irlande – avaient leur propre parlement, mais pas l'Angleterre.

Ces deux motivations du Brexit pouvaient ou non se cumuler. Assez cyniquement, un membre de la Chambre des communes parmi les plus virulents contre l'Union européenne n'était pas gêné d'avouer, lors d'un déjeuner à la résidence, qu'au fond, le problème n'était pas l'immigration, car il préférait une jolie serveuse lituanienne à un vieux grincheux anglais et un bon ouvrier polonais à un Anglais paresseux pour réparer les belles demeures…

Pour les travaillistes qui étaient censés faire campagne dans leur fief du Nord, le « mur rouge », David Miliband, poignardé dans le dos par son frère Ed, grand perdant des élections, avait laissé la place au plus anti-européen des dirigeants travaillistes : Jeremy Corbyn. Les électeurs ont plus ou moins été livrés à eux-mêmes.

Le choix opportuniste de Boris Johnson, qui venait de laisser sa place à Sadiq Khan à la mairie de Londres, a déstabilisé et affaibli David Cameron. Boris Johnson n'était pas particulièrement anti-immigration. La première fois que je l'avais rencontré lors d'un petit déjeuner-débat, la semaine suivant mon arrivée, il avait établi une comparaison entre Sparte, qui avait refusé de s'ouvrir et avait en conséquence disparu, et Athènes, ville ouverte qui avait survécu. Il faisait bien sûr allusion à Londres, ville cosmopolite où 40 % des habitants n'étaient pas nés au Royaume-Uni. Mais il avait pris la mesure de l'évolution à droite du parti tory et pensait qu'en prenant la tête de cette faction, il pourrait remplacer David Cameron lors des prochaines élections, à l'issue de son mandat. Une réplique d'Amber Rudd lors d'un débat sur les conséquences économiques du Brexit avait touché juste et révèle bien son état d'esprit : « Il n'y a qu'un chiffre qui intéresse Boris, c'est *number 10* », l'adresse de la résidence du Premier ministre. Son ambition est d'être un nouveau Churchill, dont il a écrit une biographie[2], suggérant la comparaison, et de sauver le Royaume-Uni dans les heures sombres. L'image de la campagne qui restera dans les annales est celle du bus rouge avec l'inscription mensongère des 350 millions de livres versées à l'Union européenne qui reviendraient au service de santé, véritable vache sacrée étonnante dans ce pays du libéralisme triomphant.

La campagne menée par les partisans du Brexit a été plus offensive et plus ciblée grâce au stratège efficace qu'était Dominic Cummings, en s'adressant aux laissés-pour-compte de la modernisation qui ne votaient jamais et qui nourrissaient des griefs contre les immigrés. Le recours aux algorithmes *via* Cambridge Analytica, qui a capté des milliers de données, a permis de les identifier et d'orienter les messages.

La campagne en faveur du maintien dans l'Union européenne est restée tout au long désincarnée, avec un slogan répété *ad nauseam* sans être précisé : le Royaume-Uni sera « *stronger, safer and better of* » (« plus fort, plus en sécurité et en meilleure posture ») dans l'Union européenne, avec l'imperturbable conviction que la rationalité économique l'emporterait *in fine* comme en Écosse. Des conservateurs reprenaient même à leur compte, pour se rassurer et nous rassurer, la formule de Napoléon selon laquelle les Anglais étaient une nation de boutiquiers, sans voir qu'ils traversaient une véritable crise identitaire. J'ai entendu plusieurs partisans du Brexit affirmer qu'ils étaient prêts à être plus pauvres pour être libres. Un groupe d'influence que j'avais rencontré avait trouvé un slogan qui me paraissait pertinent : « *Brexit is for the rich* », mais il n'avait pas été écouté.

2. Boris Johnson, *Winston. Comment un seul homme a fait l'histoire*, Stock, 2015 ; Le Livre de Poche, 2016.

Sur les plateaux, les experts décriés par le ministre de la Justice, Michael Gove – « on en a assez des experts dans ce pays » –, essayaient en vain de faire valoir leurs arguments face à des militants du Brexit parfois sans aucune qualification. La BBC a été victime de ce biais dans un souci de rester neutre, car elle est constamment menacée par les Tories qui veulent supprimer la redevance à ce qu'ils estiment être un repaire de gauchistes. Un journaliste de la Beeb[3] m'avait dit avant les élections que si les travaillistes l'emportaient, il perdrait son salaire, et si c'étaient les conservateurs, il perdrait son emploi.

Le rôle des tabloïds et en particulier du *Daily Mail* a été déterminant, d'autant que leur campagne contre l'Europe avait commencé depuis des décennies, depuis Bruxelles avec les « euromythes » inventés par Boris Johnson, licencié par le *Times* avant d'être repêché par le *Daily Telegraph* pour les propager. Autant de contre-vérités sur la courbure des bananes ou l'interdiction des chips au goût de crevette. Cela agaçait tout en amusant ses confrères, mais avec le temps, les conséquences sont loin d'être anodines. Le *Daily Mail*, qui tirait à plus d'un million d'exemplaires, a mené une campagne haineuse contre les émigrés et les élites « mondialisées ». Il ne s'embarrassait pas de faits vérifiés. Pour l'anecdote, j'ai été victime de ce tabloïd qui a publié un article dans lequel un journaliste racontait que lorsque j'avais été reçue avec Hubert Védrine par le nouveau ministre des Affaires étrangères du Shadow Cabinet, Hilary Benn, j'aurais fait un scandale parce qu'à la place du thé et des biscuits qui m'ont été offerts, j'aurais exigé du champagne. Il n'y avait pas un mot de vrai, mais c'est resté sur les réseaux sous le nom de *biscuit gate*. Des amis

3. Surnom de la BBC.

britanniques m'ont rassurée le soir lors d'un dîner en me disant que c'était la preuve que je faisais partie de la vie sociale et politique britannique.

David Cameron a mené une campagne solitaire. L'ancien pourfendeur de l'Union européenne, qui revendiquait mille victoires à ses retours des Conseils européens à Bruxelles, pouvait-il se transformer du jour au lendemain en héraut de l'Union européenne ? Sa conviction que la raison l'emporterait sur les passions l'a conduit à négliger les avertissements, à ne jamais mentionner les risques de réunification de l'Irlande ou d'indépendance de l'Écosse. Les conséquences du Brexit sur l'influence en politique extérieure auraient pu être traitées sérieusement. Il avait justement convoqué les ambassadeurs et les journalistes au British Museum, aux côtés de l'ancien ministre des Affaires étrangères du parti travailliste David Miliband, pour défendre les arguments en matière de politique étrangère, mais les journalistes avaient publié un article tournant en dérision l'affirmation selon laquelle le Brexit allait provoquer une troisième guerre mondiale, ce qu'il n'avait dit ni même suggéré. Ce thème a été aussitôt abandonné.

David Cameron avait assuré à François Hollande, lors du sommet d'Amiens auquel je participais le 3 mars 2016, qu'il allait s'engager corps et âme et qu'il allait gagner. Il l'a redit aux autres Européens. Un accord a été négocié visant à l'aider à démontrer notamment à ses compatriotes que l'on n'imposerait pas au Royaume-Uni davantage d'intégration et que les monnaies autres que l'euro conserveraient une place. Un frein d'urgence pour l'immigration a même été offert. En réalité, cette immigration était souhaitée par les entreprises britanniques en raison d'une croissance demandeuse d'emplois. David Cameron a renoncé à demander davantage, assurant que ces résultats lui suffiraient pour convaincre. Il a laissé tomber le sujet.

Pour autant, les *remainers*, les Brexiters, les sondeurs et les bookmakers – institutions au moins aussi importantes – s'accordaient à penser que le maintien l'emporterait. Une petite inquiétude était apparue quelques jours avant le référendum, mais l'assassinat le 16 juin d'une députée europhile britannique, Jo Cox, par un nationaliste d'extrême droite anglais a créé un tel choc que les sondages donnaient à nouveau une nette majorité pour le oui. La veille du referendum, un ministre *remainer* m'avait dit : « Ne t'inquiète pas, on va rester. » Et un parlementaire Brexiter : « Je veux partir mais je sais bien qu'on va rester et continuer à vous embêter. Êtes-vous sûrs de vouloir encore de nous ? » Le même que je questionnais dix jours plus tard m'a répondu qu'il aurait en effet parié tout ce qu'il avait.

Parfois, dans un dîner, il y avait un Brexiter présenté avec amusement comme *leur* Brexiter, un fanatique. On n'y prêtait pas suffisamment attention. Les remontées du terrain par les parlementaires qui rentraient pourtant le week-end dans leur circonscription étaient insuffisantes. Le retour d'un voyage dans le Nord d'un ancien patron des syndicats, Lord Monk, était plus inquiétant.

Puis vint le jeudi 23 février. J'ai passé la soirée dans un club à l'invitation du directeur de la campagne avec plusieurs ministres. Vers 22 heures, un sondage informel rassurant affichait 52-48 en faveur du maintien. Nous sous sommes félicités. Le chancelier de l'échiquier, George Osborne, est venu de Downing Street pour dire que c'était la preuve qu'on pouvait parler de l'Union européenne dans ce pays, et s'est tourné vers moi pour me dire que je pouvais transmettre ce message à Paris. Je n'en ai naturellement pas eu le temps.

Rentrée vers 11 heures à la résidence où un bureau avait été aménagé, j'ai regardé les résultats avec Paola, la jeune conseillère pour les affaires européennes. Le premier était Gibraltar, avec une écrasante majorité de 96 % pour le maintien. Mais tous les chiffres suivants, même en cas de majorité, étaient en deçà des attentes. Puis vers une heure du matin, le résultat de Sunderland, au cœur du fief travailliste du nord-est de l'Angleterre, siège de l'entreprise Nissan, principal employeur de la ville, est tombé : 61 % avaient voté en faveur du Brexit. Divine surprise pour les électeurs qui ont laissé éclater leur joie. L'image, symbole du Brexit, est passée en boucle. Je suis allée dormir une petite heure. Quand je suis redescendue vers trois heures du matin, Paola essayait de se rassurer en notant que les chiffres de Londres et Manchester n'étaient pas encore connus. Le résultat paraissait d'ores et déjà inéluctable. Le commentateur de la BBC l'a annoncé en quasi-état de choc à cinq heures du matin.

Effet de sidération et larmes pour les uns, qui déclaraient ne plus reconnaître leur pays et me disaient sentir qu'on leur avait arraché quelque chose. Joie mauvaise pour les autres, qui ont parfois apostrophé des étrangers dans le métro pour leur dire de rentrer chez eux. Les quelque trois millions de résidents étrangers qui se sentaient *Londoners* la veille se sont en l'espace d'une nuit transformés en *foreigners*. Ils se sont sentis rejetés d'une ville où ils habitaient parfois depuis des décennies.

Le lendemain, l'expression la plus recherchée sur Internet par les Britanniques était « Union européenne ». Certains ne savaient pas ce qu'ils venaient de quitter, et personne n'avait aucune idée de ce que pouvait signifier concrètement le Brexit, qui avait fait l'objet d'affirmations contradictoires pendant la campagne.

Les nombreux clubs londoniens et les *think tanks* ont organisé des débats auxquels j'étais invitée, pour essayer de comprendre ce qu'il s'était passé. Lord Hannay, membre de la Chambre des lords et ardent défenseur du maintien dans l'Union européenne, ne cessait de répéter : « *What a mess, what a mess !* » (Quel gâchis !). Les Brexiters n'étaient pas très à l'aise.

David Cameron a annoncé qu'il ne serait pas le capitaine qui conduirait le bateau en sens contraire. Les choses se sont précipitées dans ce qui a été tellement qualifié de tragédie ou de comédie shakespearienne que des journalistes ont décidé de s'imposer un gage lorsqu'ils employaient cette expression. À la stupéfaction générale, Boris Johnson, lors d'un discours télévisé que tous considéraient comme celui d'un candidat, a indiqué qu'il n'était pas l'homme qu'il fallait. Michael Gove, retirant son soutien à Boris Johnson qu'il a déclaré incompétent pour le poste, a subi le sort d'un traître et a dû renoncer. Restaient deux femmes en lice, la ministre de la Justice Theresa May et la ministre de l'Agriculture Andrea Leadsom, qui a donné une interview dans le *Times* où elle expliquait benoîtement que Theresa May n'avait pas d'intérêt dans l'avenir de ce pays parce qu'elle n'avait pas d'enfants. L'indignation l'a obligée à déclarer forfait à son tour. J'étais ce jour-là dans la loge des ambassadeurs du Foreign Office, où quelques collègues et moi attendions un rendez-vous chez le secrétaire général, visant à rassurer sur leur sort les Européens qui résidaient au Royaume-Uni. Nous nous sommes regardés, interloqués et au bord du fou rire en entendant cette déclaration à la télévision. La caricature du *Times* d'une Theresa May enjambant les autres prétendants un couteau fiché dans le ventre ou dans le dos, dans une flaque de sang avec ses chaussures panthère totémiques, résume parfaitement cet épisode tragicomique.

Theresa May, considérée par les Tories comme « la seule adulte dans la pièce », a été investie sans vote. *Remainer* tiède pendant la campagne, elle s'est voulue plus royaliste que le roi et, en bonne fille de vicaire, a estimé que la rupture avec l'Union européenne était une mission sacrée. « *Brexit means Brexit* » a été son viatique, même si personne n'a jamais su ce que cela signifiait. J'ai assisté à son unique prestation triomphale dans une robe rouge, devant des militants extatiques à la convention du parti à l'automne 2016, lorsqu'elle a prononcé un discours jugé xénophobe sur les « citoyens de nulle part ». Je trouvais très instructives ces conférences de parti où ministres, journalistes et ambassadeurs étrangers prenaient ensemble un *full english breakfast* autour de grandes tables.

Boris Johnson, nommé contre toute attente ministre des Affaires étrangères, était venu à mon invitation célébrer la fête nationale à la résidence. Habitué à emporter la conviction par des propos humoristiques, il a été hué par les participants qui se sont empressés de transmettre son et images aux chaînes de télévision. J'ai dû préciser lors d'une interview ultérieure que 80 % de mes invités étaient britanniques. J'ai dîné chez Rachel, la sœur de Boris, le soir de Guy Fawkes commémorant la conspiration des poudres en brûlant la personne la plus détestée de l'année. J'ai vu les cheveux blonds de son frère se consumer dans le feu allumé par ses voisins dans les jardins communaux du très *posh*[4] quartier de Notting Hill.

4. Huppé et snob.

Le temps passait. Les Européens – et singulièrement les Français – pressaient les Britanniques d'invoquer l'article 50 du traité au demeurant écrit par l'un des leurs, John Kerr, ne soupçonnant pas que c'était son pays qui l'invoquerait pour déclencher la procédure du retrait, car tout au long de cette drôle de guerre, tous s'observaient en chiens de faïence. Ce fut chose faite en janvier 2017 quand Theresa May a convoqué les ambassadeurs européens à Lancaster House, là précisément où Margaret Thatcher, européenne enthousiaste avant de virer de bord, avait signé en 1973 le traité d'adhésion, pour évoquer une rupture complète, un Brexit dur. Mon collègue allemand assis à côté de moi n'a pas desserré les dents durant tout le discours.

Je suis allée voir avec Jonathan Lacôte, mon numéro deux, le département de la sortie de l'Union européenne dirigé par un ministre, David Davis. Les responsables venaient à peine de s'installer. Il y avait, posé sur un bureau vide, un traité tout neuf de l'Union européenne, et sur l'autre, un manuel sur l'art de la négociation… Les anciens experts de l'Union européenne s'étaient mis au vert dans les postes les plus éloignés pour n'être pas contraints de détruire ce qu'ils avaient bâti. Quand la négociation avec l'équipe de Michel Barnier a démarré, les Britanniques ne savaient toujours pas ce qu'ils voulaient et demandaient même à leurs interlocuteurs bruxellois de leur faire des propositions.

Rentrant un matin après Pâques d'une randonnée en Suisse, Theresa May, souhaitant renforcer sa main avec l'onction d'un vote, a soudain décidé de provoquer des élections anticipées le 8 juin 2017. Ce fut un revers cinglant pour la Première ministre qui a dû conclure un accord de gouvernement avec le petit parti unioniste irlandais, le DUP (Democratic Unionist Party), qui l'a paralysée pendant le reste de son mandat. George Osborne, déçu de ne pas être *foreign secretary*, a pris sa revanche en la qualifiant de morte-vivante dans l'*Evening Standard*, dont il était rédacteur en chef.

La saga, émaillée d'épisodes dignes des Monty Python, a duré jusqu'à ce que le parti tory, souvent qualifié d'absolutiste tempéré par le parricide, lui fasse subir le sort de Maggy Thatcher en lui retirant sa confiance en mai 2017. Boris Johnson, afin de gagner les élections, a négocié et conclu dans la hâte un « accord fantastique » selon ses propres termes, qu'il a dénoncé comme inique au moment de l'appliquer.

J'ai revécu les mêmes sensations que lors de la nuit du Brexit en novembre 2016 à l'ambassade des États-Unis, à Grosvenor Square. Tous les Américains de passage à Londres, y compris Madeleine Albright, l'ancienne secrétaire d'État de Bill Clinton, invitée régulière des déjeuners du *think tank* de Peter Mandelson, nous assuraient que la victoire de Trump était mathématiquement impossible car il ne saurait obtenir le vote des Noirs, des femmes ou des Latinos. Se reproduisait le même schéma d'un parti républicain ou conservateur qui s'est droitisé et des élites populistes qui ont confisqué la voix du peuple qu'ils prétendent seuls incarner. Tout critique est qualifié d'ennemi du peuple, comme les juges épinglés en une du *Daily Mail*. J'avoue qu'échaudée par le résultat du référendum sur le Brexit, j'ai été moins surprise de la victoire de Donald Trump. C'était un autre domino qui témoignait de la crise profonde des démocraties représentatives, l'entrée dans l'ère du populisme et du mensonge.

A Tale of Two Cities

Les relations entre la France et le Royaume-Uni ne sont pas anodines. Une histoire commune entremêlée de guerres, de rivalités et d'alliances. Une grande solidarité lorsque des attentats terroristes ont frappé notre pays. Après l'attaque contre les journalistes de *Charlie Hebdo*, les lieux emblématiques de Londres avaient été illuminés aux couleurs de notre drapeau. Nick Clegg, vice-Premier ministre, et Boris Johnson, alors maire de Londres, sont venus partager un moment de recueillement avec la communauté française à Trafalgar Square où quelqu'un avait collé une petite affiche *Je suis Charlie*, émouvante ironie de l'Histoire, au beau milieu de la colonne de l'amiral Nelson. En revanche, les deux cents ans de la bataille de Waterloo ont été célébrés avec une ferveur et parfois des propos excessifs qui m'ont surprise, établissant un étrange amalgame entre Napoléon, Hitler et le Quatrième Reich que constituerait l'Union européenne, devant lequel la France se serait inclinée. Je n'en ai pas moins, invitée aimablement par les descendants du duc de Wellington, participé au grand dîner à Guildhall où l'héritier du général Blücher est naturellement arrivé en retard sous les applaudissements. Au menu : un bœuf Wellington, et pour faire bonne mesure, un gâteau Napoléon. Je suis allée également à la messe à la cathédrale de Westminster en compagnie de la famille royale, non sans avoir rempli mes devoirs en organisant le matin à Carlton Gardens la traditionnelle cérémonie du 18 juin devant la statue en bronze du général de Gaulle, érigée devant l'ancien quartier général de la France libre et inaugurée par la reine mère. En revanche, je n'étais pas présente au dîner de la victoire à Wellington

House, dont l'adresse est tout simplement « London number one ». Je l'ai visitée un autre jour et ai été frappée par l'omniprésence des portraits de Napoléon et des objets qui lui ont appartenu. Fascination du vainqueur pour le vaincu.

Parmi les temps forts de mon séjour, je garde en mémoire les cérémonies émouvantes de remise des insignes de la légion d'honneur aux vétérans du Débarquement. L'annonce du président Hollande lors de la visite d'État de la reine au mémorial de Caen a suscité plus de quatre mille demandes. J'ai appelé le grand chancelier de la légion d'honneur pour faire valoir que les récipiendaires étant quasi centenaires, les insignes devaient nous parvenir sans délai, d'autant que je recevais des lettres de parlementaires britanniques soutenant les requêtes de leurs administrés. J'en ai remis beaucoup moi-même, à la résidence et en province. J'écoutais avec admiration et gratitude leurs faits d'armes lus par les lycéens des établissements français, Charles de Gaulle et Winston Churchill, lequel avait été inauguré en septembre 2015 par le président de la République en présence d'un de ses petits-fils, Nicholas Soames. J'avais les larmes aux yeux lorsqu'aux premières notes de la « Marseillaise », ces vieux messieurs se levaient de leur fauteuil roulant. Le fils de l'un d'entre eux m'a confié avec reconnaissance que son père avait emporté sa médaille à l'hôpital où il était décédé peu après.

Je me souviens aussi de la magnifique commémoration de la bataille de la Somme, de la lecture des lettres de soldats par l'acteur shakespearien Charles Dance et des coquelicots et bleuets de papier mêlés qui retombaient sur le sol légèrement boueux des champs de la Somme. C'était une des dernières activités publiques de David Cameron, qui marchait solitaire. Je me suis approchée de lui pour lui dire que j'étais désolée de cette situation. Il m'a répondu qu'il était surtout inquiet pour son pays. Dans son dernier entretien avec François Hollande, il a souhaité que l'accord à venir avec l'Union européenne instaure une relation la plus proche possible de l'existant. Mais sa voix ne portait plus. Il s'est réfugié dans une cabane au fond de son jardin pour écrire ses mémoires et a « oublié » de reprendre un badge d'entrée au palais de Westminster.

L'alliance franco-britannique pendant les deux guerres mondiales se prolongeait par une intense coopération dans le domaine de la défense, confirmés par les accords de Saint-Malo et de Lancaster House en 2010. J'ai assisté sur plusieurs sites, et jusqu'à Plymouth, aux exercices du corps expéditionnaire conjoint de dix mille hommes. Nos militaires partagent le même esprit de défense.

Pour finir, je suis heureuse d'avoir mis en place, sous l'égide de la société franco-britannique, le programme des Young Leaders[5]. J'ai reçu la première promotion avant mon départ et espère que cela aidera à recréer un véritable esprit de compréhension et d'amitié.

Je n'aurai pas eu le temps de m'ennuyer, comme me le prédisaient mes interlocuteurs britanniques à mon arrivée, ni de relire, comme je l'imaginais, les œuvres complètes de Charles Dickens et d'Agatha Christie, mais j'aurai côtoyé les écrivains contemporains dont je guettais depuis très longtemps chaque parution, de Julian Barnes à Jonathan Coe en passant par William Boyd, Kazuo Ishiguro et John le Carré, à qui je souhaitais son anniversaire depuis la Russie car il m'avait fait remarquer qu'il était né le même jour que moi et me demandait dans la dédicace du *Miroir*

5. Promotions annuelles de jeunes talents dans tous les domaines d'activités visant à créer un réseau d'amitiés.

aux espions si cela pouvait lui valoir la nationalité française, après le Brexit qu'il exécrait.

Je suis fascinée par les villes universitaires d'Oxford et Cambridge, véritables temples du savoir. J'ai rencontré des centaines de parlementaires, journalistes, banquiers que j'interrogeais inlassablement sur les résultats probables du Brexit. Avant de partir, lors d'une cérémonie traditionnelle, j'ai été nommée « Freeman de la City », titre qui me donnait le droit d'y conduire librement mes moutons. J'ai aimé faire tout ce qui était pour moi *so British*, y compris porter un masque de Shakespeare pour le quatre centième anniversaire de sa mort dans la parade de Stratford-upon-Avon. Je suis une inconditionnelle de l'humour anglais. La saga du Brexit pourrait être racontée par les caricatures. Au grand étonnement des Britanniques qui filaient dès que possible vers le soleil, j'ai passé mes vacances dans la très belle région des lacs, à Bath, dans le Devon et les Cornouailles, sur la trace d'écrivains du passé. J'ai visité les maisons de Dickens, d'Agatha Christie, ainsi que de Jane Austen, et même le 221 A Baker Street, l'adresse que Conan Doyle a attribuée à Sherlock Holmes, où il devise fumant sa pipe devant la cheminée au milieu des souvenirs des grandes affaires criminelles.

Je suis fascinée par ce pays si proche et si lointain, par ses coutumes, par la coexistence de traditions immuables parfois surannées et de grande modernité. Ayant passé toute ma carrière à travailler en parfaite harmonie avec mes collègues britanniques dans toutes les enceintes, j'avoue avoir été attristée par ce départ.

J'aurais aimé rester plus longtemps pour suivre les péripéties du Brexit, mais mon successeur avait été nommé. Nos affectations sont toujours trop courtes en comparaison de celles de nos collègues britanniques, allemands, néerlandais – dont le temps de séjour minimum est de quatre ans – pour pouvoir remplir pleinement nos missions. J'ai été nommée à la tête de notre ambassade à Moscou, pour une dernière vie diplomatique qui m'offrira la chance, trente ans après mon dernier séjour, de chercher à décrypter « le rébus enveloppé de mystère au sein d'une énigme » qu'est la Russie aux yeux de Winston Churchill.

Chapitre 11

LA RUSSIE DE POUTINE

Septembre 2017-décembre 2019

Je suis arrivée le 7 septembre 2017 à Moscou. Je me souviens de la dernière partie du vol où apparaissent les immenses forêts de Russie, un paysage et une représentation de l'espace tellement différents des nôtres. Je me disais que le travail serait passionnant, mais la vie plus rude que dans la douce et verdoyante Londres. J'avais le souvenir d'une ville grise, dure et triste, sauf quand elle est couverte de neige.

Ce fut une heureuse surprise. J'avais l'impression d'être passée d'un film noir et blanc à un film en couleur. J'avais déjà eu ce sentiment fugitif sur la place Rouge lors d'une mission à l'occasion d'une réunion des directeurs des Nations unies des cinq membres permanents du Conseil de sécurité. Moscou était devenue l'une des plus belles villes du monde. Les premiers week-ends, j'ai beaucoup marché. J'étais toujours fascinée par la magie du Kremlin, mais tous les quartiers avaient été rénovés et les majestueux bâtiments restaurés, des églises et des hôtels particuliers aux couleurs pastel du XVIIIe ou XIXe siècle aux « sept sœurs staliniennes », cathédrales gothiques rivalisant avec l'Empire State Building de New York. Moscou, si sombre du temps de l'Union soviétique, était devenue une ville lumière. La ville s'embellissait en prévision de la Coupe du monde de football de l'été 2018.

Moscou célébrait son huit cent soixante-dixième anniversaire. Des drapeaux flottaient sur tous les ponts. Les jolies petites églises de Kitaï-gorod, le plus vieux quartier de Moscou – appelé à tort « quartier chinois », car si *Kitai, Cathay* signifie « la Chine », c'est aussi une « muraille » en vieux russe –, faisaient de la rue Varvarka l'une des plus charmantes de la capitale. Une statue géante de Vladimir, prince de Novgorod puis grand-prince de Kiev, qui a christianisé la Russie, avait été érigée sur un monticule face aux jardins d'Alexandre derrière le Kremlin. Selon les *Annales du passé*, dans le choix des religions, l'islam avait été écarté en raison de l'interdiction de boire. Cette statue, controversée, avait été voulue et inaugurée en 2016 par Vladimir Poutine avec le soutien du patriarcat pour souligner le lien avec la *Rus* kievienne, berceau de la Russie. L'immense église du Christ-Sauveur, détruite et transformée en une gigantesque piscine chauffée en plein air pour les travailleurs pendant l'ère soviétique, avait été reconstruite à l'identique et était le siège du patriarche Kirill, chef de l'Église orthodoxe.

Sur l'avenue rebaptisée Bolchaïa Yakimanka (Joachim et Anne – les parents de Marie), les références religieuses ayant remplacé les icônes communistes, je retrouvais la gigantesque ambassade de style soviétique qui abrite les bureaux des représentants de nombreux ministères français. À quelques mètres se trouve le joyau : la maison Igoumnov, la résidence de l'ambassadeur, un palais d'architecture néorusse du XIXe siècle dont l'entrée et l'escalier d'apparat décorés d'arabesques ressemblent aux décors de l'opéra Boris Godounov ou à la basilique Saint-Basile. Le riche marchand avait acheté cette demeure pour sa maîtresse Barbara. Or, il avait trouvé celle-ci au lit avec son amant et l'aurait emmurée vivante. Depuis, le fantôme de Barbara erre dans la résidence mais le personnel russe, dont certains affirment l'avoir vue, assure qu'elle n'apparaît et ne parle qu'aux Russes. Cette légende se transmet d'ambassadeur en ambassadeur. Les salles de réception du premier étage sont de style français, décorées de tapisseries des Gobelins, avec deux commodes et une jolie bibliothèque Boulle récupérées de l'ancienne ambassade sise jusqu'en 1917 quai des Français, à Saint-Pétersbourg. Les portraits de Pierre le Grand et de Catherine II se font face. C'est là que sont immortalisés tous les événements qui ont lieu à la résidence. Il y a également des photos du général de Gaulle lors de ses visites à Moscou. Les Russes de tous les milieux sont fascinés par ce palais.

En face, la jolie petite église Saint-Jean-le-Guerrier est toujours restée en activité, même pendant la répression religieuse. Est-ce sa localisation en face de l'ambassade qui l'a protégée ?

Un peu plus loin se trouve le jardin Muzeon attenant à la nouvelle galerie Tretiakov où sont exposés les impressionnistes. J'aimais les couleurs de l'automne autour des statues de Pouchkine et Lermontov assis chacun sur un banc, pensifs, et de Essenine, le poète suicidé. Mais c'était surtout le parc des révolutionnaires déchus, notamment les anciens secrétaires généraux du Parti communiste soviétique. Après leur déboulonnement, les statues n'avaient pas été détruites mais transportées dans ce parc avec des pancartes explicatives, ce qui était une démarche intéressante. Il y avait là la grande statue de Félix Dzerjinski qui trônait jusqu'en 1991 sur la place de la Loubianka, siège de la Tcheka, la terrible police politique qu'il avait fondée, puis du KGB et aujourd'hui du FSB. Quelques pas plus loin, la statue de Joseph Vissarionovitch Staline dont le nez a été cassé lors de sa chute, entourée des têtes en pierre de ses victimes derrière un grillage noir. Mais des débats insistants ont lieu sur le retour de la première statue sur la place de la Loubianka et celle de Staline est régulièrement fleurie, témoignant d'une réhabilitation rampante du personnage. Un chemin aménagé le long de la Moskova mène jusqu'au pont, fouetté par les vents, qui conduit à l'église blanche du Christ-Sauveur. L'ancien hôtel communiste Rossia, gigantesque et laid, rasé, laisse la place à un magnifique parc dont la végétation représente toutes les essences de la Russie. De là-bas, j'avais l'impression de voir l'extravagance des bulbes multicolores de Saint-Basile au milieu d'une forêt.

Une grande passerelle surplombait la Moskova, et une nouvelle philharmonie d'architecture contemporaine à l'acoustique impeccable a été inaugurée par le grand chef d'orchestre Valery Gergiev. Lorsque je suis partie en décembre 2019, quatre nouveaux projets de musée étaient en cours de réalisation. J'avais visité le chantier de Renzo Piano, qui transformait une ancienne usine soviétique en espace culturel interactif. Les trois grands musées de la capitale, les musées Pouchkine, du Kremlin et la galerie Tretiakov, se dotaient de vastes annexes. Les lignes et les stations de métro se multipliaient comme des petits pains. Les mornes restaurants d'autrefois avaient fait place à des temples de la gastronomie qui rivalisaient d'imagination. La cuisine, excellente, commençait à entrer dans le classement des guides Zagat et Gault & Millau. J'emmenais mes invités de passage déguster un *borchtch* et des *pirojki* au Docteur Jivago, à la décoration soviétique modernisée, avec à l'entrée un distributeur d'eau gazeuse aux parfums chimiques d'antan. Il y avait pléthore de restaurants géorgiens où l'on dégustait des *shashliks*, des brochettes de viande, et les délicieuses tomates de Bakou. À Crab&Wine, on pouvait choisir dans un aquarium un crabe géant du Kamtchatka. Un restaurant de chasseurs sibériens, Expeditsia, servait de fines tranches gelées de nelma, un poisson fin des fleuves sibériens, et de petits verres d'alcools multicolores extraits des différentes herbes ou baies odorantes de la taïga. Et tant d'autres... Un nouveau restaurant situé au quatre-vingt-quatrième étage d'un immeuble de la City affichait au numéro 84 : *Plus haut, il n'y a que l'amour*. Et puis il y a le fameux café Pouchkine, le rêve d'Andreï, ancien guide franco-russe du temps de l'Union soviétique, à qui tous les touristes français demandaient à leur descente d'avion d'aller boire un chocolat chaud dans l'établissement qui n'avait jamais existé que dans la chanson « Nathalie » de Gilbert Bécaud. Artiste, après avoir travaillé dans des boîtes de nuit et fait fortune dans les années folles de la décennie Eltsine, Andreï Dellos a pu réaliser son rêve en créant un élégant restaurant décoré à l'ancienne avec un parfum d'authenticité. Il avait d'ailleurs invité Gilbert Bécaud pour l'inauguration. La jeunesse branchée est noctambule. La plupart de ces établissements ne ferment pas la nuit.

Arrivée le 7 septembre en fin d'après-midi, je devais accueillir le ministre des Affaires étrangères Jean-Yves Le Drian dès le lendemain matin. Je suis donc allée au MID, une des sept sœurs staliniennes aux lourdes portes de bronze à tambours, pour remettre la copie figurée de mes lettres de créance au chef du protocole, avant un entretien avec le directeur d'Europe qui m'a dit se souvenir de moi il y a trente ans. Lors du déjeuner, Sergueï Lavrov, que j'avais connu à New York, a plusieurs fois levé son verre de vodka en portant des toasts chaleureux à mon arrivée. Le grand sujet du moment était la situation en Syrie. L'objectif était de rapprocher le groupe de contact occidental avec le groupe d'Astana créé par la Russie avec l'Iran et la Turquie. La vérité est que nous avions peu de leviers sur ce sujet, même si cela a débouché sur une réunion à Istanbul en 2018.

Dans les jours qui ont suivi, et notamment lors de la première réunion avec le directeur d'Europe et ses collaborateurs, j'ai retrouvé le rituel prévalant en Union soviétique mais aussi en Chine. Cela m'a fait prendre encore plus conscience de la prégnance du système soviétique ou léniniste. Alors que j'avais pris l'habitude à Londres de traiter la plupart des sujets au téléphone, il fallait demander le moindre rendez-vous par note verbale adressée au MID plusieurs jours à l'avance. Cela a confiné à l'absurde lorsque les équipes du protocole russe et une bonne partie des agents de l'ambassade avaient été délocalisés pour quelques jours à Saint-Pétersbourg lors de la visite officielle du président Macron. J'avais sollicité, comme c'est l'usage, un certain nombre de visites d'arrivée, notamment aux vices-Premiers ministres. Ma chef de cabinet s'est entendue répondre qu'on ne pouvait pas procéder ainsi. J'avais le droit d'en voir deux seulement, que je pouvais choisir. Quelle était la logique ? J'ai raconté cette anecdote à des Russes qui, loin de la sphère bureaucratique, s'en sont amusés. Pour le titre de mon premier télégramme de réflexion, Je m'étais inspirée du titre de la chanson des Beatles « *Back in the USSR* », suivi d'un point d'interrogation. La dichotomie était forte entre l'administration, composée pour beaucoup d'apparatchiks, et la société civile. Et si l'homme rouge est mort, selon la formule de Svetlana Alexievitch[1], prix Nobel résidant à Minsk et opposante au pouvoir de Loukachenko, l'*Homo sovieticus* est bien vivant. Il l'est dans les strates du pouvoir, chez les oligarques mais aussi chez beaucoup de gens simples, dans cette génération qui a grandi et été éduquée en URSS, des trentenaires au moment de la dislocation. J'ai beaucoup entendu cette remarque : en réalité, je suis un Soviétique. Et cela n'a rien à voir avec l'idéologie communiste mais plutôt avec une certaine fierté liée à la puissance du pays. Vladimir Poutine est le premier d'entre eux.

Le passé imprévisible de la Russie

Mon arrivée coïncidait avec l'anniversaire de la bataille de Borodino (7 septembre 1812) et une reconstitution spectaculaire à laquelle m'a représentée l'attaché militaire. C'était surtout le centenaire de la révolution d'octobre 1917, ces « dix jours qui ébranlèrent le monde ». À Londres, la British Library avait monté une très belle exposition. À Paris, les vitrines des librairies y étaient consacrées. *Quid* de Moscou ou Saint-Pétersbourg ? *Nitchevo*, rien, ou presque rien. Une exposition à la galerie Tretiakov portait le nom intrigant d'« Une certaine année 1917 », mais il s'agissait des tableaux peints cette année-là, sans lien avec la révolution. Lorsque je suis allée voir au musée de l'Ermitage une exposition réalisée par les Pays-Bas sur les événements qui s'étaient déroulés en ce lieu même du palais d'Hiver, on m'avait dit que cette initiative du directeur du musée était courageuse. Il n'était pas bien vu de commémorer

1. Svetlana Alexievitch, *La Fin de l'homme rouge. Ou le temps du désenchantement*, Actes Sud, 2013 ; Babel, 2016.

ces événements. Quelques séminaires confidentiels d'historiens ont été organisés ici ou là. Mais c'était comme s'il ne s'était rien passé il y a cent ans. Le jour J, le 7 novembre (selon le calendrier grégorien), cinq ou six vieillards se sont présentés avec les insignes du PCUS derrière la place Rouge. C'est déroutant pour un dirigeant, un peuple, de ne pas savoir quoi faire de son histoire. Comment l'interpréter, comment la situer dans un continuum historique ? Tout cela reste dans les limbes. Vladimir Poutine entend restaurer la grandeur de la Russie, mais il n'aime pas la révolution et déteste Lénine, qu'il accuse d'être responsable de la dissolution du pays en ayant abusivement octroyé aux républiques le droit à l'indépendance. On prête à Poutine la volonté de retirer le mausolée de Lénine de l'enceinte du Kremlin. Cette relecture du passé par quelqu'un qui se pique d'être historien a conduit à réhabiliter l'autre grand tsar du communisme, Staline, et à le débarrasser de son image criminelle. Il a au fil des ans présenté Staline essentiellement comme le vainqueur de la grande guerre patriotique, en gommant les purges et le goulag. Le grand défilé de la victoire, le 9 mai, sur la place Rouge, est devenu la véritable fête nationale, avec une parade impeccablement organisée, une grande ferveur patriotique et des enfants agitant des drapeaux dans une atmosphère bon enfant. En 2018 et 2019, mes homologues et moi-même, assis en bonne place dans les tribunes, avons reçu chacun une besace dans laquelle se trouvaient – entre autres – un drapeau, un calot militaire et une maquette d'avion. C'était un bon moment, un beau spectacle, une sorte d'iconographie soviétique, même si les missions militaires des ambassades scrutaient attentivement les évolutions d'une année sur l'autre. Personne n'imaginait alors que ces machines et ces hommes envahiraient un pays voisin. Depuis plusieurs années, Vladimir Poutine prend à l'issue de la parade la tête du « régiment des immortels », composé des familles qui portent le portrait d'ancêtres morts pendant la Grande Guerre patriotique au nom du devoir de mémoire.

C'était un prélude à une militarisation générale de la société. Les enfants de toutes les écoles étaient encouragés à réaliser un petit musée consacré à la Deuxième Guerre mondiale à l'aide de photos, de drapeaux, de morceaux d'obus ou d'armes. J'en ai vu des dizaines. Par ailleurs, la télévision diffuse en continu des films de guerre contre les nazis. Une personnalité libérale m'a dit après la guerre que Navalny s'était peut-être trompé de cible en dénonçant la corruption et non la militarisation.

Cette période correspond également à l'alliance du sabre et du goupillon. N'étant plus portés par un idéal communiste même rhétorique, les Russes ont retrouvé une identité avec l'orthodoxie, même s'il est difficile de connaître le nombre de croyants. Le centre de sondage indépendant Levada estime le nombre des pratiquants à 7 % de la population. De fait, en dehors des fêtes de Pâques, les plus importantes dans le rite orthodoxe, les églises, nombreuses, sont souvent vides, à part quelques femmes âgées. J'y entrais souvent le week-end pour écouter les voix masculines ou féminines envoûtantes et respirer l'odeur de l'encens. Pour autant, le poids de l'Église est considérable, une église ultra-conservatrice qui avait réussi au début de mon séjour à faire interdire la diffusion d'un film, jugé immoral sur Nicolas II et sa maîtresse, Mathilda. Obsédé par l'homosexualité et le mariage gay, le patriarche Kirill engage la polémique avec chaque nouvel ambassadeur. Cette phobie obsessionnelle transparaîtra même dans son homélie bénissant l'opération spéciale en Ukraine, où il dénoncera l'attitude des Occidentaux accusés d'exiger pour preuve d'adhésion à leurs valeurs l'organisation de parades gay… Vladimir Poutine se présente comme un croyant fervent et pratique les rites avec ostentation. Le jour de Pâques 2018, j'ai été invitée avec mes homologues à un banquet au MID. Le patriarche y a prononcé un discours très politique et Sergueï Lavrov, un discours à connotation religieuse. Personne à ce jour ne lui connaissait une telle dévotion.

Un conseil des religions composé des cinq religions reconnues (orthodoxie, islam, bouddhisme, judaïsme et christianisme plutôt protestant) a été établi par Vladimir Poutine. Il convient de noter que les grands rabbins de Moscou[2] et de Russie, ce dernier étant d'ailleurs un Loubavitch américain, estiment que la période est celle où les juifs se sentent les plus protégés en Russie. Vladimir Poutine a d'ailleurs demandé à un oligarque, Viktor Vekselberg, dont toute la famille originaire de Kiev a été exterminée, de créer un musée juif et de la Tolérance. Ce musée passionnant, construit avec des fonds américains, rappelle l'antisémitisme du temps du tsarisme, sans occulter la période soviétique.

S'agissant de Staline, l'attitude de Vladimir Poutine était encore ambiguë lorsqu'à côté du patriarche Kirill et du directeur de l'ONG Mémorial, il a inauguré en octobre 2017, dans le centre de Moscou, le « mur du chagrin », composé de cinq cents silhouettes noires se fondant les unes dans les autres, en mémoire des victimes des répressions politiques et donc de la terreur stalinienne. L'exhortation *Souviens-toi* est gravée en plusieurs langues. Pourtant, l'année suivante, le film *La Mort de Staline* évoquant de façon

2. Pinchas Goldschmidt, ayant refusé de soutenir l'invasion en Ukraine, a dû quitter la Russie en mars 2022.

satirique les luttes de pouvoir et les péripéties de la succession du dictateur est interdit en Russie. Le cinéma Pionnier l'avait diffusé malgré l'interdiction. La police est venue, le film a été définitivement retiré de l'affiche et le propriétaire du cinéma, Alexander Mamut, mis à l'amende. J'ai eu la chance de voir la toute dernière séance à 23 heures dans une salle remplie de spectateurs hilares. Le lendemain, il a été indiqué que ça n'intéressait personne et Dmitri Peskov, porte-parole de Poutine, m'a dit lors d'un dîner à la résidence qu'il ne fallait pas ternir la réputation du maréchal Joukov et offenser les communistes à la veille des élections. J'ai visité à Sotchi la villa verte de Staline dont la guide du musée, une matrone soviétique, nous a parlé avec enthousiasme, en soulignant que c'était un grand homme et un vainqueur. Quand l'une d'entre nous a évoqué le Goulag, elle a haussé les épaules, répliquant que c'est à lui que la Russie devait la victoire.

Le régime s'efforce aussi de faire disparaître les traces des camps. Les îles Solovki, archipel de la mer Blanche dans le nord-ouest de la Russie, juste en dessous du cercle polaire, ont ouvert les premiers camps, considérés comme le laboratoire du Goulag. Les nazis les auraient visités pour s'en inspirer. Les éditions Novaïa Gazeta, dont le rédacteur en chef est Dmitri Mouratov, prix Nobel en 2020, ont publié un livre de Iouri Brodsky, mémoire vivante de ces camps. Le voyage est long par train de nuit de Saint-Pétersbourg pour Kem, un petit port de Carélie, puis par bateau. L'imposant et élégant monastère Solovetski du XVIe siècle apparaît de loin. Nous avons logé dans une petite auberge et profité du fait que Iouri Brodsky, soucieux de transmettre la mémoire des camps, habite là une partie de l'année pour aller voir ses amis agriculteurs, prendre une petite barque à moteur – vite tombé en panne –, traverser les paisibles canaux de la mer Blanche conduits par un batelier qui chantait les chants du Goulag, et arpenter l'île dans une voiture branlante sur des chemins boueux. Il nous avait fourni des chapeaux entourés d'un voile-moustiquaire car c'était la saison des moustiques géants que je redoutais. Pour se moquer de moi, Irène, interprète de douze ambassadeurs successifs, m'a dit : « Mais non, Madame l'ambassadeur, vous confondez avec les mouettes ! » Nous sommes allés aussi dans la très belle île sauvage du Lièvre, avec ses labyrinthes de pierre néolithiques. C'était le bout du monde, un petit paradis. Cet archipel a aussi été le bout du monde mais l'enfer pour ces condamnés jetés dans des camps, y compris dans des cellules du monastère, et souvent fusillés au petit matin dans un lieu qui n'est plus indiqué. Les baraquements ont été détruits, et le but est de faire des îles Solovki uniquement un lieu spirituel autour du monastère. Reste juste une baraque ornée de quelques photos. Pour combien de temps ? Nous sommes repartis par le seul moyen de transport possible, un gros hélicoptère, pour Arkhangelsk, qui administre les Solovki et où j'ai été reçue par le gouverneur, lequel a balayé le sujet d'un revers de la main en disant que les camps n'avaient duré que trente ans et qu'il ne fallait plus en parler. Il fallait oublier et se concentrer sur la spiritualité des lieux. J'avais écrit un tweet insistant sur la beauté, la spiritualité du lieu et son caractère tragique. En réponse, un tweet anonyme, niant l'identité des prisonniers : « Pourquoi, en France, on ne met pas les voleurs en prison ? » La ville d'Arkhangelsk était intéressante également parce que des mouvements de contestation se développaient sur les questions environnementales. Nous avons dîné avec ces cadres trentenaires ou quadragénaires qui, en se présentant, indiquaient qu'ils avaient voté pour Poutine mais que l'envoi par Moscou de ses déchets polluants dans un lieu à ciel ouvert était intolérable.

Certains condamnés des îles Solovki ont été emmenés de nuit et ont disparu. On n'a pas retrouvé leurs traces pendant des décennies, puis un historien, Iouri Dmitriev, de Mémorial, a identifié l'emplacement : Sandarmokh, une forêt de pins. En Carélie, six mille victimes de la Grande Terreur de 1937-1938 y avaient été exécutées et jetées dans des fosses communes. La terre s'affaisse là où il y a des charniers. C'était au temps de la perestroïka, lorsque l'ouverture des archives du KGB permettait la recherche de la vérité. Iouri Dmitriev a fait ériger une grande pierre en hommage aux victimes. Puis les familles sont venues et ont accroché des photos des disparus aux troncs des arbres. C'est devenu une immense forêt de mémoire. C'est un des lieux de Russie où j'ai ressenti une des plus fortes émotions. Le régime a trouvé dangereux ce mémorial spontané et a fait arrêter Dmitriev en décembre 2016 sous un faux prétexte de pédophilie sur sa fille adoptive. La peine a été confirmée en appel. Le président de la République a soulevé son cas lors de sa visite à Saint-Pétersbourg. Je me suis rendue à Sandarmokh avec la délégation des ambassadeurs de l'Union européenne. Il avait fallu insister fortement. Pourtant, à un moment du trajet, un des jeunes accompagnateurs m'a confié qu'on avait frappé aussi un jour à la porte de ses grands-parents, qui avaient disparu. Une rumeur persistante veut que ces morts soient des membres de l'Armée rouge exécutés par l'armée finlandaise. C'était l'œuvre de la société d'histoire militaire. À cette occasion, un des responsables de Mémorial à Saint-Pétersbourg m'avait expliqué le fonctionnement de la désinformation : une fausse nouvelle, même démentie par les faits, restera toujours dans l'air comme une alternative possible et continuera de créer la confusion.

C'est en tout cas autour de la pierre des Solovki rapportée à Moscou et déposée sur la place de la Loubianka, face au siège de l'ex-KGB, que s'accomplit chaque 29 octobre le devoir de mémoire. Les membres de Mémorial et les descendants, auxquels se joignent les ambassadeurs européens et américain, déposent des fleurs et égrènent les noms et les dates de naissance des victimes. Un musée du Goulag a par ailleurs ouvert à Moscou et les locaux de l'association Mémorial ont rassemblé des archives très émouvantes – lettres, photos et objets – avec lesquelles ils organisent des expositions. Conscients des risques pesant sur eux à tout moment, ils ont commencé la numérisation. La France y a contribué.

La relecture de l'Histoire qui s'appuie sur les travaux de la société d'histoire militaire présidée par Vladimir Medinski, lequel mène une véritable entreprise de réhabilitation de Staline, a concerné aussi le pacte Molotov-Ribbentrop, considéré comme une honte dix ans plus tôt par Poutine et justifié en 2019 par la faute des Occidentaux à Munich. C'est pendant mon séjour que Vladimir Medinski, nommé ministre de la Culture, provoquant des railleries dans les réseaux sociaux, a fait ériger une statue de Mikhaïl Kalachnikov censé « incarner les meilleurs traits de l'homme russe », « l'AK étant un véritable symbole culturel russe »... Cette entreprise révisionniste générale a inspiré le titre d'un des livres d'Andreï Gratchev, dernier porte-parole de Gorbatchev : *Le passé de la Russie est imprévisible. Journal de bord d'un enfant du dégel.*

Vladimir Poutine entend s'inscrire aujourd'hui dans la lignée des grands tsars, depuis Ivan le Terrible jusqu'au tsar rouge, Staline, en passant par Pierre le Grand et

Catherine II. Il a en ligne de mire la restauration de l'Empire russe et non celle de l'Union soviétique. L'une de ses formules est très révélatrice à cet égard : « Quiconque ne regrette pas la disparition de l'Union soviétique n'a pas de cœur, quiconque veut la restaurer n'a pas de cervelle. »

C'est là que se situe la problématique ukrainienne. S'il a accepté, sans doute de mauvaise grâce, l'indépendance des anciennes républiques, y compris les pays baltes qui ne faisaient pas partie de la sphère « civilisationnelle » russe, Vladimir Poutine n'a jamais digéré celle de l'Ukraine. Il a toujours considéré que la séparation de l'ancienne *Rus*, berceau de la Russie, était une aberration. Quand il évoquait avec ses interlocuteurs la Syrie, la Libye ou d'autres sujets, il parlait d'un ton neutre. En revanche, lorsque la question de l'Ukraine était abordée, il devenait émotionnel. C'était le cas aussi du personnel politique de sa génération. La Crimée et Sébastopol étaient incontestablement russes pour eux. L'occupation puis l'annexion de la Crimée, réalisées rapidement et sans effusion de sang, ont donné un fort regain de popularité à Poutine. Beaucoup, même Gorbatchev, pensaient que cela corrigeait une erreur de l'Histoire : l'attribution arbitraire de la Crimée à l'Ukraine par Khrouchtchev. Il n'est pas étonnant dans ce contexte que Vladimir Poutine ait toujours refusé de s'entretenir avec Volodymyr Zelensky malgré l'intention exprimé par ce jeune président atypique de rechercher un accord avec la Russie. C'est pendant mon séjour que le pont de Kertch reliant la Crimée à la Russie a été achevé. C'est un très bel ouvrage d'art, le plus long pont d'Europe, qui montre que quand les Russes veulent, ils peuvent. Je me souviens du reportage télévisé sur l'inauguration par Poutine, au volant du premier camion qui a fait la traversée le 18 mai 2018. Le Donbass était un autre sujet. Les mineurs du

Donbass, dont Stakhanov, font partir de l'iconographie soviétique. J'avais même vu à Saint-Pétersbourg une exposition qui leur était consacrée. La seule femme gouverneur, de la région de Khanty-Mansiïsk en Sibérie, m'avait confié qu'elle y avait commencé sa carrière d'ingénieur. Son père et son frère sont venus s'installer à Moscou lors de la première guerre du Donbass en 2014. Là aussi, la formule de Poutine évoquant la chute de l'Union soviétique comme « la plus grande catastrophe géopolitique du XXe siècle parce que des millions de Russes se retrouvent en dehors de leur patrie » est révélatrice. L'intervention de 2014 au Donbass répondait à un prétexte d'ordre civilisationnel : la décision de la Rada de supprimer la langue russe. En revanche, la Russie se disait prête à pleinement mettre en œuvre les accords de Minsk. C'est ce qu'avait tweeté le sherpa du président Poutine à l'issue de mon entretien d'arrivée. Comme je m'en étonnais, Nicolas, jeune conseiller chargé de l'Ukraine à l'ambassade, m'a expliqué que ce n'était pas surprenant car ces accords adoptés dans le contexte d'une déroute militaire de l'Ukraine étaient favorables à Moscou. Enfin, selon la thèse de Zbigniew Brzeziński, la Russie ne pouvait être un empire sans l'Ukraine. L'indépendance était perçue comme une véritable amputation.

Quatrième mandat de Vladimir Poutine

Les élections présidentielles du 18 mars 2018 ont constitué un temps fort de mon séjour, non pour le suspense créé par une élection jouée d'avance mais par les débats et les espoirs de changement qu'elles ont suscités. Sans surprise, Vladimir Poutine a été réélu avec 76,67 % des voix. Ces élections se sont tenues dans des conditions relativement normales, à quelques exceptions près dans ce qu'on appelle les « sultanats électoraux » du Caucase, où le bourrage des urnes est pratique courante, et dans quelques régions de Sibérie. Des caméras étaient placées dans les bureaux de vote. Les chambres civiques surveillaient le scrutin. À Moscou, le rédacteur en chef de la radio libérale L'Écho de Moscou, Alexeï Venediktov, qui supervisait les jeunes, m'avait invitée à suivre le processus électoral dans les locaux de la chambre civique de Moscou. Ils étaient tous très concentrés et fiers de participer au contrôle d'un exercice démocratique. L'Organisation pour la sécurité et la coopération en Europe (OSCE) avait donné un satisfecit relatif, tout en relevant les défaillances. La concurrence n'avait certes pas été trop rude. Alexeï Navalny avait été écarté et placé en détention sous des prétextes administratifs alors qu'il n'avait aucune chance de gagner – le simple risque d'un débat contradictoire semblait insupportable au Kremlin. Peur d'un deuxième tour, m'a-t-on dit, mais même cela était peu crédible. Alexeï Navalny est issu de l'extrême droite nationaliste qui appelait à éliminer les ressortissants d'Asie centrale comme des cafards, mais son engagement contre la corruption et ses dénonciations de richesses mal acquises par l'entourage de Poutine lui ont valu une grande popularité chez les jeunes. Il a créé des structures dans plusieurs provinces. J'avais rencontré son adjoint, lui-même refusant les contacts avec les ambassades pour éviter de fournir un grief supplémentaire aux autorités russes. J'ai rencontré les autres candidats. La candidature de Ksenia Sobtchak, fille de l'ancien mentor de Poutine, Anatoli Sobtchak, alors maire de Saint-Pétersbourg, et issue des milieux de la télévision de variétés, était ambiguë, car soupçonnée d'être un projet du Kremlin, même si elle a pu parfois se montrer assez mordante dans ses critiques contre

Vladimir Poutine. Le parti Iabloko (la Pomme) était totalement en perte de vitesse ; son candidat Grigori Iavlinski, promoteur de la thérapie de choc, a à peine dépassé 1 % des voix. Il y avait encore une candidature de témoignage du parti des entrepreneurs représenté par Boris Titov, qui a obtenu un très faible score.

In fine, Ksenia Sobtchak, même à Moscou et Saint-Pétersbourg pourtant de tradition plus libérale, a obtenu un score dérisoire : 1,67 %. Le seul à tirer un peu son épingle du jeu a été le communiste millionnaire Pavel Groudinine, surnommé « le roi de la fraise », directeur du sovkhoze Lénine, ferme de fruits et de produits laitiers dans la région de Moscou, qui a obtenu 11,7 % des voix et m'avait été fortement recommandé par Guennadi Ziouganov, représentant du Parti communiste à la Douma, lors d'un entretien qui m'a rappelé dans la forme et le fond les belles années de l'Union soviétique. Le chef du Parti libéral-démocrate de Russie (LDPR) dont beaucoup de chauffeurs de taxi avaient collé l'étiquette à l'arrière de leur voiture, Vladimir Jirinovski, ultranationaliste et outrancier, a vitupéré lors d'un débat télévisé contre Ksenia Sobtchak qui lui a jeté un verre d'eau à la figure. La scène est passée en boucle. Une semaine plus tard, ses sbires l'ont vengé. Ksenia Sobtchak était présente à la petite réception d'anniversaire organisée par Alexeï Venediktov pour Mikhaïl Gorbatchev. Nous étions très peu car Gorbatchev est honni dans son pays où il est jugé responsable de sa chute et de l'affaiblissement qui en est résulté pour la Russie. Elle portait une robe d'un blanc éclatant. À la sortie, deux hommes l'ont jetée dans la boue. Alexeï Navalny, de son côté, avait appelé au boycott des élections. Les candidats libéraux lui en ont beaucoup voulu de ce jeu personnel visant à comptabiliser les abstentions comme un vote en sa faveur. Cela affaiblissait les autres candidats et, au bout du compte, le boycott n'a pas fonctionné.

Les spéculations étaient nombreuses concernant les changements attendus au cours de ce qui devait être le dernier mandat de Poutine. Parmi les noms de possible Premier ministre étaient mentionnés deux libéraux : Elvira Nabioullina, remarquable gouverneure de la Banque centrale, originaire du Tatarstan, et Alexeï Koudrine, à la tête d'un *think tank* libéral mais qui avait l'oreille de Poutine. L'on évoquait aussi un grand remaniement de l'équipe de politique étrangère, Sergueï Lavrov et Iouri Oushakov, son conseiller diplomatique. Des noms de successeurs circulaient dont celui d'Andreï Denissov, avec qui j'entretenais des relations amicales à Pékin où il était ambassadeur, ce qui faisait sens compte tenu de l'évolution des relations entre les deux pays. Finalement, l'immobilisme a prévalu. Mais le plus étonnant était que la plupart des commentateurs affirmaient que ce qui importait n'était pas 2018 mais 2024, alors qu'il restait un long mandat de six ans. Tout le monde spéculait déjà sur la succession, en citant les noms possibles et ses modalités, tous étant à peu près convaincus qu'elles ressembleraient peu ou prou au passage de témoin entre Boris Eltsine et Vladimir Poutine. Le choix serait celui de la personnalité la mieux à même de protéger la sécurité et les intérêts de Poutine et de sa famille. Quand Vladimir Poutine a fait changer en 2021 la Constitution – après une parodie de référendum à la demande de la très populaire Valentina Terechkova, première femme cosmonaute, héroïne de l'Union soviétique – pour remettre les compteurs à zéro et lui permettre de se représenter deux fois et donc de rester au pouvoir jusqu'en 2036, il a fait la remarque qu'au moins, il n'entendrait plus parler en permanence de sa succession.

La conviction de beaucoup dans ce pays-continent, le plus vaste du monde, s'étendant sur onze fuseaux horaires, était la nécessité d'un leader fort, un *Vojd*, un guide. C'est ce que m'avait dit le talentueux réalisateur des *Yeux noirs* et du *Barbier de Sibérie*, Nikita Mikhalkov, devenu dans une seconde vie influenceur et propagandiste de Poutine. Il fallait un « vrai homme » (*nastaichi tchelaviek*) qui s'était confronté à la nature. Les mises en scène viriles de Poutine campant au fin fond de la Sibérie avec son ami Sergueï Choïgou, ministre de la Défense, la chevauchée torse nu, la main sur le cou d'un tigre, la pêche miraculeuse aux amphores dans le lac Baïkal participaient de ce mythe. Il est vrai que j'ai souvent entendu cette expression en Sibérie. Ce qui tendrait à indiquer que le choix se porterait sur un homme des structures de force, ceux qu'on appelle les Siloviki : les services de renseignement, l'armée, la police, à quoi s'était ajoutée récemment la garde nationale. Ils avaient pris peu à peu l'ascendant. Les libéraux que je rencontrais me disaient que le successeur serait plus dur que Poutine. Aussi étonnant que cela puisse paraître en Occident, il exerçait une forme d'arbitrage entre les personnalités libérales citées et les Siloviki. La balance penchait cependant de plus en plus en faveur de ces derniers. L'État devenait un État silovik, comme la Chine était un État parti.

Les noms cités pour la succession étaient Sergueï Choïgou – mais il avait des origines sibériennes de la région de Tuva, dont le bouddhisme teinté de chamanisme serait difficilement acceptable pour les Russes, même s'il s'était converti en 2019 à l'orthodoxie et avait fait bâtir la plus grande église orthodoxe consacrée à l'armée dans les environs de Moscou. De surcroît, il était à peine plus jeune que Poutine ; le maire de Moscou Sergueï Sobianine était également souvent cité.

Il était plus moderne, avait profondément transformé sa ville, mais aurait-il la confiance des structures de force ? Le nom de Dmitri Medvedev était également évoqué sans conviction, parce qu'il était jugé faible. Nul n'imaginait alors qu'il se transformerait en faucon anti-occidental durant la guerre en Ukraine. Il était aussi question d'un rôle futur pour Vladimir Poutine, soucieux de ne pas trop s'éloigner du pouvoir dans la mesure où il ne faisait confiance à personne. Deux options étaient évoquées : la présidence du Conseil national de sécurité renforcé ou celle d'une confédération entre la Russie et la Biélorussie, même si Alexandre Loukachenko, régulièrement invité à faire du ski sur les pentes du mont Elbrouz, résistait fermement en s'efforçant de tenir optiquement une forme d'équilibre entre la Russie et l'Europe. Aucun ne s'imposait de façon évidente, et Poutine, qui aime les surprises, pourrait choisir un homme plus jeune auquel personne n'aurait pensé. Il avait nommé des gouverneurs et des ministres technocrates dont certains étaient jugés prometteurs. Tel était l'état des discussions, sur un sujet qui restera longtemps d'actualité, lorsque j'ai quitté la Russie le 21 décembre 2019.

Une chose était sûre. Poutine ne rééditerait pas l'échange de poste avec le Premier ministre. Les questions de politique intérieure ou l'économie l'ennuyaient profondément. Sans atteindre une forte croissance, sur le plan macroéconomique, le pays n'allait pas si mal que cela grâce à l'augmentation du prix du baril, qui avait permis d'accumuler des réserves considérables équivalant à trois ans d'importations, et l'absence d'endettement. Le secteur agroalimentaire s'était considérablement développé jusqu'à devenir exportateur, grâce aux contre-sanctions adoptées en représailles des sanctions européennes pour favoriser la substitution des importations. En revanche, aucune réforme économique structurelle n'avait été engagée et le pouvoir d'achat de la population régressait constamment depuis 2014. Les générations soviétiques qui avaient économisé toute leur vie et étaient satisfaites d'avoir amassé un important pécule de 5 000 roubles dépourvus de valeur aujourd'hui se trouvaient dans le dénuement le plus complet et devaient être prises en charge par leurs enfants. La réforme des retraites en 2019, nécessaire en raison de l'allongement de l'espérance de vie, a été d'autant plus mal acceptée que les pensions sont basses et que tous les retraités doivent travailler jusque vers soixante-quinze ans. La dénatalité était un véritable problème, d'autant plus que les fuites de cerveaux se multipliaient.

État de la Russie

Pendant mon séjour, j'ai interrogé inlassablement mes interlocuteurs pour comprendre ce qu'il s'était passé depuis mon départ d'Union soviétique en 1989, lorsqu'Eltsine suscitait les espoirs d'un changement. Je comparais avec la Chine, rappelant l'état de délabrement à la fin de la Révolution culturelle et surtout la fermeture des écoles et des universités pendant presque dix ans alors qu'aujourd'hui, la Chine est en avance sur le plan technologique, avec Huawei et la 5G. La Russie avait les meilleurs ingénieurs, des génies mathématiques dont Eugène Kaspersky, expert mondialement reconnu de cybersécurité qui a étudié à l'université (d'excellence) des Mathématiques du KGB, et une recherche spatiale de haut niveau. Je n'ai jamais obtenu de réponse convaincante à cette énigme. L'on m'a suggéré que les Chinois partaient de tellement bas qu'ils avaient plus à gagner et étaient de ce fait plus motivés.

Un homme d'affaires m'a dit regretter l'Union soviétique ; comme je m'en étonnais et lui demandais où il en serait aujourd'hui, il m'a répondu que les Chinois avaient été plus malins car ils avaient conservé le Parti communiste tout en libéralisant l'économie. Lors d'une visite à l'entreprise Yandex, qui est à la pointe de la technologie et dispose d'applications multiples très performantes allant de la géolocalisation à la réservation de taxis en passant par le streaming ou le paiement en ligne, j'avais fait valoir que c'était l'excellence de l'héritage soviétique dans le domaine scientifique. Son directeur général m'avait répondu, non sans amertume, que c'était en réalité la Silicon Valley qui avait bénéficié de cet héritage, le cofondateur de Google avec Larry Page étant Sergey Brin, dont le père était un mathématicien russe immigré aux États-Unis. Les Russes étaient de manière générale plus performants dans les sciences dures que dans les sciences appliquées. En tout état de cause, les enseignants s'accordaient à déplorer la baisse de niveau depuis l'Union soviétique. J'ai entendu le même son de cloche à l'Institut des sciences et de technologie du parc technologique de Skolkovo, qui ambitionnait de devenir la Silicon Valley russe.

La visite au centre de tir de Baïkonour a été curieusement une plongée dans le monde d'avant. Invitée par Dmitri Rogozine, le directeur de Roscosmos, l'agence spatiale russe, en compagnie de celui de la Nasa, j'ai volé sur l'avion de Gagarine, celui qu'ont pris depuis tous les cosmonautes. Il était bien dans son jus. Nous avons atterri dans la steppe du Kazakhstan, traversé la petite ville totalement soviétique mais avec des marchés colorés et odorants d'Asie centrale. Des chameaux ont croisé notre route. Le soir, nous sommes allés voir l'allée des cosmonautes où chacun avait planté un arbre. Nous avons visité le musée de l'Espace dont une section est consacrée à la coopération avec la France initiée par le général de Gaulle en 1966. Nous étions exaltés, comme si nous participions nous-mêmes à l'aventure spatiale. Sur le pas de tir, la fusée a été mise à feu, le décompte a commencé. Tout était nominal. Les adjoints de Dmitri Rogozine nous avaient dit de ne pas applaudir avant le détachement du deuxième module. Or, le décompte s'arrête, soudainement suivi d'un silence inquiétant. Rogozine s'engouffre dans sa jeep qui démarre en trombe. Nos téléphones n'avaient plus de connexion. L'inquiétude et la tristesse s'affichaient dans les yeux du personnel russe de la station. Une interminable demi-heure après, nous avons appris qu'il y avait eu un problème technique mais que le module du Soyouz était retombé dans la steppe du Kazakhstan, ses passagers sains et saufs. Nous avons ensuite visité le centre spatial souterrain abandonné après la cessation du programme de la navette Bourane. Le mobilier et les ordinateurs dotés de gros boutons renvoyaient à l'Union soviétique des années quatre-vingt. L'ingénieur qui nous l'a fait visiter a même désigné une porte en fer en indiquant que c'était autrefois le bureau du représentant du KGB. Notre guide, une dame d'âge mûr, a évoqué un film soviétique retraçant l'aventure spatiale ; le conseiller nucléaire de l'ambassade l'a corrigée en faisant remarquer que c'était un film russe datant de deux ans. Elle a eu cette réponse qui m'a marquée tout au long de mon séjour : « Bon, mais je suis une Soviétique… »

Vladimir Poutine et le monde

Homo sovieticus et guébiste, Vladimir Poutine ne croit qu'à la puissance militaire. Son objectif ultime est la restauration du rang de la Russie dans le monde. Une Russie crainte et respectée. La condescendance manifestée par les Occidentaux pendant la déliquescence des années Eltsine et au-delà, puisque Barack Obama affichait son mépris pour la Russie qualifiée de simple puissance régionale, a été ressentie comme une humiliation. La colère était sous-jacente. Vladimir Poutine a reconstruit l'armée en mettant l'accent sur les armes hypersoniques dont la Russie était la seule dotée. Il avait même déclaré fièrement à Jean-Pierre Chevènement, envoyé spécial du président de la République lors d'un entretien au Kremlin, qu'il connaissait l'état d'avancement du programme américain, en retard sur la Russie. Une étonnante simulation – une boule de feu, le missile Sarmat faisant le tour de la Terre pour s'abattre sur la Floride – avait été mise en scène à l'occasion du « discours du Manège » quelques jours avant son élection. Vladimir Poutine avait conclu par ces mots révélateurs : « Vous n'avez pas voulu nous écouter, maintenant vous allez nous entendre. » Plusieurs membres de l'*establishment* russe m'ont demandé si j'avais compris le message. Devant ma mine un peu interloquée, ils m'ont assuré que c'était une offre de dialogue, une fois la parité restaurée.

L'ours et l'aigle

L'obsession de Vladimir Poutine était précisément l'instauration d'un dialogue à part égale avec les Américains, reflet de la nostalgie de la puissance soviétique. Le chef du Kremlin avait beaucoup espéré de Donald Trump, qui avait affiché son admiration pendant la campagne. Exceptionnellement, il s'était même gardé de procéder à des représailles à la suite de l'expulsion par Washington de diplomates russes. Lors de la coupe de champagne offerte après la cérémonie officielle de remise des lettres de créance, je l'ai entendu dire à mon nouveau collègue américain Jon Hunstman, ancien ambassadeur de Barack Obama en Chine que j'étais heureuse de retrouver, que le moment était venu d'améliorer les relations avec Washington. Mais le sujet était toxique aux États-Unis en raison du procès en illégitimité fait à Donald Trump du fait des ingérences russes dans le processus électoral, qui visaient d'ailleurs moins à le faire gagner qu'à déstabiliser la détestée Hillary Clinton. L'élection du milliardaire américain constitua une divine surprise, applaudie chaleureusement par les députés de la Douma. La déception est venue très vite. Chaque tentative de Donald Trump pour instaurer le dialogue se terminait mal. Le sommet d'Helsinki de juillet 2018, qui devait être un prélude à un échange de visites à Washington puis à Moscou, s'était déroulé normalement selon mon homologue américain, jusqu'à la conférence de presse surréaliste au cours de laquelle Donald Trump a laissé entendre qu'il accordait plus de crédit à la parole de Poutine qu'à celle de la CIA. Son entourage a par la suite veillé à empêcher toute nouvelle rencontre en tête à tête. Et le Congrès a multiplié les sanctions. Il y en avait un millier lors de mon départ. Celles-ci pénalisaient d'ailleurs davantage les entreprises européennes que les entreprises américaines, qui recevaient généralement le feu vert du Trésor leur permettant incidemment de récupérer les contrats perdus par les Européens. Les États-Unis, qui avaient demandé aux Européens de boycotter le forum économique de Saint-Pétersbourg en juin 2019 à la suite de l'arrestation du président d'un fonds américain, Michael Calvey, victime d'une ténébreuse affaire de détournement de fonds, ont *in fine* envoyé la délégation d'hommes d'affaires la plus nombreuse. J'y étais allée avec les hommes d'affaires français et ai soulevé publiquement le cas du directeur juridique français de ce fonds, Philippe Delpal, consternée par l'audience à charge à laquelle j'avais assisté à Moscou. Les États-Unis sont avec la Chine le pays qui a le plus augmenté sa part de marché en 2019. Les fonds américains investissaient dans le pétrole et le gaz. Après avoir délisté l'entreprise d'aluminium Rusal du régime de sanctions, les Américains se sont assurés de son contrôle *via* le conseil de supervision, dont ils ont écarté un Français. À son retour aux États-Unis, Jon Hunstman avait publié une lettre ouverte appelant à gérer la relation avec Moscou autrement que par salves de sanctions.

L'Occident collectif

L'Europe vue de Moscou était considérée comme un « Occident collectif » russophobe aux ordres des Américains. Ses mœurs étaient en outre jugées décadentes. De toute façon, elle était profondément divisée entre les pays issus des anciennes républiques, auxquels s'ajoutaient les anciens membres du pacte de Varsovie qui haïssaient la Russie. Cette césure qui se reflétait à Bruxelles a abouti à des relations plus dégradées – et même à des non-relations –, pires que du temps de l'Union soviétique. Les conditions en vue d'une normalisation des relations reposaient sur cinq principes directeurs énumérés en 2016, qui relevaient à peine de la responsabilité de Moscou. Cela ne constituait en tout cas pas une politique. Markus Ederer, l'ambassadeur de l'Union européenne que j'avais connu à Pékin, s'efforçait tant bien que mal de faire vivre le dialogue. Il était difficile de convaincre l'ambassadeur de Lituanie de l'opportunité d'un déjeuner de travail à 28 – puis 27 après le Brexit – avec le ministre des Affaires étrangères du pays auprès duquel nous étions accrédités. Le polonais Donald Tusk, président du Conseil européen résolument hostile à Moscou, refusait tout dialogue. Il est vrai que lors de ces déjeuners, Sergueï Lavrov exprimait ses frustrations contre les Occidentaux en revenant constamment sur le passé, notamment les bombardements de l'OTAN en Serbie sans autorisation du Conseil de sécurité de l'ONU, l'indépendance du Kosovo, l'Irak et la Libye, estimant qu'il s'agissait d'une politique de deux poids deux mesures, sous le prétexte d'un « monde géré par des règles » – en réalité, des règles occidentales conçues par et pour eux. Il semblait dans un état de colère perpétuelle.

La relation avec les Occidentaux s'était encore dégradée en mars 2018 avec l'affaire Skripal : l'empoisonnement au Novitchok, un gaz neurotoxique fabriqué en Russie, de l'ancien agent double installé à Salisbury et de sa fille. A commencé une campagne rocambolesque de déni et de désinformation qui a fait les beaux jours des réseaux sociaux privés russes, jusqu'à ce que, lors de la conférence de presse à laquelle j'assistais lors du forum de Vladivostok, à la surprise générale, un journaliste pose une question – préméditée – à Vladimir Poutine. Ce dernier répond en souriant que Petrov et Bochirov, dont les noms ont été divulgués par Scotland Yard, avaient été retrouvés, et qu'il s'agissait de simples touristes qu'il a invités à se présenter sans délai à la télévision. Dès le lendemain, la directrice de RT et Spoutnik proche du Kremlin, Margarita Simonian, a organisé une ahurissante interview dans laquelle ils se sont totalement ridiculisés. Jusque-là, beaucoup de Russes ne pouvaient croire que l'assassinat avait été commandité par la Russie dans la mesure où celle-ci n'y avait aucun intérêt à la veille de la très attendue Coupe du monde de football. En outre, cet ancien agent qui n'était plus en activité avait fait partie d'un échange d'espions (il est vrai, à l'époque de Medvedev, jugé trop conciliant par Poutine). L'hypothèse d'un faux drapeau a été avancée. Un grand expert, dans son incrédulité, nous avait même dit : « Pourquoi ne pas laisser, tant qu'on y était, une balalaïka à côté des corps ? » J'ai entendu par la suite des commentaires ironiques sur la perte de compétence et d'éthique du service de renseignement des armées, le GRU. Un autre journaliste russe plutôt proche du régime m'a dit qu'il avait vu tout de suite qu'ils venaient du fin fond de la Russie et n'étaient pas originaires de Moscou et Saint-Pétersbourg… Toujours est-il que cela a déclenché une vague d'expulsions d'espions russes de Washington et des pays européens par solidarité avec les Britanniques. Paris, comme Berlin, en a renvoyé quatre. Quelques jours plus tard, j'ai été convoquée au MID pour me voir signifier l'expulsion « en miroir » de quatre collaborateurs pour « activité contraire à leur statut diplomatique », selon la formule consacrée qui les désigne comme espions. Comme mon lointain prédécesseur que j'avais accompagné comme jeune diplomate quelque trente ans auparavant, j'ai protesté. Le directeur général, qui n'était que le messager du FSB, m'a répondu qu'il prenait note. Fin de l'entretien. L'ambassadeur d'Espagne attendait son tour derrière la porte. C'est un moment sombre pour les ambassades et pour les collaborateurs, qui doivent partir sous huit jours et qui, *persona non grata*, ne pourront plus revenir dans un pays auquel ils avaient consacré leurs études bien souvent avec empathie. Depuis les relations entre Moscou et Londres sont restées congelées.

Lors d'une autre conférence de presse à Moscou, une nouvelle question a été posée à Vladimir Poutine, qui a clos l'affaire – du moins en Russie – en répondant en substance que c'était un traître et un salaud, qu'il n'avait que ce qu'il méritait.

Le facteur Angela Merkel

L'Allemagne tient une place à part compte tenu de son poids économique et de sa culpabilité historique. Mon homologue allemand, Rüdiger von Fritsch, y veillait. Il assistait lui-même à des événements symboliques comme la restauration de la synagogue de Kaliningrad, l'ancienne Koenigsberg, capitale de la Prusse-Orientale, ville d'Emmanuel Kant où a grandi Hannah Arendt. Lorsque je me suis rendue à Volgograd, la chargée d'affaires allemande m'y avait précédée. Berlin a contribué à la reconstruction de la ville martyre, entièrement rasée par les nazis, et y développait une activité culturelle importante, y compris l'enseignement de la langue allemande. L'Allemagne, très dépendante du gaz, surveillait attentivement la construction par Gazprom, dont l'ancien chancelier Schröder était président du Conseil d'administration, du nouveau gazoduc Nord Stream 2. Le facteur Angela Merkel était déterminant. Originaire d'Allemagne de l'Est, familière du système communiste, parlant russe, elle était respectée par Vladimir Poutine, en dépit de l'impression que peut donner l'épisode du labrador qu'il a introduit un jour dans la pièce sachant qu'elle avait une phobie des chiens. Elle s'est rendue une vingtaine de fois en Russie jusqu'à sa visite d'adieu en 2021.

La concertation était très étroite entre les États-Unis, le Royaume-Uni, l'Allemagne et la France. Toutes les semaines, nous nous réunissions, en format quad[3], dans la chambre sourde d'une des ambassades pour analyser la situation et échanger sur nos relations bilatérales respectives.

Le nouvel agenda de sécurité d'Emmanuel Macron

Le président Macron, qui avait d'emblée décidé d'établir une relation avec Vladimir Poutine malgré les interférences avérées dans la campagne présidentielle de 2017, l'a invité à Versailles pour inaugurer l'exposition consacrée à Pierre le Grand. Après la cérémonie de remise de lettres de créance dans l'impressionnante salle des colonnes, au son d'une musique militaire, le président Poutine m'avait dit qu'il avait lu avec intérêt le discours de la Sorbonne et était prêt à en parler avec Emmanuel Macron. Un dialogue téléphonique régulier s'est instauré. La visite du président français comme invité d'honneur au forum de Saint-Pétersbourg en mai 2018 a cassé la glace. Le président a débuté sa visite au cimetière de Piskarevskoïe pour déposer une gerbe en hommage aux centaines de milliers de morts du blocus de Leningrad. J'avais prévu en marge de la visite officielle des rencontres avec des personnalités de la société civile : la veuve d'Alexandre Soljenitsyne, Natalia ; le directeur de Mémorial, Tcherkassov ; une activiste visiteuse de prison, Zoia Svetova, qui a plaidé le cas du cinéaste ukrainien emprisonné Oleg Sentsov en faveur duquel le président est intervenu à plusieurs reprises. Les

---

3. Réunions d'échanges d'informations et de coordination entre ces quatre pays qui ont pris naissance dans le cadre de l'OTAN.

entretiens se sont tellement prolongés que la rencontre avec le directeur de l'Ermitage, Mikhaïl Piotrovski, qui attendait dans son bureau, s'est déroulée à une heure du matin. La promenade fut magique depuis le consulat sur la perspective Nevski, dans la lumière ouatée des nuits blanches en passant devant la colonne Alexandre. La déambulation nocturne dans ce musée majestueux et désert que j'avais toujours vu bondé, entre une heure et deux heures du matin, est inoubliable. Plaisir renouvelé pour moi de descendre l'« escalier des ambassadeurs ». Le directeur m'en a reparlé en souriant quelques mois plus tard. Nous sommes retournés en voiture – il avait été envisagé d'utiliser un bateau, mais j'ai appris qu'il appartenait à Prigojine, surnommé le « cuisinier de Poutine » mais surtout le patron de la société privée Wagner – au palais Constantin, sur le golfe de Finlande, où nous étions hébergés, vers trois heures du matin. Le dernier soir, après une soirée Petipa, créateur de ballet russe dont c'était le deux centième anniversaire de la mort, au théâtre Mariinsky, nous nous sommes rendus au palais Catherine pour le dîner et un concert avec une jeune pianiste prodige, qui avait à peine commencé à minuit, coutumes russes obligent.

Le président est revenu en juin à Saint-Pétersbourg pour assister à la demi-finale puis à la finale de la Coupe du monde dans l'immense stade Loujniki. Il a regardé le match dans les tribunes à côté de Vladimir Poutine avec qui il avait eu un entretien au Kremlin, au cours duquel il a de nouveau demandé la libération du cinéaste Sentsov et des vingt-quatre marins ukrainiens arrêtés dans le golfe de Kertch. Ils ont fait l'objet d'un échange de prisonniers un mois plus tard.

Enfin, j'ai assisté à la rencontre au fort de Brégançon, organisée à la veille du G7 de Cannes. L'atmosphère était chaleureuse. Les présidents ont passé plusieurs heures en tête à tête. L'Ukraine était au centre des discussions. Le résultat a été positif : Vladimir Poutine a accepté la tenue d'un sommet en format Normandie à Paris avec Angela Merkel et Volodymyr Zelensky, qu'il avait toujours refusé de rencontrer ou même de prendre au téléphone. Il était entendu que les conseillers prépareraient les conclusions du sommet. Celui tenu en décembre 2019 semblait être un succès. Les présidents russe et ukrainien ont eu pour la première fois un entretien en tête à tête. Les négociations sur la fourniture de gaz à l'Ukraine ont abouti. Un accord est intervenu concernant des échanges de prisonniers, de nouvelles zones de désengagement et une relance du processus de Minsk. Les Quatre ont programmé une nouvelle rencontre à Berlin en avril 2020. Au retour, le conseiller pour l'Ukraine Vladislav Sourkov, surnommé « le Raspoutine du Kremlin » et considéré comme un faucon, a été limogé au profit de Dmitri Kozak, jugé plus souple. À l'ambassade, nous avions interprété ce changement d'interlocuteur comme un signe encourageant. Des officiels me disaient que pour la première fois, il y avait un espoir. Cet optimisme était partagé à Minsk où se déroulaient les négociations tripartites dans le cadre de l'OSCE. Puis tout s'est de nouveau bloqué. Que s'est-il passé en fait ? Notre interprétation de la nomination de Kozak était erronée. Un mini-drame s'est produit à Paris, même si cela a été compris beaucoup plus tard. Les conseillers des présidents russe et ukrainien s'étaient mis d'accord sur les conclusions du sommet. Or, à son arrivée, Volodymyr Zelensky, redoutant des réactions négatives à Kiev, a remis en cause ces conclusions. Vladimir Poutine était furieux d'avoir été mis dans cette situation. La réunion de Berlin n'a jamais eu lieu et à Minsk, les choses se tendaient après une légère amélioration au retour de Paris.

À Brégançon, la conversation commencée dans un long tête-à-tête s'est poursuivie lors du dîner à 11 heures du soir sur la terrasse. Elle a porté sur différents sujets dont les conflits gelés, en particulier la Transnistrie, et la proposition française d'agenda de confiance et de sécurité en Europe. Le président russe a demandé à Emmanuel Macron s'il serait en mesure de convaincre les autres Européens, en particulier les Baltes et les Polonais. Il a confié que Javier Solana, alors secrétaire général de l'OTAN, lui avait conseillé de laisser entrer les Baltes dans l'OTAN car cela les rassurerait et ils seraient moins hostiles. Poutine a ajouté qu'ils avaient adhéré à l'OTAN et étaient toujours aussi hostiles, sinon plus. Il a indiqué qu'il pouvait comprendre à la limite que les Baltes puissent avoir peur, mais la Pologne ? De quoi avait-elle peur ? Le dernier sujet évoqué, à l'initiative du président russe, portait sur la protection de l'environnement, notamment vers le cercle polaire où les maisons étaient construites sur pilotis dans le permafrost qui fondait à une vitesse préoccupante. Autant les sujets traités que l'acceptation d'un sommet, le ton de la discussion ainsi que les réflexions donnent à penser que Poutine n'était pas alors dans une logique de guerre.

Trois héros français en Russie

Un collègue belge autrefois en poste en Russie m'avait dit avant mon départ de Londres qu'on n'imaginait pas l'histoire d'amour entre les Russes et la culture française. J'ai effectivement pu le mesurer sur place.

Les Russes vénèrent trois héros français. Alexandre Dumas, auteur du *Maître d'armes*, racontant l'épopée sibérienne des femmes des Décembristes. Ils connaissent par cœur *Les Trois Mousquetaires* et citent volontiers, en français, la réplique de d'Artagnan « à la guerre comme à la guerre ». Il n'est pas de ville où je sois allée où on ne cite le passage en tel ou tel lieu de cet écrivain voyageur qui a effectué un séjour de huit mois en descendant la Volga. À Kazan, l'on m'a désigné l'endroit où il s'était fait faire des bottes en cuir. Les Russes aiment aussi Jules Verne dont une statue en montgolfière a été érigée sur les quais de la Volga, à Nijni-Novgorod. Lors de vacances dans l'Altaï, dans le sud de la Sibérie, j'ai été émue d'entendre une femme qui tenait un petit café isolé au bord du lac Teletskoïe, où j'attendais un bateau, me dire qu'elle avait pleuré lors de l'incendie de la cathédrale Notre-Dame. Devant la porte de l'ambassade, des Russes avaient déposé une poupée d'Esmeralda, un petit camion de pompiers et même des roubles pour la reconstruction de la cathédrale.

Le deuxième héros est paradoxalement Napoléon, en dépit de l'incendie de Moscou. L'on m'a dit souvent que ce qui restait en mémoire était l'amitié avec Alexandre Ier et la signature des accords de Tilsit par les deux empereurs sur un radeau au milieu du fleuve Niémen, scène immortalisée par le peintre Horace Vernet. J'ai visité, selon la dénomination russe, le « champ de gloire » de Friedland. J'ai assisté à la reconstitution impressionnante de la bataille de Borodino – ou de la Moskova, selon l'appellation française – en septembre 2019. Elle était magistralement organisée par un grand universitaire francophone de Saint-Pétersbourg, Oleg Sokolov, dans le rôle de Napoléon à cheval. À ses côtés, j'ai passé en revue ses généraux. Quelques semaines plus tard, alors que j'accompagnais un visiteur officiel au palais des armures, je vois sur mon téléphone une dépêche de l'agence Tass signalant qu'un universitaire de renom de l'université d'État de Saint-Pétersbourg avait été repêché dans le canal de la Moïka, ivre, avec son sac à dos contenant des membres d'une jeune femme, sa compagne, une jeune étudiante qui jouait souvent le rôle de Joséphine. Des internautes ont ironisé en relevant à quoi j'avais échappé. Il a été condamné à douze ans de prison. C'était une pure histoire dostoïevskienne.

Le troisième héros est le général de Gaulle, pour les combats communs pendant la Deuxième Guerre mondiale, le régiment Normandie-Niémen composé de pilotes français et de mécaniciens russes, dont le souvenir est encore honoré dans des écoles qui portent ce nom et dont les élèves apprennent le français. Je ne sais ce qu'il restera de cela après la guerre en Ukraine, qui attise en Russie un sentiment anti-occidental. J'en ai visité des dizaines dans toute la Russie, et je les invitais à la résidence après les cérémonies du 8 mai et du 11 novembre au cimetière français, où des soldats de la garde nationale en bonnet d'astrakan gris déposaient l'immense couronne. La première fois, juste quelques semaines après mon arrivée, j'avais encore en mémoire la cérémonie similaire au carré français du cimetière de Brookwood, où les gardes de la reine portaient les gigantesques bonnets d'ours. À Volgograd, qui redevient Stalingrad quelques jours de l'année, j'ai regardé la vitrine qui lui a été consacrée et son hommage au courage de cette ville martyre. Le général de Gaulle a qualifié son déplacement au pays de Brejnev en 1966 de « visite de la France éternelle à la Russie éternelle », la permanence d'un pays étant plus importante à ses yeux qu'un régime provisoire par essence. Bien des Russes évoquent avec nostalgie sa politique d'indépendance par rapport aux États-Unis et nous reprochent d'en avoir dévié.

Lune de miel entre l'ours et le dragon

La relation russo-chinoise a profondément évolué au cours de ces trois dernières années. Un des chercheurs de la Carnegie à Moscou m'avait dit à mon arrivée qu'il ne s'agissait ni d'une alliance, ni même d'un partenariat, mais d'une simple entente. La méfiance entre les deux peuples restait vivace, mais la relation au sommet n'a cessé de se renforcer au nom d'un principe bien connu en relations internationales : « L'ennemi de mon ennemi est mon ami. » La politique de sanctions américaines contre la Russie et la déclaration d'hostilité de Washington à l'égard de la Chine ont rapproché les deux grands empires continentaux à tel point que Xi Jinping a déclaré de façon inédite que Vladimir Poutine était son meilleur ami. Cette amitié a été mise en scène en marge du sommet de Vladivostok lorsque Poutine a appris à Xi Jinping, sur les pavillons régionaux, comment confectionner des blinis pour accompagner le caviar. Au retour de ce forum, j'ai fait le point avec le directeur d'Asie au MID, qui m'a dit en riant que Russes et Chinois pourraient ériger une statue à Donald Trump pour leur amitié retrouvée car jamais la relation n'avait été aussi bonne depuis Catherine II. Lors de ce forum, pendant de celui de Saint-Pétersbourg pour l'Europe, auquel j'ai participé en septembre 2019 pour présider une table ronde d'hommes d'affaires européens, le président russe a essayé d'attirer les investissements de la Chine mais aussi du Japon et de la Corée pour maintenir un équilibre. Jusqu'à présent, les Chinois ont préféré se concentrer sur la partie occidentale de la Russie, plus peuplée et plus prospère. L'invasion par la Chine de l'Extrême-Orient russe n'est pas pour demain. L'ambassadeur de Chine me disait pour sa part que si les Chinois de Mandchourie cherchaient à émigrer, ce serait plutôt vers le sud tropical que vers le nord glacial. Cette peur qui a existé un temps a semblé refluer selon mes interlocuteurs, et les villes de Vladivostok et Khabarovsk ou l'île de Sakhaline sont entièrement blanches. Il n'y a pas de populations asiatiques comme à l'époque des *Temps sauvages* de Joseph Kessel.

En parallèle, Poutine avait tourné ses efforts vers les pays du Moyen-Orient où la Russie est redevenue un acteur après sa victoire militaire en Syrie. Il était désormais l'interlocuteur de tous les dirigeants de la région. Avec le sommet Russie-Afrique de Sotchi en octobre 2019, il a suivi une stratégie similaire à celle de la Chine tout en se concentrant sur les questions de sécurité, en mettant à disposition des conseillers militaires mais aussi la société de sécurité « privée » Wagner qui, en République centrafricaine puis au Mali, a mené une actions frontale contre les intérêts français.

J'ai vu tout le monde en Russie, le personnel politique, les membres de la Douma, du Sénat, les gouverneurs, les vice-ministres ou directeurs généraux du MID ou d'autres ministères, où nous étions accueillis avec du thé et des bonbons au chocolat joliment enrobés dans des papiers représentant la jeune Allonka aux joues rebondies et les ours dans la forêt d'Ivan Chichkine. Je rencontrais aussi les universitaires, les *think tanks* et les opposants. J'ai eu également des contacts avec les oligarques, personnalités souvent hautes en couleur avec lesquelles les entreprises françaises coopéraient. Leurs épouses ou leurs filles étaient souvent – comme celle de Leonid Mikhelson, patron de

Novatek – impliquées dans des projets caritatifs ou artistiques. J'ai visité nombre d'usines dont celle, immense, de Togliatti où Renault fabriquait des Lada depuis des décennies. J'ai assisté à l'inauguration du terminal gazier de Yamal au-delà du cercle polaire, impressionnante réalisation construite par Novatek, Total et Technip sur des pilotis dans le permafrost. Les moustaches de Christophe de Margerie, initiateur du projet, étaient dessinées à la proue du premier méthanier qui portait son nom.

L'intelligentsia

Les journalistes étaient des interlocuteurs très stimulants quelle que soit la couleur des journaux, la majorité ayant été rachetée par des oligarques sur instigation du Kremlin, mais il subsistait une presse libérale. J'ai été invitée à assister à des réunions de rédaction. Dmitri Mouratov, rédacteur en chef de *Novaïa Gazeta*, prix Nobel de la paix en 2021, a toujours pris des positions courageuses. J'avais remis le prix franco-allemand des droits de l'homme avec mon collègue à la journaliste d'investigation Elena Milachina pour ses reportages sur les homosexuels maltraités en Tchétchénie. Il était toujours émouvant de passer à l'entrée du journal devant la plaque commémorative en bronze avec le profil d'Anna Politkovskaïa, assassinée en 2004. L'équipe de rédaction m'avait invitée pour son anniversaire à planter un arbre devant les locaux du journal afin de créer « le jardin d'Anna ». J'ai aussi été interviewée par la télévision indépendante Dojd (Pluie), qui avait néanmoins déjà été obligée de se replier sur Internet. J'aimais particulièrement aller dans les locaux de la radio indépendante L'Écho de Moscou. J'aimais son rédacteur en chef Alexeï Venediktov, au look incomparable avec ses cheveux blancs frisés en tête-de-loup, son humour, sa joie de vivre et son énergie. Son adjoint Sergueï Buntman était également francophone. Ils étaient historiens, rigoureux et critiques. Ces journalistes sexagénaires venaient de la perestroïka. Ils étaient reconnaissants à Mikhaïl Gorbatchev pour les débuts de la liberté de l'information et l'invitaient à toutes leurs fêtes. J'ai été très émue de rencontrer celui qui dans ma jeunesse était l'homme le plus adulé dans le monde. J'aimais aussi les discussions sur l'histoire avec le directeur de l'agence Tass. Les journalistes russes avaient dénoncé l'assassinat en 2018 du journaliste ukrainien Arkadi Babtchenko par les services russes avant de découvrir que c'était une mise en scène montée par le SBU, héritier des pratiques du KGB.

J'étais fascinée en Russie par les noms qui évoquaient l'histoire et la littérature. Natalia Gagarina, directrice des musées du Kremlin, était la fille du grand cosmonaute ; Natalia Soljenitsyne, mathématicienne, la veuve, et Yermolai, le plus jeune fils de l'écrivain, dont la ressemblance avec son père est de plus en plus frappante. Je me suis retrouvée assise à côté de lui dans un avion. Il m'a raconté le voyage historique de retour de son père par la Sibérie où il l'avait accompagné. D'éducation américaine, il travaillait pour le cabinet McKinsey et a fait apprendre le chinois, langue d'avenir, à son fils. J'ai été touchée d'être invitée par la famille pour le centième anniversaire du grand écrivain et d'entendre Yermolai chanter « Bon anniversaire, papa ! » quand le gâteau surmonté de dix bougies a été apporté. J'ai eu plaisir à retourner dans la maison de Boris Pasternak au village de Peredelkino, où j'allais souvent dans ma jeunesse, sous de gros flocons de neige malheureusement de plus en plus rares depuis le réchauffement climatique. Son petit-fils, qui s'appelait aussi Boris

Pasternak et était le portrait craché de son grand-père, m'a accompagnée. Nous sommes allés au cimetière voisin voir la tombe du prix Nobel qui avait été plusieurs fois recouverte d'inscriptions antisémites. J'ai visité de la même manière la demeure de Tolstoï à Iasnaïa Poliana, avec son arrière-petite-fille Fiokla. Chaque année en été, les Tolstoï du monde entier se réunissent dans cette demeure familiale. J'étais invitée aussi, lors du festival Rostropovich, par sa fille Galia à la croisière sur la Moskova.

À Moscou et dans tous mes déplacements, j'ai visité les maisons d'écrivains, d'artistes ou de musiciens où l'on perçoit un peu de leur mystère. Les Russes sont de grands lecteurs et mélomanes. Les maisons transformées en musées restituent l'esprit des lieux. Ces grands hommes ont laissé leurs traces dans tout le pays, comme en témoignent la maison de Lermontov à Piatigorsk dans le Caucase, où il a écrit *Un héros de notre temps*, ou celle de Rachmaninov dans la campagne d'Ivanovka où il a composé ses plus belles symphonies. Anton Tchekhov, mon écrivain préféré avec Marcel Proust, a résidé dans de nombreux lieux, de Taganrog, petite ville au bord de la mer d'Azov où j'ai visité aussi son école, à Sakhaline pour son reportage sur les conditions des prisonniers, et même à Tomsk où a été érigée une statue qu'un sculpteur vengeur a voulue ridicule, les pieds nus en face d'une auberge qui ne l'a pas laissé entrer pour avoir critiqué la ville, ainsi que sa dernière maison à Yalta lors de mon premier séjour. Le directeur de la grande bibliothèque de Moscou m'a offert avant mon départ une édition des *Récits*, qui sont d'une infinie mélancolie et riches d'analyse psychologique.

J'aime passionnément la culture russe, la beauté incomparable de la langue chantée ou déclamée. Dès qu'il y avait un espace dans mon emploi du temps, j'allais au théâtre ou à l'opéra. Irène Zaionchek, la personne indispensable de l'ambassade, également *aficionada*, surveillait les programmes. Femme extraordinaire qui restait tandis que les fonctionnaires se succédaient, elle connaissait tout et tout le monde. Elle est née dans une famille de Russes blancs émigrés dont le trisaïeul a été blessé dans les champs de Borodino. Lors de la visite de l'ancien couvent Smolny, réservé aux jeunes filles de la noblesse saint-pétersbourgeoise, elle m'a dit que sa grand-mère y avait étudié. Sa famille a vécu comme beaucoup de Russes accueillis par le Négus en Éthiopie puis à Cannes, où elle fréquentait le prix Nobel de littérature Ivan Bounine. Son russe était aussi élégant que son français. Interprète de plusieurs présidents de la République, elle avait également été celle de Soljenitsyne lors de l'enregistrement de l'émission iconique *Apostrophe* dans le Vermont. Une vie romanesque au carrefour de plusieurs cultures, qu'elle égrène çà et là au fil des voyages ou des rencontres mais que malheureusement, elle ne veut pas coucher sur le papier malgré mes objurgations. C'est souvent grâce à ses contacts que j'ai rencontré en privé des écrivains ou des artistes. Avec elle, j'ai vu et revu, dans toutes les mises en scène – des plus traditionnelles aux plus modernes –, *Les Trois Sœurs*, *Oncle Vania* et *Le Revizor*. En Russie, toutes les générations vont au théâtre. J'étais heureuse de constater que la salle était pleine, malgré l'air du temps, pour la représentation du *Vertige* d'après Evguénia Guinzbourg qui évoque la vie dans les camps. J'étais aussi une fidèle du théâtre Gogol fondé par Kirill Serebrennikov, alors en résidence surveillé. J'ai vu au Bolchoï son remarquable *Noureev*, interdit sous des prétextes ridicules, pour une scène de nu mais surtout l'allusion à son homosexualité. Dès sa libération, j'ai organisé une cérémonie à la résidence pour lui remettre les insignes de commandeur des Arts et des Lettres. J'ai aimé les rencontres avec Lioudmila Oulitskaïa, grande écrivaine à la très belle plume et à l'esprit libre. Je suis allée jusqu'à Krasnoïarsk, au milieu de la Sibérie, voir les éditeurs français et russes présents au salon du livre organisé par l'éditrice Irina Prokhorova, qui peu de temps auparavant, avait lors d'une causerie pour L'Écho de Moscou souhaité que l'Occident s'intéresse plus à la Russie, où « il n'y avait pas cent quarante-six millions de Poutine ». La tendance était en effet de considérer la Russie comme éponyme de Poutine.

Il y avait de formidables expositions dans les musées emblématiques de la ville. Marina Lojak, directrice du musée Pouchkine, m'invitait au début de l'année pour un petit déjeuner russe afin de préparer la programmation qui impliquait très souvent la France ; Zelfira Tregulova a monté à la galerie Tretiakov deux très belles expositions consacrées à des peintres peu connus en Occident, l'orientaliste Vassili Verechtchaguine et Arkhip Kouïndji, peintre de la lumière, laquelle semblait sortir de ses tableaux. Des expositions exceptionnelles à New York ou à Londres étaient couvertes par la presse internationale ; là, rien, et c'était vraiment dommage.

La scène musicale était aussi exceptionnelle, avec Denis Matsouïev, surdoué à la carrure de footballeur qu'il aurait aimé être mais qui frappait les touches de son instrument avec une puissance qui lui avait valu le surnom d'« exterminateur de pianos ». Le chef d'orchestre Valeri Guerguiev, hyperactif, se partageait entre le Mariinsky de Saint-Pétersbourg, la Philharmonie de Moscou et les scènes internationales. Il dirigeait plusieurs concerts en une seule journée. Il m'a invitée pour son soixante-cinquième anniversaire, après un concert, et vers deux heures du matin, après force toasts, il est parti prendre son train personnel avec ses musiciens pour apporter la musique dans des villes reculées de Sibérie, ce que je trouvais formidable. J'avais visité un théâtre qui lui était dédié à Vladikavkaz, capitale de l'Ossétie du Nord, dans le Caucase dont il est originaire. Vladimir Spivakov, plus discret et libéral, dirigeait avec autant de talent l'orchestre de la Maison de la musique. J'étais aussi heureuse et émue d'assister chaque année au concert en mémoire du barde Boulat Okoudjava, dont les mélodies nostalgiques avaient baigné mes années de jeunesse à Moscou.

Je ne peux citer tous les écrivains et artistes que j'ai rencontrés, à qui j'ai souvent remis des décorations, mais je suis navrée que de telles richesses intellectuelles, humaines ou artistiques restent quasiment inconnues à Paris ou dans les autres capitales occidentales. Je redoute que la volonté de punir la Russie après la guerre en Ukraine nous coupe encore davantage de cette intelligentsia. Le pavillon russe du Salon du livre de mars 2018, boycotté, avait déjà malheureusement été la victime collatérale de l'affaire Skripal, en dépit de la présence de grands écrivains.

La Coupe du monde de football, malgré l'affaire Skripal, a été une grande fête dans toute la Russie. Même l'équipe nationale à laquelle personne ne croyait s'est qualifiée en quart de finale. Selon la FIFA, c'était la Coupe du monde la mieux organisée depuis des décennies. Une carte de fan ouvrait toute les portes et permettait de voyager dans tout le pays. Un jour où je cherchais mon passeport diplomatique à l'aéroport de Cheremetievo au retour de Paris, la police des frontières était prête à me laisser entrer sur le territoire en découvrant sur l'ordinateur que j'avais un badge de fan. Les supporters étrangers avaient élu spontanément la jolie rue Nikolskaia, transformée en fan zone ;

l'encadrement russe s'est adapté. Un activiste LGBT britannique a essayé de faire un peu de provocation mais a été traité courtoisement par la police. Les Mexicains coiffés de larges sombreros chantaient dans les rues de Moscou en buvant de la bière. À Kazan, Rostov et ailleurs, les Russes m'ont dit les souvenirs heureux qu'ils en gardaient. C'était formidable pour les jeunes de découvrir cette ville, et pour les Russes de partager cela avec des étrangers. Des milliers de jeunes volontaires serviables et souriants ont offert leur assistance avec enthousiasme. C'était presque incongru dans ce pays où, culturellement, le sourire à destination d'inconnus est banni, comme un signe de faiblesse. J'ai reçu, pour un cocktail à la résidence, des adolescents de banlieue encadrés par des associations. Quand je leur ai demandé quelle était leur impression de Moscou, ils m'ont répondu en chœur : « C'est magnifique et plus propre que Paris ! »

Le plus vaste pays du monde

Enfin, l'immensité du pays constituant une grande partie de son ADN, il est indispensable de voyager du nord au sud et de l'est à l'ouest pour le comprendre. Comme Michel Strogoff, à l'exception de la télègue[4], j'ai pris tous les moyens de transport possibles : des avions, des hélicoptères, des trains, des bateaux, des barques, des hydroglisseurs, des jeeps, des Kamaz, des camions forestiers et des voitures. Avec mon conseiller nucléaire, j'ai déjeuné sur un brise-glace à Mourmansk, la plus grande ville au-delà du

4. Charrette basse en bois à quatre roues tirée par des chevaux.

cercle polaire, à une période de canicule, par une journée sans fin où le soleil ne s'est pas couché.

J'aime particulièrement les trains de nuit, d'une infinie lenteur. C'était déjà un parfum d'aventure que de partir le soir de la gare Art nouveau de Kazan pour être accueillie au petit matin dans la capitale du Tatarstan par une offrande de pain et de sel. J'y ai rencontré le président Minnikhanov, qui résiste à la tentation de Moscou de le faire rentrer dans le rang comme simple gouverneur et était intéressé à développer une coopération directe avec la France. La coexistence – unique – dans le Kremlin d'une cathédrale et d'une mosquée les incite à se présenter en exemple d'un islam modéré. Malgré des différences culturelles régionales, l'unité est plus forte qu'en Chine où chaque région a sa langue et sa cuisine.

Je me suis rendue accompagnée du conseiller culturel dans les treize villes qui accueillent des alliances françaises, dont la dernière créée dans la ville natale de Lénine, à Oulianovsk, où des Russes, souvent des femmes, amoureuses de notre langue, font rayonner notre culture. J'ai visité aussi en priorité les anciennes villes interdites durant mon premier séjour. À Ekaterinbourg, ancienne Sverdlovsk et ville où a été cruellement assassinée la famille impériale, j'ai donné une conférence à la fondation Eltsine où sont déposées ses archives. La visite du musée est une plongée dans le temps, en particulier son bureau reconstitué avec un ancien poste de télévision qui diffuse l'allocution de Noël 1999, dans laquelle il demande pardon au peuple russe de ne pas avoir répondu à ses aspirations et annonce sa démission. J'ai publié un tweet marquant mon intérêt car j'avais connu les débuts de la montée en puissance d'Eltsine. Un internaute a répliqué que les magasins étaient vides à cette époque. Le lendemain, le directeur m'a dit :

« Oui, mais il nous a donné la liberté. » Divergence bien compréhensible entre le peuple et l'intelligentsia. Notre délégation s'est rendue sur les monts Oural à la frontière des deux continents pour, selon la tradition, faire un vœu avec un petit verre de vodka et du pain noir, un pied en Europe, l'autre en Asie. J'ai également traversé, comme Joseph Kessel dans son adolescence à Orenbourg, le pont sur le fleuve Oural qui relie l'Europe à l'Asie, avant d'aller voir les petits chevaux paléolithiques de Przewalski réintroduits dans leur steppe d'origine grâce à la France.

Je ressentais profondément l'attrait de la Sibérie, la beauté majestueuse de l'Altaï, les eaux pures du Baïkal, qui ressemblent à du diamant strié lorsque le lac est gelé, le Kamtchatka sauvage avec ses volcans et ses ours que l'on approche de près sous la protection d'un ranger équipé d'une carabine dès la descente d'hélicoptère. Lorsque Nathalie, ma cheffe de cabinet, avait demandé s'il y avait des moustiques, les responsables locaux se sont étonnés que j'aie peur des moustiques et pas des ours. Dans tout le pays, les parents mettent en garde leurs enfants quand ils vont pique-niquer. C'est vraiment le pays des ours ; la distance à respecter pendant le Covid-19 était d'un ours et demi selon la signalisation. J'ai rencontré à Oulan-Oude, capitale de la Bouriatie, le Khambo-Lama, chef de l'Église bouddhiste de Russie. J'ai été autorisée à voir la momie du lama Itigilov qui s'est enterré vivant en position du lotus, demandant à ses disciples de le sortir de terre soixante-quinze ans plus tard. Quelque peu oublié pendant la période soviétique, il a été extrait et vénéré car sa conservation était miraculeusement intacte et sa circulation sanguine, normale. Des savants du monde entier ont observé le phénomène, inexpliqué à ce jour. Cette question a fourni un sujet de discussion pendant tout le séjour à Irkoutsk, rejoint par train en longeant pendant huit heures le Baïkal sur le tracé du Transsibérien. Nous l'avons évoqué avec plusieurs scientifiques, notamment avec la directrice de la faculté de médecine d'Irkoutsk, engagée dans une coopération avec la France, qui nous a invités le dimanche dans sa maison de campagne à Olkhon, l'île sacrée des chamanes. J'ai eu l'occasion de discuter avec l'un d'entre eux qui s'amusait du fait que les Occidentaux venaient seulement de découvrir l'écologie, respectée depuis des siècles par les chamanes. Je suis allée aussi au Birobidjan, que Staline entendait transformer en État juif. La plupart de ceux qui y ont été déportés dans les années trente sont partis en Israël dès 1948, mais la région, pauvre et enclavée dans le territoire chinois où il reste moins de 2 % de juifs, conserve néanmoins son bilinguisme russe-yiddish. J'ai fait une partie de pêche à l'invitation du gouverneur de Tomsk avec mes collègues européens sur la rivière Tom, affluent de l'Ob, et rapporté du *chaga*, sorte de champignon noir et dur comme du charbon qui se nourrit de la sève des bouleaux, décrit comme thérapeutique par Soljenitsyne dans *Le Pavillon des cancéreux*. Nous avons porté des toasts dont le troisième est toujours aux femmes, souvenir de l'arrivée des troupes de cosaques sales et crottés à Paris pour défiler. Ils se sont arrêtés dans un couvent où les nonnes ont utilisé le drap de leurs robes pour confectionner des uniformes de parade. De leur toast porté en remerciement à Dieu, l'empereur et les femmes, n'a survécu que ce dernier. C'est amusant dans ce pays de culture machiste mais où les femmes sont fortes et souvent considérées comme plus fiables car elles ne boivent pas. J'ai admiré les élégantes de Novossibirsk en manteau de vison, plus protecteur que les doudounes quand la température descend en dessous de – 30 °C, mais en escarpins à talon aiguille faisant office de pic à glace sur les trottoirs gelés. J'y ai visité le grand opéra qui avait accueilli le Bolchoï pendant la guerre et remis la médaille des Arts et des Lettres à deux femmes passionnées qui ont créé un cinéma français. J'ai revu la Yakoutie, la zone la plus froide du globe en hiver, ses maisons sur pilotis, ses sculptures de glace, ses minorités du Grand Nord, les Nenets, peuple du renne. Dans un institut où sont exposés les squelettes de mammouths, une jeune chercheuse m'a fait part de sa conviction que sa génération reverrait des mammouths laineux grâce à l'ADN retrouvé lorsque les ossements de ces animaux préhistoriques réapparaissent à la fonte du permafrost.

Dans le Sud, j'ai descendu le Don paisible en bateau, navigué au milieu des lotus roses de la mer Caspienne. J'ai découvert les lacs salés évoqués par Alexandre Dumas entre Volgograd et Astrakhan. J'ai admiré les immenses champs de tournesol en Bachkirie.

Souvent, les personnes rencontrées exprimaient des griefs à l'encontre de Moscou, accusée d'accaparer toutes les richesses. D'autres étaient fiers que je m'intéresse à leur pays mais exprimaient leur frustration de ne pouvoir eux-mêmes s'offrir le prix de voyages lointains. Tout au long de ce séjour et de ces périples, soit en mission, soit en week-end ou en vacances, j'ai fait de belles – bien qu'éphémères – rencontres.

Au bout du voyage, de centaines d'heures de discussions, avais-je percé le mystère de l'âme russe dont je me sens quand même un peu dépositaire par ma grand-mère ? Avais-je trouvé la réponse au « rébus enveloppé dans un mystère au milieu d'une énigme » évoqué par Winston Churchill ? Les Russes sont profondément patriotes, d'autant qu'ils perçoivent leur pays comme une forteresse assiégée par les ennemis, suédois, polonais et autres du temps de l'empire, américains, otaniens depuis. Les Russes sont-ils européens ? Sont-ils asiatiques ? Paul Valéry affirmait qu'il était inutile de le leur demander : ils étaient russes avant tout. L'emblème est l'aigle à deux têtes. L'une regarde vers l'Occident, l'autre vers l'Asie. Le débat entre slavophiles et européens a dominé le XIXe siècle. Le thème de l'eurasisme en est un dernier avatar. Je n'ai jamais, au-delà des objectifs politiques et opportunistes d'un pivot vers l'Asie, rencontré quelqu'un qui se revendiquait « eurasien » ; la culture dont ils sont si fiers est européenne en dépit de ce proverbe qui dit que si l'on gratte un peu, on trouve le Tatar. Tous ceux que j'ai rencontrés se sentaient peu d'affinités avec les Chinois et méprisaient profondément les « culs noirs » des anciennes républiques d'Asie centrale. J'ai été étonnée d'entendre le doyen de l'université d'Oulan-Oude me dire, au retour d'un voyage d'une semaine en Chine, que cela faisait du bien de retrouver des visages européens. Or, il avait comme tous les Bouriates des traits mongols…

J'ai quitté la Russie et achevé ma carrière diplomatique avec une grande tristesse le 21 décembre 2019. La retraite est un couperet. J'enviais les nonces apostoliques, en fonction jusqu'à soixante-quinze ans. Celui qui était en poste à Moscou me disait rêver de Pékin en attendant une instauration de relations diplomatiques avec le Vatican. Si la retraite est une libération pour ceux qui ont un travail pénible ou ennuyeux, elle est vécue comme une expulsion pour ceux qui ont eu une vocation, comme cela a été mon cas. J'ai envoyé un dernier tweet, très apprécié, disant que j'étais triste de quitter la Russie mais que j'emmenais un peu de l'âme russe avec ma petite chatte sibérienne Poushinka. Je voulais un petit tigre de Sibérie aux yeux de jade. J'avais choisi son nom en lisant l'histoire d'une chatte ressuscitée après avoir été gelée dehors la nuit dans la neige. Son nom – qui évoque le duvet – est doux et soyeux comme elle, beaucoup plus que la fourrure du tigre du cirque Nikouline, le plus ancien de Moscou, que j'avais caressé. Victor Hugo disait que Dieu avait inventé le chat pour qu'on puisse caresser un tigre dans son salon. J'ai découvert plus tard que ce nom était aussi celui de la chienne offerte par Nikita Khrouchtchev à John Kennedy. De grand serviteur de l'État… J'allais donc devenir dévoué serviteur de mon chat.

J'avais l'intention de revenir pour traverser l'Amour sur le pont entre la Russie et la Chine entre Blagovechtchensk et Heihe. C'était avant le Covid-19 et la guerre…

Épilogue

LE RETOUR DE LA GUERRE

Ces quarante années que j'ai vécues comme actrice ou témoin des relations internationales démontrent que rien n'est jamais acquis. Il n'y a pas de sens, et encore moins de fin de l'Histoire. Selon le *Yi Jing. Le classique des mutations*, à la source de la pensée et de la philosophie chinoises, la seule chose permanente dans le monde est le changement.

L'observation en continu des évolutions internes des grandes puissances ainsi que des relations internationales révèle ces mutations à l'œuvre. L'on peut généralement en observer les signes annonciateurs mais, bien souvent, ils font sens plus tard. De grandes puissances se sont affaiblies, comme la Russie, des pays faibles comme la Chine ont émergé et contestent l'ordre international issu de la Deuxième Guerre mondiale. Des prévisions ne se sont pas réalisées, comme la percée du Japon. La mondialisation et le « doux commerce » devant conduire à la « paix perpétuelle » kantienne[1] ont été battus en brèche par une crise sanitaire sans précédent, accentuant le découplage entre grands acteurs

1. Emmanuel Kant, *Vers la paix perpétuelle*, 1795. Vision idéaliste qui a inspiré notamment la politique étrangère d'Alexandre Ier, qui n'appartient pas au panthéon des tsars admirés par Poutine.

mondiaux. L'Alliance atlantique « en état de mort cérébrale[2] » a ressuscité en retrouvant un ennemi tandis que le rêve onusien s'est évanoui sous les coups d'une guerre d'agression menée par un membre permanent du Conseil de sécurité.

La rationalité économique et politique a laissé place à l'émotion et au populisme. Le mensonge est devenu un mode de gouvernement. À Londres, cinq ans après le choc du Brexit, un ministère spécial a été créé pour en identifier les prétendues opportunités. L'attaque du Capitole a durablement affecté l'image des États-Unis. Je me souviens encore de Madeleine Albright, représentante permanente américaine à l'ONU, expliquant doctement aux représentants, majoritairement africains, tentés de contester par les armes un échec aux élections organisées par l'ONU, que la démocratie consistait à accepter la défaite et à préparer les élections suivantes.

Pour moi qui ai étudié l'histoire à la Sorbonne, encore sous influence de l'École des Annales, qui privilégie le temps long par rapport à l'événementiel ou au rôle joué par des personnalités, il est fascinant de constater l'importance du facteur humain. Mao Zedong, Deng Xiaoping et Xi Jinping ont bâti la Chine d'aujourd'hui, inspirés par une vision personnelle ; Gorbatchev a changé le cours du monde avec la perestroïka et la fin voulue de la guerre froide ; Donald Trump a révélé une face cachée agressive de l'Amérique ; l'équilibre géostratégique est de nouveau bouleversé par la guerre d'un homme : Vladimir Poutine.

Le poids des émotions, le ressentiment, l'humiliation provoquant des désirs de revanche ont été négligés. Tout

2. Emmanuel Macron dans une interview au magazine *The Economist* en novembre 2021.

compte fait, les États ne sont pas, malheureusement ?, des monstres froids. Les passions, tristes bien souvent, qui inspirent le roman national, pour être instrumentalisées n'en sont pas moins prégnantes. Elles deviennent un ressort de l'action. Le traité de Versailles, qui entendait punir et faire payer l'Allemagne, a provoqué un ressentiment et constitue un des facteurs qui a conduit à la Deuxième Guerre mondiale. C'est aussi l'attribution injuste au Japon, par les négociateurs de Versailles, des territoires chinois occupés par l'Allemagne qui a déclenché la révolution du 4 mai 1919 en Chine, puis la création du Parti communiste chinois en 1921. La perception d'une Russie déclassée, amputée, méprisée et qualifiée avec condescendance de simple puissance moyenne et régionale n'ayant rien à offrir au monde a joué un rôle dans la démarche de Vladimir Poutine et dans le soutien que lui apporte la population. Les frappes de l'OTAN contre la Serbie, l'indépendance du Kosovo, au mépris des positions russes et de la légalité internationale, restent source d'indignation pour Moscou qui dénonce le principe de deux poids deux mesures. Dans son livre *La Tache*[3], Philip Roth remarquait que l'indignation et la colère rendaient fou. Cela conduit en tout cas au ressassement obsessionnel. C'est sans doute ce qui s'est passé pour Poutine, qui s'est isolé par peur du Covid-19 de tous ses interlocuteurs. Il a été d'autant plus frustré qu'il a été privé le 9 mai 2020 du grand défilé de commémoration du soixante-quinzième anniversaire de la Deuxième Guerre mondiale, préparé de longue date, où il avait notamment invité Xi Jinping, Donald Trump et Emmanuel Macron. En Chine, le « siècle de l'humiliation », régi par la politique

3. Philip Roth, *La Tache*, Gallimard, 2002 ; Folio, 2004.

de la canonnière[4], alimente le récit national et explique le désir de revanche, l'intolérance face aux critiques occidentales, ainsi que l'*hubris* actuelle. L'enfermement dû à la politique « Zéro Covid-19 » exacerbe ces tendances. À la recherche de l'avenir dans le passé, empreints de nostalgie de la puissance, des hommes forts rêvent du retour d'empires et s'inscrivent dans la lignée des empereurs de Chine et des tsars de toutes les Russies. Le slogan trumpiste MAGA – « *Make America great agrain* » – trouve un écho dans le rêve chinois de Xi Jinping, les aspirations impériales de Vladimir Poutine ou le néo-ottomanisme de Recep Tayyip Erdoğan.

Les démocraties représentatives, fortement polarisées, n'échappent pas à la crise d'identité. Le principe absolu de liberté individuelle, assorti d'une intolérance à la frustration, se confond avec l'individualisme et l'égocentrisme. Il a profondément étonné les sociétés asiatiques durant la crise du Covid-19.

La guerre d'agression russe contre l'Ukraine est une rupture stratégique majeure, avec le retour d'une guerre de haute intensité sur le sol européen. Si des cyberattaques et des opérations de déstabilisation étaient envisagées, nul n'imaginait une guerre conventionnelle, mélange de Verdun avec ses tranchées et de Stalingrad entièrement rasée. Visitant à Volgograd l'impressionnant et émouvant mémorial de Stalingrad, j'avais été bouleversée par les images de destruction totale et par les récits héroïques de cette ville martyre dont la victoire a constitué le tournant de la Deuxième Guerre mondiale. J'ai été atterrée de découvrir, dans les premiers jours de la guerre, des images

4. Ouverture des marchés par la violence en Chine en ayant recours à la puissance maritime durant la période des guerres de l'opium.

identiques de ruines à Kharkiv et Marioupol. Il me semble insensé, pour un pays qui a vécu cela dans sa chair et se glorifiait à juste titre d'avoir résisté héroïquement, de commettre ce crime contre un peuple qualifié de « frère » et avec lequel les Russes avaient combattu côte à côte le fléau du nazisme.

Les accords de Minsk : mission impossible

Depuis le 1er juillet 2021, j'avais été mise à la disposition de l'Organisation pour la sécurité et la coopération en Europe (OSCE) comme coordinatrice du groupe politique du groupe de contact trilatéral pour la mise en œuvre des accords de Minsk. L'objectif principal était la réintégration du Donbass, doté d'un statut spécial au sein de l'Ukraine. Malgré la complexité du processus, j'étais plutôt contente de retrouver une fonction diplomatique. J'ai commencé par un déplacement à Vienne en juillet 2021 pour m'entretenir avec les interlocuteurs à l'OSCE. Lors d'une réunion de présentation aux ambassadeurs européens, l'un d'eux m'avait interrogée sur la signification du long article doctrinal que venait de publier Vladimir Poutine sur les peuples frères russe et ukrainien. Je connaissais ses analyses et ses sentiments vis-à-vis de l'Ukraine mais ne pensais pas alors que c'était le prélude d'une guerre. Depuis 2015, un groupe de contact présidé par un représentant spécial de l'OSCE réunissait tous les quinze jours à Minsk les représentants de la Russie, de l'Ukraine et des républiques séparatistes de Donetsk et Lougansk. Mon prédécesseur, l'ambassadeur Pierre Morel, lorsqu'il était de passage à Moscou, me faisait part des espoirs et des frustrations de cette négociation avant de reprendre au petit matin un avion pour la capitale de la Biélorussie. Lorsque cette fonction m'a été proposée, j'ai assisté à deux séances en vidéoconférence pour comprendre le fonctionnement de ce groupe. Depuis quelques mois, les réunions formelles avaient cessé car la partie ukrainienne récusait la présence d'une experte de la délégation de Donetsk, accusée de terrorisme. Tout se concentrait sur les questions de procédure même si Pierre Morel, diplomate très expérimenté, ayant l'habitude des situations difficiles, notamment en Géorgie et en Asie centrale, avait essayé toutes les méthodes. À ceux qui me félicitaient pour ces nouvelles fonctions, je répondais que cela relevait de la mission impossible et que je n'avais certainement pas l'intention d'y consacrer sept ans comme mon prédécesseur. Du fait du Covid-19, les réunions se tenaient en visioconférence. Une reprise à Minsk était exclue en raison des sanctions aériennes ciblant la Biélorussie à la suite de la répression à l'encontre des manifestants dénonçant les élections volées par Loukachenko. En attendant, tous les quinze jours, je convoquais pour une réunion de quatre heures le mardi matin, par écran interposé, le représentant russe, le représentant ukrainien et les délégués des républiques autoproclamées – ces derniers ayant chacun à cœur de siéger devant un panneau officiel affichant *Ministère des Affaires étrangères de la république de Donetsk*, et *de Lougansk*. Le lendemain, je restituais, comme mes collègues des trois autres groupes (sécurité, questions humanitaires et économie), les résultats de nos travaux, la plupart du temps frustrants. Je rendais compte régulièrement d'un dialogue de sourds ou de querelles byzantines. Huit ans et quelque cent cinquante sessions plus tard, le contenu même des accords et la désignation des parties faisaient encore l'objet de contestations. Le représentant ukrainien souhaitait se référer à tous les textes adoptés depuis 2014, et pas seulement le document de mise en œuvre validé par le Conseil de sécurité en 2015 qui avait été signé sous la pression d'une déroute militaire ukrainienne. Il considérait en outre que le problème était essentiellement bilatéral entre l'Ukraine et la Russie et refusait de dialoguer avec les séparatistes. Le délégué russe et les séparatistes estimaient de leur côté que c'était une guerre civile, qui devait être réglée entre Kiev et les deux républiques dont les dirigeants étaient signataires des accords – sans indication de fonction – et que la Russie n'était pas partie au conflit, tout juste médiatrice.

J'ai essayé de reprendre la méthode de mon prédécesseur en présentant une *tablitsa*, un tableau comparatif des positions, pour les inciter à échanger sans que chacun s'accroche à son texte. Or, toutes les arguties étaient bonnes pour ne pas bouger d'un iota. Le groupe de contact, tout comme ses sous-groupes, m'apparaissait comme un objet diplomatique non identifié. J'ai présidé des groupes de travail avec des mandats précis dans le cadre de l'ONU ou de l'Union européenne, ce qui conférait une autorité. Rien de tel avec l'OSCE, organisation faible fondée sur un impossible consensus dès lors que Russie et Ukraine y siègent. En outre, tout le pouvoir est dévolu à la présidence tournante annuelle – la Suède en 2021 puis la Pologne en 2022 –, souvent partie prenante, et non à la secrétaire générale de l'organisation, qui constituerait un gage de neutralité. Notre rôle se bornait donc à celui de médiateurs ou facilitateurs, sans voix prépondérante. Le ton entre les parties était souvent acrimonieux.

L'on s'inscrivait dans le temps long. Il avait été décidé que les rencontres à partir du mois de mars auraient lieu en présentiel à Istanbul. Le Kremlin avait accepté. Fin décembre, les discussions initiées par les conseillers respectifs des présidents russe et ukrainien visant à un réengagement du cessez-le-feu semblaient près d'aboutir. Les sherpas français et allemand du format Normandie, dont le rôle était la supervision politique de nos travaux, s'étaient rendus à Moscou puis à Kiev pour trouver les voies d'un accord. Puis, début février, le président Macron a fait le voyage de Moscou et de Kiev et avancé des propositions concrètes pour relancer le processus. Paradoxalement, les deux dernières sessions, le 23 janvier et le 8 février 2022, du groupe politique que je coordonnais avaient été les plus constructives depuis des mois. Il y avait une amorce de dialogue et le ton était moins agressif en dépit du déploiement de cent soixante mille hommes en Biélorussie et sur le pourtour de l'Ukraine qui semblait n'inquiéter personne. Dix jours avant le déclenchement de la guerre, le délégué ukrainien me demandait encore de convoquer une réunion extraordinaire du groupe.

J'ai séjourné du 24 au 29 janvier 2022 à Kiev avec les autres coordinateurs, pour participer dans les locaux de la mission de contrôle (SMM) de l'OSCE à une session du groupe de contact par visioconférence. Nous avons visité le centre de situation où arrivaient 24 heures sur 24 les images de vingt-huit caméras placées le long de la ligne de contact, ainsi que des dizaines de drones de courte, moyenne et longue portée de dernière génération. Près de mille observateurs étaient déployés sur l'ensemble du territoire ukrainien. Les analystes du centre nous ont assuré ne détecter aucun mouvement anormal donnant à penser que quelque chose était en préparation. J'avais d'ailleurs programmé un déplacement dans les territoires non contrôlés du Donbass du 21 au 28 février.

De fait, à Kiev, tout le monde – le président Zelensky, son ministre de la Défense Oleksiy Reznikov, ancien représentant au groupe de contact, que j'avais rencontré lors de mon précédent séjour, le directeur du Conseil national de sécurité et de défense Oleksiy Danilov – écartait la possibilité d'une intervention massive visant Kiev. Ils exprimaient ouvertement leur mécontentement des annonces alarmistes des Américains, qui déstabilisaient le pays, faisaient fuir les investisseurs et les touristes. Ils rappelaient qu'ils étaient en guerre depuis huit ans et que ce déploiement ne changeait rien. Oleksiy Danilov a même dit que ces effectifs de cent soixante mille hommes étaient insuffisants pour envahir l'Ukraine, soulignant qu'il en faudrait cinq cent mille. Le lourd passif des États-Unis dans le domaine du renseignement explique que leurs alertes ont été négligées. Tout le monde avait à l'esprit la séance du Conseil de sécurité au cours de laquelle Colin Powell avait trompé la communauté internationale en affirmant détenir la preuve de la détention par l'Irak d'armes de destruction massive, qui fut le prétexte au déclenchement d'une guerre illégitime. Quelques mois plus tôt, en août 2021, les services américains avaient failli en tablant sur une résistance du gouvernement de Kaboul pendant trois mois alors qu'il s'est effondré en trois heures, provoquant une évacuation chaotique. Ce départ coûte que coûte était censé signer la fin de l'interventionnisme militaire américain.

L'évacuation des ambassades américaine et britannique de Kiev avait été annoncée pendant mon séjour mais la ville vivait à son rythme habituel, les restaurants et les bars étaient animés. Je me suis promenée tranquillement dans cette ville magnifique, où l'on se serait cru à Paris. J'imaginais Zelda, mon arrière-grand-mère, déambuler dans ces mêmes rues il y a plus de cent ans avec la petite Mina, ma grand-mère. Je voulais demander un jour aux Archives ukrainiennes de retrouver des informations sur ma famille paternelle. Le choc fut d'autant plus fort quand le feu s'est abattu sur la tête des habitants de Kiev à l'aube du 24 février.

L'OSCE avait organisé un séminaire à l'intention de notre groupe, présidé par un Finlandais et constitué des deux représentants du format Normandie, un Allemand pour les questions économiques et moi-même sur les sujets politiques, un Turc sur les questions de sécurité et une Finlandaise sur les questions humanitaires. Nous avons rencontré de nombreux praticiens et experts ukrainiens qui tous excluaient une intervention russe massive. Ils étaient généralement très critiques envers le président Zelensky dont le taux de popularité était au plus bas. Ils lui reprochaient de ne pas avoir tenu ses engagements de lutte contre la corruption (selon le classement établi par Transparency International, l'Ukraine se situe au cent vingt-deuxième rang sur cent quatre-vingts pays, à peine devant la Russie), de ne pas avoir démantelé le système d'oligarchisation de l'économie, le seul oligarque arrêté étant le prorusse Viktor Medvedtchouk. Le processus de privatisation de l'économie n'avait pas véritablement démarré. Un jeune économiste a même jugé que l'économie russe, non endettée et disposant de réserves considérables, était beaucoup plus résiliente que l'économie ukrainienne. L'indépendance de la justice n'avait pas été instaurée. L'un des experts rencontrés était allé jusqu'à dire qu'il fallait éviter une rencontre en tête à tête de Vladimir Poutine avec Volodymyr Zelensky, qui prendrait la forme d'une « confrontation entre le KGB et un comique ».

Tel était l'état d'esprit à Kiev à la veille de l'invasion russe jusqu'à ce qu'au son des premiers bombardements, Volodymyr Zelensky, refusant l'exfiltration proposée par des services de renseignement, réponde qu'il « n'avait pas besoin d'un taxi mais de munitions », se transformant ainsi du jour au lendemain en chef d'État, chef de guerre, suscitant l'admiration pour son courage et galvanisant la résistance populaire.

Vladimir Poutine disposait de ces données concernant l'impopularité de Volodymyr Zelensky, y compris au sein de l'armée, mais le FSB avait sans doute fourni des informations erronées sur le sentiment d'identité nationale ukrainien qui s'était considérablement renforcé depuis la guerre du Donbass en 2014-2015. Et les derniers prorusses, encore nombreux à Kharkiv et à Odessa, ont basculé du jour au lendemain face à la violence et l'injustice de cette agression. L'épisode des syndicats d'Odessa, où des ultranationalistes ukrainiens avaient laissé brûler vifs des prorusses dans la maison des syndicats, était évoqué dans la déclaration de guerre. J'avais été frappée lors de mon séjour à Moscou par la connaissance précise que les Russes, y compris au ministère de la Défense, avaient du Moyen-Orient et de la Syrie, ou encore d'autres régions du monde. Mais ils ne connaissaient pas l'Ukraine car ils pensaient que c'était chez eux et, de façon significative, c'est le FSB, le service de renseignement intérieur et non extérieur, qui était en charge de ce pays. Plusieurs responsables auraient au demeurant été limogés lorsque Poutine a constaté que les indications portées à son attention ne correspondaient pas à la réalité. En lui donnant les informations qu'il voulait entendre ou par méconnaissance due au mépris qu'inspirent les Ukrainiens ? Dans la mesure où Vladimir Poutine n'utilise pas Internet, il est dépendant d'une source d'information unique.

Le rédacteur en chef de la radio libérale L'Écho de Moscou, qui a été fermée depuis, avait écrit sur son compte Twitter juste avant la guerre : « Il faut comprendre que pour Poutine, l'Ukraine n'existe pas. » C'est bien là le problème. Cela explique qu'il ait toujours refusé les appels du président Zelensky, qui s'était pourtant fait élire aussi sur son engagement à trouver une solution à la situation au Donbass avec la Russie.

L'échec cuisant du retrait d'Afghanistan, la volonté affichée par Joe Biden d'en finir avec le rôle de gendarme du monde, sa sortie du sage principe d'ambiguïté stratégique en déclarant que l'Ukraine n'étant pas membre de l'OTAN, il n'y aurait pas d'intervention à son côté, ajoutant même qu'une simple incursion ne susciterait pas de réaction, ont donné le sentiment à Poutine que le moment était venu.

Le réveil des Occidentaux

Vladimir Poutine, en passant à l'acte, a commis une erreur stratégique majeure. S'il s'était limité à une démonstration de force autour de l'Ukraine, et donc à la dissuasion, il aurait atteint la majeure partie de ses objectifs : la reconnaissance de la Russie comme une puissance crainte et respectée avec la deuxième armée du monde, l'ouverture d'un dialogue paritaire avec les États-Unis, la renonciation de l'Ukraine à adhérer à l'OTAN. Le résultat est l'exact inverse. La nation ukrainienne en sort renforcée et, pour des décennies, hostile à la Russie en raison des crimes de guerre et des atrocités commises. Avec l'adhésion historique de la Suède et de la Finlande, l'OTAN se rapproche encore plus de ses frontières et sort du coma. L'unité occidentale est renforcée. Les États-Unis se réengagent durablement en Europe et, tout en se gardant de devenir cobelligérants, livrent une guerre par procuration visant à affaiblir durablement la Russie. Les sanctions qui ne peuvent empêcher les chars russes d'entrer en Ukraine ou les bombardements vont affaiblir à terme l'économie russe. La rupture avec l'Occident est consommée et la Russie accroît sa dépendance vis-à-vis de la Chine. La guerre, dont le premier objectif était de décapiter le gouvernement en installant un homme de main à Kiev, est d'ores et déjà perdue. La fermeture de la mer d'Azov et le gain territorial dans l'ancien bassin minier plus ou moins désaffecté du Donbass, de surcroît détruit par les missiles russes, valaient-ils ce prix ? Il se disait à Kiev lors de mon séjour en janvier que tout compte fait, le *statu quo* était préférable pour tout le monde. Les dirigeants séparatistes jouissaient d'un pouvoir qu'ils perdraient avec une annexion à la Russie. En entretenant un conflit au sein de l'Ukraine, Moscou maintenait une déstabilisation permanente et empêchait l'adhésion à l'OTAN et à l'Union européenne. L'Ukraine elle-même ne semblait pas chaude pour réintégrer le Donbass, dont il serait difficile de reconquérir les cœurs et les esprits tant les souvenirs des quatorze mille morts et de la violence des combats entretiennent la haine de part et d'autre. Économiquement, cela se serait en outre révélé extrêmement coûteux. Les nationalistes ukrainiens affichaient leur hostilité aux accords de Minsk et, périodiquement, Volodymyr Zelensky évoquait son intention d'ériger un mur le long de la ligne de contact, qui devenait d'ailleurs de plus en plus une véritable frontière avec des postes de contrôle « dignes de la Suisse », selon un membre éminent de la mission de contrôle de l'OSCE.

Cette guerre absurde est tragique pour l'Ukraine, d'abord en raison du sang versé, mais également pour la Russie et le peuple russe. Le rédacteur en chef de *Novaïa Gazeta*, qui a eu le courage, malgré les peines encourues, d'afficher en une, en langues ukrainienne et russe, l'invasion de l'Ukraine, a publié sur son compte Twitter un message désespéré : « L'avenir est mort. » Le pays sera paria. La fuite des cerveaux, très dommageable pour la Russie, a déjà commencé. Au forum annuel de Saint-Pétersbourg, vitrine économique internationale pour Poutine, où Emmanuel Macron, le Premier ministre japonais Shinzō Abe, Xi Jinping ont été invités d'honneur alors que de multiples délégations d'hommes d'affaires se pressaient, en juin 2022, on croisait dans les couloirs les chefs talibans…

Les conséquences sont considérables pour la France et pour l'Union européenne qui, sortie de sa léthargie bureaucratique, a pris des décisions inédites dans l'urgence en consacrant notamment plus de deux milliards d'euros prélevés sur l'instrument « facilité de paix » à la livraison d'armes pour la défense de l'Ukraine. Elle est dans un rôle plus classique avec l'adoption de plusieurs trains de sanctions, et la Commission assumera, selon une pratique bien établie, une grande part de la reconstruction du pays. L'attribution à l'Ukraine du statut de candidat auquel le président Zelensky attache, malgré la longueur prévisible du processus d'adhésion, une importance symbolique illustre le remarquable pouvoir d'attraction de l'Union européenne.

La nécessité d'une autonomie européenne en matière de défense s'impose plus que jamais. Le chef d'état-major allemand, affichant son désarroi, a conduit l'Allemagne à se réarmer. Le Danemark, qui jouissait d'une exemption, a organisé dans l'urgence – et gagné – un référendum lui permettant de participer aux travaux de la défense européenne. La nécessité de renforcer la base industrielle et technologique de défense devient une évidence. Le retour de Washington en Europe et sa propension à vouloir diriger les Européens peuvent certes avoir temporairement un effet contraire, mais la perspective d'un retour d'un Donald Trump et la possibilité d'un renversement de politique devraient les inciter à investir sérieusement dans leur défense. À ce stade, Joe Biden, adepte comme son prédécesseur – sous des dehors moralisants – du principe « *America first* », est gagnant. Il affaiblit le partenaire principal de l'ennemi principal chinois et retire des avantages économiques, notamment avec la vente recherchée depuis longtemps de gaz de schiste en substitution du gaz russe. L'escalade verbale et les propos moraux péremptoires de Joe Biden ou de son secrétaire d'État à la défense contre la Russie ou Poutine n'auront pas d'impact réel. Ils iront à Canossa quand la situation l'exigera, comme le fait Joe Biden en visite en juillet 2022 en Arabie Saoudite, pays qu'il avait déclaré paria, pour s'entretenir avec le prince héritier qu'il avait juré ne jamais rencontrer. Ainsi va la puissance américaine. Jean Ferrat chantait que « le sang sèche vite en entrant dans l'histoire »…

Il serait pour autant erroné de considérer que la Russie est isolée. Elle bénéficie du soutien – embarrassé, certes, mais persistant – de la Chine. Les deux autocraties visées par Washington ont besoin l'une de l'autre dans les instances internationales. Ce partenariat se poursuivra donc. Comme la Chine se sait l'ennemi numéro un de Washington, elle n'a donc pas d'autres choix que de préserver la Russie. Avec la Chine, ce sont au total cent pays qui ont refusé de voter à l'Assemblée générale pour l'exclusion de la Russie du Conseil des droits de l'homme. Les affidés comme la Syrie, le Mali ou la Corée du Nord ont voté contre, mais il ne faut pas négliger la masse très significative de ceux qui se sont abstenus ou qui n'ont pas pris part au vote. Ce sont de grands pays comme l'Inde, l'Indonésie qui organisera le sommet du G20 à l'automne 2022 et a d'ores et déjà refusé de désinviter Poutine comme cela lui avait été suggéré, l'Afrique du Sud, le Sénégal, le Brésil. Au total, ils représentent la majorité de la population mondiale. C'est ce qu'on appelle aujourd'hui le « Global South », ou le Reste par rapport à l'Ouest. Les réunions, toujours photogéniques, des puissances du G7, d'ailleurs bientôt supplantées en termes de croissance économique par des pays du Sud comme l'Inde ou l'Indonésie, servent de tribune à l'Occident mais, dans l'ombre, d'autres enceintes comme l'Organisation sur la sécurité de Shanghai offrent un cadre de consultation de poids.

Ces pays s'irritent que notre compassion s'arrête aux portes de l'Europe alors que la guerre au Yémen suscite une totale indifférence. Il est révélateur que le secrétaire général, portugais, des Nations unies António Guterres, en visite à Irpin le 28 avril 2022, ait candidement déclaré devant un immeuble détruit qu'il imaginait ses petites-filles courir ici. Il n'aurait pas eu la même réaction au Yémen ou sur d'autres théâtres de conflit. Cela me rappelle les propos de l'ancien secrétaire général des Nations unies Boutros-Ghali sur la Bosnie – « guerre de Blancs » – alors qu'il entendait développer les interventions en Afrique. Il est important d'entendre ces réactions et d'y répondre de manière appropriée. Ces pays seront les premières victimes des crises énergétiques et alimentaires consécutives à la guerre qui risquent d'engendrer des émeutes sociales. C'est la raison pour laquelle Macky Sall, président en exercice de l'Union africaine, a rendu visite à Sotchi au président Poutine, qui a cultivé avec succès ses relations avec les pays d'Afrique et du Moyen-Orient et a donné un accord sur la levée du blocus du port d'Odessa pour permettre des escortes de bateaux transportant des céréales.

Dans le contexte de la nouvelle guerre froide qui va se traduire par l'affrontement de deux blocs, démocraties contre autocraties, il est essentiel de nouer des liens avec ces États qui entendent rester non alignés et de cesser de décrire le bloc occidental comme la communauté internationale – ou pire, le monde civilisé. La réponse de la ministre d'Afrique du Sud, en août 2022, à Antony Blinken l'incitant à se prononcer contre la Russie est révélatrice de ce nouvel état d'esprit des pays du Sud : « Cessez de nous demander de penser comme vous, de suivre votre modèle et de nous forcer à choisir. Nous sommes indépendants. » Nous devons porter toute notre attention à ces pays en développant des coopérations selon leurs propres mérites, sans les instrumentaliser ouvertement.

L'Union européenne devra jouer un rôle de puissance d'équilibre. Ses intérêts ne sont pas alignés entièrement sur Washington et l'autonomie stratégique doit être autant financière, économique et technologique que militaire. Tous les instruments européens doivent être renforcés, y compris pour contrer les sanctions extraterritoriales américaines. L'Union européenne doit être proactive sur les projets d'infrastructures, tel le projet Global Gateway en Asie, sans pour autant se positionner officiellement contre les routes de la soie. Il convient d'ailleurs de reconnaître que l'approche chinoise était la bonne et que si nous avions perdu notre influence dans ces régions, c'était en raison d'une prise de conscience tardive de l'intérêt des infrastructures pour le développement.

Principe de réalité

J'ai lu un jour sur un compte Twitter une question que je trouve fascinante, car assez révélatrice de l'état d'esprit de beaucoup qui pensent supprimer la réalité en la niant : « Quand allons-nous nous décider à reconstruire un monde sans la Chine et la Russie ? » Ces pays, dont les régimes se sont durcis au fil des ans, ne vont pas par magie être rayés de la carte. Nous n'allons pas non plus changer leurs dirigeants ou leurs régimes. Il faut renforcer notre dissuasion et nous défendre contre tout risque d'ingérence ou de concurrence déloyale. Mais il est vital de trouver un *modus vivendi*. Cela a été le cas du temps de l'Union soviétique, cela ne devrait pas être impossible aujourd'hui.

Il faudra donc continuer de parler avec Xi Jinping et coopérer dans les domaines souhaitables comme le changement climatique. Nous devrons rappeler l'importance du *statu quo* à Taïwan. Le sujet est complexe et la situation différente de celle de l'Ukraine, parce que tous les pays qui ont établi des relations diplomatiques avec Pékin ont reconnu « la politique d'une seule Chine », formule non dénuée d'ambiguïté. Mais pour Pékin, Taïwan fait partie intégrante du territoire chinois, un héritage légué par les prédécesseurs depuis Mao pour achever l'unité du pays. Les termes d'« intégrité » et de « souveraineté territoriale » ne peuvent s'appliquer *stricto sensu* à Taïwan. L'idéal chinois serait de gagner sans combattre. Contrairement à la Russie, la Chine pratique le jeu de go, qui vise à occuper le terrain, plutôt que le jeu d'échecs, qui se traduit par un échec et mat. En tout état de cause, Pékin étudiera attentivement les leçons de la guerre en Ukraine, le coût pour la Russie en termes de sanctions et de rupture des relations avec l'Occident, sachant que la Chine est plus intégrée dans l'économie mondiale dont elle a besoin pour sa croissance. Toujours est-il que nous ne connaissons rien de ses intentions immédiates. Le maintien de la liberté de navigation et le *statu quo* doivent être préservés. Les bruits de bottes américains risquent d'être à double tranchant. La visite en août 2022 de Nancy Pelosi, présidente de la Chambre des représentants, troisième personnage de l'État, jugée comme une préoccupation par Pékin, lui a permis d'organiser un exercice grandeur nature d'invasion de Taïwan. Cette initiative était au mieux inutile, au pire contre-productive.

Il faudra aussi reprendre langue avec Vladimir Poutine un jour. Cela sera moins aisé en raison de la violence de cette guerre et de la perte de confiance due aux mensonges proférés les yeux dans les yeux. Du côté russe, l'outrance des propos, y compris d'un homme considéré autrefois comme pro-occidental, Dmitri Medvedev, et la psychorigidité de Vladimir Poutine rendront les discussions extrêmement difficiles. La réplique à Angela Merkel lors d'une discussion libre sur les erreurs mutuelles de l'Occident et de la Russie en dit long. Si Angela Merkel admettait un certain nombre d'erreurs, la réponse lapidaire de Poutine concernant les erreurs de la Russie a été « de vous avoir fait confiance ! » (aux Occidentaux). Toujours cette rancœur, et cette question éternelle de la Russie – « À qui la faute ? » – posée par l'essayiste Alexandre Herzen et qui se traduit systématiquement par une inversion de culpabilité. Il faudra toutefois retourner à l'idée d'une architecture de sécurité en Europe, pas pour faire plaisir à Poutine comme certains le croient, mais pour garantir à l'Europe le maximum de sécurité, surtout quand l'équation nucléaire revient sur la table.

Des grandes puissances en totale autarcie sont plus dangereuses que des pays ouverts. Rien ne serait pire qu'une nouvelle grande muraille ou un rideau de fer étanches derrière lesquels bouillonneraient les ressentiments contre l'Occident, favorisant un ultranationalisme mortifère partagé par les jeunes générations.

Le monde va connaître de nouvelles mutations. Il faut désormais penser l'impensable, anticiper et planifier, mais aussi se préparer à voir arriver de nouveaux cygnes noirs[5].

---

5. Événement imprévisible qui a une faible probabilité de se dérouler. Cf. Nassim Nicholas Taleb, *Le Cygne noir. La puissance de l'imprévisible*, Les Belles lettres, 2007.

Table

Certifié PEFC

Ce produit est issu de forêts gérées durablement et de sources contrôlées.

PEFC
10-31-1510

pefc-france.org

Achevé d'imprimer par
Corlet Imprimeur
14110 Condé-en-Normandie

Réalisation : Nord Compo à Villeneuve-d'Ascq
Dépôt légal : octobre 2022
ISBN : 979-10-210-4643-6
N° d'impression : 22070442
N° d'édition : 4823
Impression en France